성장은 착각이다

―비즈니스는 오직 확장뿐!

성장은 착각이다

비즈니스는 오직 확장뿐!

이지연 지음
비즈니스 다각화 전문가

성장은 개인의 힘, 확장은 구조의 힘!
더 크게가 아니라, 더 넓게 보는 시야를 회복하는 여정!

HCbooks

목차

성장은 착각이다: 비즈니스는 오직 확장뿐

제3장. 확장의 5가지 핵심 축

브랜드, 파트너, 채널, 콘텐츠, 관계 - 비즈니스가 퍼지는 다섯 축

제4장. 비즈니스는 넓히는 구조다

성장은 개인의 힘, 확장은 구조의 힘

제5장. 당장 실천하는 확장의 기술

전략보다 먼저 필요한 건, 오늘 당장 움직일 실천 루틴

제6장. 실전 시나리오: 당신의 확장 지도 그리기

나만의 확장 경로를 찾고, 지금 여기서부터 시작하기

※ 책에 등장하는 기업과 인물 사례는 실제 사례를 각색했습니다.

성장은 착각이다

비즈니스는 오직 확장뿐

성장이라는 환상에서 깨어날 시간

"요즘 사업은 잘 되세요?"

이 질문에 "매출은 좀 늘었어요"라는 대답을 듣는 순간, 나는 다시 한번 확신하게 된다. 대부분의 사람은 아직도 '성장'이 곧 '성공'이라고 믿고 있다는 사실을.

하지만 성장만으로는 부족하다. 성장은 당신을 바쁘게 만들 뿐, 당신의 사업을 자유롭게 해주지 않는다.

나는 지난 20년 동안 교육, 유통, 브랜딩, 콘텐츠, 강의, 협업 등 다양한 현장에서 일해왔다. 많은 이들이 더 벌고 싶어 했고, 더 알려지고 싶어 했으며, 더 확장되고 싶어 했다. 그러나 이상하게도, 더 열심히 일할수록 '사업은 그 자리에 머무는' 경우를 많이 봤다. 왜일까? 그 이유는 분명하다. '성장'만 생각하고, '확장'은 설계하지 않았기 때문이다.

이 책은 그런 분들을 위한 책이다. 단지 "크게 되고 싶다"는 사람을 위한 책이 아니라, "넓게 퍼지고 싶다"는 사람을 위한 확장 전략서다.

책은 총 6개의 장으로 구성되어 있다.

· 1장에서는 왜 지금 우리가 '성장'이라는 단어를 경계해야 하는지, 그리고 어떤 착각이 우리를 정체시키는지 짚어본다.

· 2장에서는 확장하는 사람들의 태도와 마인드셋을 들여다본다. 당신이 지금 가지고 있는 '비즈니스의 자세'는 확장을 가능하게 할 수 있는가?

· 3장에서는 본격적으로 확장의 핵심 축 5가지를 제시한다. 브랜딩, 협업, 채널, 콘텐츠, 고객 경험 — 이 다섯 가지가 유기적으로 맞물릴 때, 비로소 당신의 사업은 스스로 넓어지기 시작한다.

· 4장에서는 확장 가능한 구조를 만드는 방법을 구체적으로 다룬다. 단순히 좋은 관계를 많이 맺는 것이 아니라, 나 없이도 돌아가는 시스템을 설계하는 방법에 대해 이야기한다.

· 5장에서는 지금 당장 실천할 수 있는 루틴, 언어, 액션 리스트를 정리했다. 생각만으로는 절대 확장되지 않는다. 움직이는 방법을 배워야 한다.

· 6장에서는 실제 다양한 업종(강사, 교육기획자, 유통 전문가, 1

인 기업, 예비 창업가 등)이 어떻게 확장 전략을 적용할 수 있는지 실전 시나리오를 제공한다. 당신의 비즈니스에 바로 적용 가능한 '확장 지도'를 그릴 수 있을 것이다.

나는 이 책이 누군가의 사업을 '다르게 바라보게' 만들고, 그 다름을 통해 '넓게 퍼지게' 만드는 도구가 되기를 바란다. 당신의 브랜드, 당신의 콘텐츠, 당신의 관계, 그리고 당신의 말과 태도가 이제는 '확장 가능한가?'라는 질문 앞에 설 시간이다. 당신의 확장은 지금, 여기서부터 시작된다.

저자 **이지연**

제1장

성장이라는 착각에서 깨어나라

더 크게가 아니라, 더 넓게 보는 시야를 회복하는 장

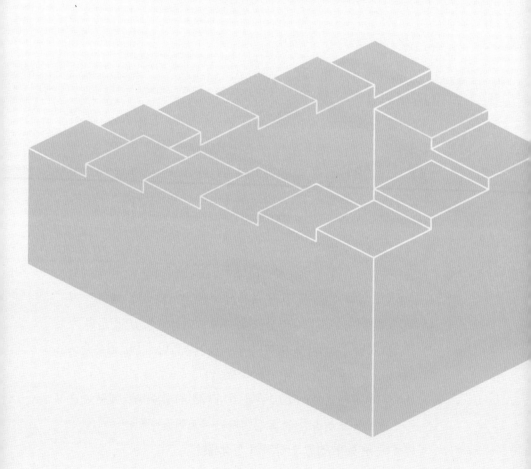

성장이라는 착각에서 깨어나라

더 크게가 아니라, 더 넓게 보는 시야를 회복하는 여정

성장의 함정

최재훈 대표는 창가에 서서 서울 강남의 빌딩 숲을 내려다보았
다. 5년 전 친구 두 명과 함께 시작한 모바일 앱 개발 스타트업 '퓨
처웨이브'는 이제 직원 50명 규모의 탄탄한 회사로 성장했다. 그의
책상 위에는 최근 받은 '가장 빠르게 성장하는 테크 기업' 트로피가
놓여 있었다.

"성장, 성장, 성장…"

그는 중얼거리며 창밖으로 시선을 돌렸다. 화려한 성취 뒤에는
누구에게도 말하지 않은, 점점 커지는 불안감이 있었다. 매출은 매
년 두 배로 늘어났지만, 수익성은 오히려 줄어들고 있었다. 직원 수
는 증가했지만, 혁신적인 아이디어는 줄어들었다. 시장 점유율은
확대됐지만, 팀의 열정은 식어가고 있었다.

그날 저녁, 퓨처웨이브의 10주년 기념 네트워킹 이벤트에서 재훈
은 오랜 멘토이자 성공한 연쇄 창업가인 윤소현을 만났다.

"축하해, 재훈아. 정말 인상적인 성장세야."

재훈은 억지 미소를 지었다. "고마워요, 소현 누나. 하지만 솔직히 말하면, 요즘 좀 불안해요. 우리가 올바른 방향으로 가고 있는지 모르겠어요."

소현은 그의 눈을 깊이 들여다보았다. "흥미롭네. 내일 점심시간 있니? 이야기 좀 해보자."

착각의 시작

다음 날 점심, 그들은 조용한 레스토랑에서 만났다.

"그래서, 무엇이 너를 불안하게 만드는지 말해봐." 소현이 물었다.

재훈은 한숨을 쉬었다. "우리는 계속 성장하고 있어요. 더 많은 고객, 더 많은 직원, 더 많은 서비스… 하지만 뭔가 근본적인 것이 잘못된 것 같아요. 더 커질수록 우리의 초기 비전은 희미해지고, 그저 성장 자체가 목적이 된 것 같아요."

소현은 고개를 끄덕였다. "전형적인 성장 착각의 증상이군."

"성장 착각이요?"

"그래, 비즈니스 세계에서 가장 널리 퍼진 환상 중 하나야. '더 크게'와 '더 좋게'를 동일시하는 착각이지. 내가 직접 겪어봤으니 잘 알아."

소현은 자신의 첫 번째 회사 이야기를 들려주었다. 소셜 커머스 붐을 타고 급성장했던 그녀의 회사는 300명까지 직원 수를 늘렸지만, 결국 구조조정을 거치며 고통스러운 축소 과정을 겪었다.

"나는 성장 자체가 답이라고 생각했어. 더 많은 직원, 더 많은 오피스, 더 많은 서비스… 우리는 '얼마나 큰가'에 집착한 나머지, '왜 존재하는가'라는 질문을 잊었지."

재훈은 공감하듯 고개를 끄덕였다. "그게 정확히 지금 우리 상황 같아요."

소현은 작은 노트를 꺼내 그림을 그리기 시작했다. "비즈니스는 크게 두 가지 방식으로 발전할 수 있어. 하나는 '성장'이고, 다른 하나는 '확장'이야."

그녀는 두 개의 다른 도형을 그렸다. 하나는 같은 모양으로 점점 커지는 원이었고, 다른 하나는 다양한 방향으로 뻗어나가는 별 모양이었다.

"성장은 '더 많이'에 관한 것이야. 더 많은 고객, 더 많은 매출, 더 많은 직원. 반면 확장은 '더 넓게'에 관한 것이지. 새로운 영역, 새로운 가능성, 새로운 가치 창출에 관한 것이야."

성장의 대가

그들의 대화는 재훈에게 강한 인상을 남겼다. 사무실로 돌아온 그는 회사의 재무 데이터와 성과 지표를 다시 검토하기 시작했다.

숫자들은 명확했다. 직원 수가 두 배로 늘어났지만, 1인당 생산성은 30% 감소했다. 고객 수는 증가했지만, 고객 만족도는 하락했다. 서비스 라인은 확대됐지만, 각 서비스의 퀄리티는 일관성이 없었다.

재훈은 창업 멤버인 최고기술책임자(CTO) 도윤을 저녁 식사에 초대했다.

"우리가 어디서 잘못된 길로 들어선 걸까?" 재훈이 물었다.

도윤은 맥주를 한 모금 마시며 대답했다. "성장에 대한 압박이 너무 컸어. 투자자들은 항상 성장률을 물었고, 우리는 그것에 집착하게 됐지. 우리는 더 많은 기능, 더 많은 서비스를 만들어내는 데 집중한 나머지, 왜 우리가 시작했는지를 잊었어."

그들은 회사의 초기 비전을 떠올렸다. 퓨처웨이브는 "기술로 일상의 문제를 해결한다"는 미션으로 시작했다. 그들의 첫 앱은 도시 주차 문제를 해결하는 혁신적인 솔루션이었고, 사용자들의 열렬한

지지를 받았다.

"우리는 주차 앱으로 성공했을 때, 더 다양한 영역으로 확장하려고 했어." 도윤이 회상했다. "하지만 결국 우리는 '확장'이 아니라 그저 '다각화'를 한 거야. 우리의 핵심 강점이나 미션과 상관없이, 그저 더 많은 앱을 만들어냈을 뿐이지."

재훈은 그 순간 깨달음을 얻었다. 그들은 더 크게 성장하는 데 집중한 나머지, 더 넓게 보는 시야를 잃어버렸던 것이다.

다른 렌즈로 바라보기

일주일 후, 재훈은 경영진 워크숍을 소집했다. 그는 소현이 그려준 두 가지 발전 모델—성장과 확장—을 화이트보드에 그렸다.

"지금까지 우리는 '성장'에 집중해 왔습니다." 재훈이 말했다. "더 많은 앱, 더 많은 기능, 더 많은 시장… 하지만 오늘부터는 다른 렌즈로 우리 비즈니스를 바라보려고 합니다. 바로 '확장'의 렌즈로요."

그는 참석자들에게 세 가지 질문을 던졌다:

1. 우리의 핵심 강점은 무엇인가?
2. 우리가 진정으로 해결하고 싶은 문제는 무엇인가?
3. 현재 우리가 보지 못하는 가능성은 무엇인가?

열띤 토론 끝에, 그들은 새로운 통찰을 얻었다. 퓨처웨이브의 진정한 강점은 단순히 앱을 개발하는 것이 아니라, 도시 생활의 마찰을 줄이는 데이터 기반 솔루션을 만드는 것이었다. 그들의 주차 앱이 성공한 이유는 실시간 데이터와 예측 알고리즘을 통해 도시의 자원을 효율적으로 활용하도록 도왔기 때문이었다.

마케팅 책임자인 지연이 새로운 관점을 제시했다. "우리가 단순히 더 많은 앱을 만드는 것이 아니라, 우리의 데이터와 알고리즘을 활용해 도시 생활의 다양한 측면을 최적화하는 방향으로 확장한다면 어떨까요?"

이 새로운 렌즈를 통해 바라보자, 완전히 다른 가능성들이 보이기 시작했다.

확장의 지도 그리기

다음 달, 퓨처웨이브는 '도시 최적화'라는 새로운 비전을 중심으로 조직을 재편했다. 그들은 기존의 앱 포트폴리오를 축소하고, 핵심 강점에 집중하기로 결정했다.

재훈은 소현을 다시 만났다.

"우리는 확장의 관점에서 새로운 지도를 그리고 있어요." 그가 설명했다. "더 이상 단순히 앱 개발 회사가 아니라, 도시 생활을 최적화하는 데이터 솔루션 기업으로 우리를 재정의하고 있어요."

소현은 미소를 지었다. "그게 바로 '더 넓게' 보는 거야. 그래서 구체적으로 어떤 변화가 있었니?"

재훈은 흥분된 목소리로 설명했다. "우리는 주차 데이터 플랫폼을 도시 계획자와 부동산 개발자에게 개방했어요. 그들은 우리 데이터를 활용해 더 효율적인 도시 공간을 설계하고 있어요. 또한 우리의 교통 예측 알고리즘을 물류 회사들에게 제공하기 시작했고, 이를 통해 완전히 새로운 수익 모델이 만들어졌어요."

가장 놀라운 변화는 직원들의 에너지였다. 단순히 더 많은 앱을 만드는 것보다, 도시 생활을 변화시키는 데이터 솔루션을 개발하는 미션은 팀에게 새로운 영감을 주었다.

"우리는 같은 자원과 역량을 가지고 있지만, 그것을 바라보는 렌즈가 달라졌어요." 재훈이 말했다. "더 크게가 아니라, 더 넓게 보기 시작한 거죠."

성장을 넘어선 확장의 결실

1년 후, 퓨처웨이브는 놀라운 변화를 겪었다. 표면적인 성장 지표는 더 이상 그들의 주요 관심사가 아니었다. 대신, 그들은 자신들의 솔루션이 도시 생활에 미치는 영향력을 측정하기 시작했다.

재훈은 기업가 콘퍼런스에서 연사로 초청받았다. 그의 주제는 "성장이라는 착각에서 깨어나기"였다.

"많은 창업자가 성장과 성공을 동일시합니다." 그가 말했다. "더 많은 고객, 더 많은 직원, 더 많은 오피스… 하지만 진정한 성공은 크기가 아니라 영향력에 있습니다. 우리는 질문을 바꿨습니다. '얼마나 큰가'가 아니라 '얼마나 의미 있는 변화를 만들어 내는가'를 물었죠."

그는 퓨처웨이브의 변화를 공유했다. 그들의 도시 데이터 플랫폼은 이제 10개 도시의 교통 흐름을 최적화하는 데 활용되고 있었고, 평균 출퇴근 시간을 17% 단축시켰다. 그들의 알고리즘은 도시 주차 공간의 활용도를 40% 높였고, 이로 인한 탄소 배출 감소 효과는 연간 5만 톤에 달했다.

"우리의 매출은 작년보다 줄었습니다." 재훈이 놀라운 고백을 했다. "하지만 수익성은 두 배로 늘었고, 직원 만족도는 역대 최고치를 기록했습니다. 무엇보다, 우리는 다시 우리가 하는 일의 의미를 찾았습니다."

콘퍼런스 후, 한 젊은 창업자가 재훈에게 다가왔다.

"정말 인상적인 이야기였습니다. 하지만 투자자들은 어떻게 설득하셨나요? 그들은 항상 성장 지표만 물어보는데요."

재훈은 미소를 지었다. "사실, 처음에는 어려웠습니다. 하지만 우리가 확장 모델을 통해 더 지속 가능한 비즈니스를 구축하고 있다는 것을 데이터로 보여주자, 가장 현명한 투자자들은 이해하기 시작했습니다. 단기적인 성장보다 장기적인 영향력과 수익성을 중시하는 투자자들을 찾는 것이 중요합니다."

새로운 시야, 새로운 가능성

3년 후, 퓨처웨이브는 업계의 선도적인 혁신 기업으로 자리매김했다. 그들은 더 이상 단순한 앱 개발사가 아니라, 도시 생활을 재창조하는 데이터 솔루션 기업으로 인식되었다.

재훈은 소현과 함께 저녁을 먹으며 그간의 여정을 되돌아보았다. "성장이라는 착각에서 깨어나는 것은 결코 쉽지 않았어요." 그가 말했다. "우리는 모두 '더 크게'라는 망상에 사로잡혀 있었으니까요. 하지만 일단 그 착각에서 벗어나니, 완전히 새로운 가능성의 세계가 열렸어요."

소현은 와인잔을 들어 올렸다. "확장적 사고의 진정한 힘은 바로 그거야. 우리가 좁은 성장의 길에서 벗어나 넓은 가능성의 풍경을 볼 수 있게 해준다는 거지."

재훈은 그녀의 말에 깊이 공감했다. 그는 이제 정기적으로 다른 창업자들을 멘토링하며 성장과 확장의 차이를 가르치고 있었다.

그가 가장 자주 인용하는 문장은 이것이었다: "비즈니스의 성공은 얼마나 높이 올라가느냐가 아니라, 얼마나 넓게 영향을 미치느냐에 달려있다."

실천을 위한 통찰: 성장에서 확장으로

재훈의 이야기는 많은 기업가와 경영자들이 직면하는 보편적인 도전을 보여준다. '더 크게'라는 성장의 착각에서 벗어나 '더 넓게'라는 확장의 시야를 회복하는 여정은 어떤 비즈니스에도 적용될 수 있는 중요한 통찰을 제공한다.

성장과 확장의 차이 이해하기

1. 성장은 양적 증가: 더 많은 직원, 더 많은 고객, 더 많은 매출, 더 많은 제품
2. 확장은 질적 변환: 더 넓은 영향력, 더 깊은 가치, 더 새로운 가능성

확장적 사고로 전환하기 위한 실천 단계

1. 핵심 강점 재발견하기: 당신의 비즈니스가 진정으로 뛰어난 것은 무엇인가? 제품이나 서비스 자체가 아니라, 그 기반에 있는 역량과 가치를 찾아보라.
2. 해결하는 문제를 더 넓게 정의하기: 당신이 판매하는 제품이나 서비스를 넘어, 궁극적으로 해결하고자 하는 문제는 무엇인가?
3. 다양한 가치 흐름 탐색하기: 현재의 비즈니스 모델을 넘어, 당신의 강점과 자산으로 창출할 수 있는 다른 형태의 가치는 무엇인가?
4. 영향력 있는 지표 재정의하기: 단순한 성장 지표(매출, 고객 수 등)를 넘어, 당신의 비즈니스가 만들어내는 진정한 변화를 측정할 수 있는 지표는 무엇인가?
5. 협력과 생태계 사고 도입하기: 독자적인 성장이 아니라, 다른 이들과의 협력을 통한 확장 가능성을 탐색하라.

성장이라는 착각에서 깨어나는 것은 결코 쉽지 않다. 그것은 우리가 오랫동안 믿어왔던 성공의 척도를 재고하고, 완전히 새로운 시각으로 비즈니스를 바라보기를 요구한다. 하지만 그 전환이 일어날 때, 비로소 진정한 가능성의 세계가 열린다.

당신의 비즈니스는 단순히 더 커지기를 원하는가, 아니면 더 넓은 의미와 가치를 창출하고자 하는가? 그 질문에 대한 당신의 답이 비즈니스의 미래를 결정할 것이다.

01

내가 끊임없이 바쁜 이유
- 성장과 확장의 결정적 차이

"성장은 당신을 더 크게 만들지만,
확장은 당신을 더 자유롭게 만든다." - 짐 콜린스

성장의 함정, 확장의 자유

오늘 아침, 나는 또 알람을 세 번이나 눌렀다. 어제도 자정이 넘어서 잤는데 왜 이렇게 피곤한 걸까? 서둘러 출근하며 생각했다.

"작년보다 매출은 30% 늘었는데 왜 내 시간은 50% 줄었지?"

이것이 바로 성장의 함정이다. 더 많은 고객, 더 많은 매출, 더 많은 일거리. 그리고 결국 더 줄어든 내 시간과 여유.

성장과 확장, 그 결정적 차이

성장은 참 달콤한 말이다. "우리 회사는 작년 대비 매출이 30% 성장했어요." 이 말을 할 때마다 주변의 시선은 부러움으로 가득 차고, 나도 모르게 어깨가 으쓱해진다. 하지만 회사는 성장했는데, 나는 왜 더 피곤해졌을까?

이유는 간단하다. 성장은 기존의 것을 더 크게 만드는 일이다. 규모는 커지지만, 내 역할, 일하는 방식, 비즈니스 구조는 그대로다.

10명의 고객을 상대하던 내가 이제 30명의 고객을 상대하는 것. 그뿐이다.

반면 확장은 구조 자체를 바꾸는 일이다. 확장은 내 역할, 일하는 방식, 비즈니스 구조 자체를 변화시킨다.

성장과 확장의 특징 비교

성장의 특징	확장의 특징
같은 일을 더 많이 한다	다른 방식으로 일한다
시간과 매출이 비례한다	시간과 매출이 분리된다
나의 직접 참여가 필수적이다	시스템이 대신 일한다
일이 늘수록 스트레스가 늘어난다	규모가 커져도 여유가 생긴다
한계가 명확하다	한계를 뛰어넘을 수 있다

사례로 보는 성장과 확장의 차이

사례 1: 동네 카페의 변신

지난해 우리 동네에 '모닝브루' 카페가 생겼다. 처음에는 작은 가게였지만 입소문을 타면서 금방 인기 맛집이 되었다. 그리고 불과 6개월 만에 사장님은 완전히 지쳐버린 모습이었다.

"손님이 너무 많아져서 행복한 비명이에요."

그는 웃으며 말했지만, 그의 눈 밑 다크서클은 분명 '행복한' 것과는 거리가 멀어 보였다. 매출은 늘었지만, 일은 3배로 늘었고, 몸은 하나뿐인데 말이다.

성장은 바로 이런 것이다. 같은 일을 더 많이 하는 것.

그로부터 3개월 후, 나는 그 카페를 다시 방문했다. 놀랍게도 사장님은 한결 여유로워 보였다.

"비결이 뭔가요?" 내가 물었다.

"이제는 제가 혼자 다 하려고 하지 않아요. 시스템을 만들었죠."
그는 다음과 같은 변화를 만들었다:

1. 메뉴를 단순화했다(30개 → 10개).
2. 직원들에게 권한을 위임했다.
3. 자신만 할 수 있던 일들을 매뉴얼화했다.
4. 작은 매장 두 곳을 더 열었다.

더 중요한 것은, 단순히 가게 하나를 키우는 대신 확장 가능한 구조를 만들었다는 점이다. 같은 시스템, 같은 레시피, 같은 브랜드. 하지만 그는 세 곳을 직접 뛰어다니지 않았다.
이것이 확장이다. 구조를 바꾸는 것. 일하는 방식을 재설계하는 것.

사례 2: 프리랜서 디자이너의 선택

민지는 프리랜서 그래픽 디자이너로 5년간 일했다. 실력이 좋아 클라이언트가 꾸준히 늘었고, 매출도 증가했다. 하지만 그녀의 하루는 점점 더 길어졌다.
"매출은 두 배가 됐지만, 수면 시간은 반으로 줄었어요. 더 많은 일을 하면 할수록 저는 더 지쳐갔죠."
민지는 두 가지 길 앞에 섰다:

성장의 길: 더 많은 클라이언트를 받고, 더 오래 일하고, 더 많은 프로젝트를 진행하는 것.
확장의 길: 일하는 방식 자체를 바꾸는 것.

민지는 확장의 길을 선택했다:

1. 자신의 디자인 템플릿 시스템을 구축했다.
2. 주니어 디자이너들을 훈련해 팀을 구성했다.
3. 자신은 클라이언트 상담과 디자인 방향성 결정에 집중했다.
4. 반복적인 작업은 팀에게 위임했다.

결과적으로 민시의 비즈니스는 더 큰 규모로 성장했지만, 그녀의 업무 시간은 오히려 줄어들었다. 이것이 바로 확장의 힘이다.

당신은 지금 성장 중인가, 확장 중인가?

자가진단 체크리스트

다음 체크리스트를 통해 당신의 비즈니스가 단순히 성장하고 있는지, 아니면 진정으로 확장하고 있는지 확인해보자:

- [ ] 매출이 20% 증가하면 나의 업무 시간도 비슷한 비율로 증가한다.
- [ ] 휴가를 가면 비즈니스가 멈추거나 크게 차질이 생긴다.
- [ ] 신규 고객/프로젝트를 수용하기 위해 개인 시간을 희생한다.
- [ ] 1년 전과 지금의 업무 방식이 거의 동일하다.
- [ ] 매출 증가에 비례해서 스트레스도 증가한다.
- [ ] 대부분의 중요한 결정과 실행이 나를 통해서만 이루어진다.
- [ ] 비즈니스의 핵심 가치를 나만 완벽하게 구현할 수 있다고 생각한다.

위 항목 중 4개 이상에 체크했다면, 당신은 '성장'의 함정에 빠져있을 가능성이 높다.

성장에서 확장으로 전환하기 위한 워크시트

1. 현재 상태 분석

영역	현재 내가 직접 하는 일	시스템화/위임 가능한 부분	누가/어떻게 대체할 수 있는가?
운영			
마케팅			
고객 관리			
제품/서비스 개발			
재무			

2. 확장 구조 설계하기

핵심 질문 1: 내가 2주간 완전히 비즈니스에서 빠져도 운영될 수 있는 영역은?

핵심 질문 2: 내가 꼭 해야 하는 일과 다른 사람/시스템이 대체할 수 있는 일은?

핵심 질문 3: 현재 비즈니스 모델에서 시간과 수입이 비례하는 부분은?

핵심 질문 4: 이를 어떻게 분리할 수 있을까?

3. 확장 액션 플랜

다음 4가지 영역에서 구체적인 확장 액션을 정의해보자:

3.1 프로세스 자동화

· 자동화할 수 있는 반복 작·업 3가지: 1. 2. 3.

3.2 시스템 구축

· 문서화하고 표준화할 프로세스 3가지: 1. 2. 3.

3.3 팀과 위임

· 위임할 수 있는 업무 영역 3가지: 1. 2. 3.

3.4 수익 구조 재설계

· 시간과 수입을 분리할 수 있는 방법 3가지: 1. 2. 3.

내일의 나를 위한 확장 실천 루틴

오늘 당장 확장 사고로 전환하기 위한 간단한 실천 방법을 소개한다:

1. 매일 5분의 확장 시간 확보하기

   하루에 단 5분만 "이 일을 어떻게 시스템화할 수 있을까?"라는 질문에 집중해 보자.

2. 위임 가능한 작업 리스트 만들기

   매주 금요일, 이번 주에 한 일 중 다른 사람이 할 수 있는 일을 리스트업해 보자.

3. 자신만의 '확장 테스트' 정의하기

   "내가 2주간 휴가를 떠나도 비즈니스가 돌아갈 수 있는가?"와 같은 테스트를 설정하고 준비해 보자.

4. 복제 가능한 프로세스 하나씩 문서화하기

   매주 반복하는 작업 하나를 선택해 상세히 문서화해 보자.

5. 확장 마인드셋 훈련하기

   매일 아침 다음 문장을 되새기자: "오늘 나는 더 바빠지기 위해 일하지 않는다. 미래의 나를 더 자유롭게 만들기 위해 일한다."

선택은 당신의 몫입니다.

"매출은 늘었는데 왜 더 바빠졌지?"

이 질문에 대한 답은 이제 분명하다. 당신이 성장을 선택했기 때문이다. 더 많은 것을 하기로 했고, 더 큰 것을 추구했다. 하지만 같은 방식으로.

성장하면 바빠진다. 확장하면 자유로워진다.

당신의 하루가 끝없는 업무로 가득 차 있다면, 그것은 단순히 성장만을 추구했기 때문일 수 있다. 진정한 성공은 더 많은 일을 하는 것이 아니라, 더 큰 영향력을 가진 일을 하는 것이다.

오늘부터 스스로에게 물어보라: "나는 지금 성장 중인가, 확장 중인가?"

그리고 기억하라. 확장은 처음에는 성장보다 느리게 보일 수 있다. 시스템을 구축하고, 팀을 훈련하고, 프로세스를 문서화하는 데 시간이 걸리기 때문이다. 하지만 이 투자는 결국 성장의 한계를 뛰어넘는 원동력이 될 것이다.

당신의 비즈니스가 당신을 소모하는 괴물이 아닌, 당신에게 자유를 선사하는 도구가 되길 바란다.

선택은 당신의 몫이다.

왜 불안할까?
- 매출과 자유는 다르다.

"성공은 원하는 것을 얻는 것이 아니라,
얻은 것을 원하게 되는 것이다." - 달라이 라마

높아지는 매출, 줄어드는 여유

김 대표는 창업 3년 차, 매출 3억의 작은 마케팅 회사를 운영하고
있었다. 창업 첫해 5천만 원이었던 매출은 2년 차에 1억 5천, 그리
고 지금은 3억까지 성장했다. 외형적으로는 성공적인 성장 곡선이
었다. 그런데 이상한 일이 벌어졌다. 매출이 오를수록 김 대표의 불
안감도 함께 커졌다. 처음에는 '매출이 오르면 안정될 거야'라고 생
각했지만, 현실은 정반대였다. 매일 밤 잠들기 전, 그는 내일의 할
일 목록을 머릿속으로 정리하다 불안에 떨며 뒤척였다.

"왜 이럴까? 매출은 6배나 늘었는데, 내 마음의 여유는 오히려
줄어들었다."

이것이 바로 '매출과 자유의 역설'이다.

매출 증가의 함정

많은 사람들이 매출 증가가 곧 성공이라고 생각한다. 하지만 매

출 증가는 때로 더 큰 족쇄가 되기도 한다. 이런 현상이 발생하는 이유를 살펴보자.

1. 더 많은 책임, 더 무거운 짐

   매출이 늘어난다는 것은 더 많은 고객, 더 많은 프로젝트, 더 많은 직원을 의미하는 경우가 많다. 각각은 모두 관리해야 할 책임이 따른다. 마치 접시 돌리기를 하는 것처럼, 하나의 접시만 돌릴 때는 쉬웠지만 여러 개를 동시에 돌리면 하나라도 떨어뜨릴까 불안해진다.

2. 높아진 기대치의 압박

   매출이 올라갈수록 주변의 기대치도 함께 상승한다. 고객은 더 높은 품질을, 직원들은 더 나은 복지를, 가족은 더 안정된 미래를 기대한다. 이런 기대치를 충족시키지 못할까 하는 불안감이 생긴다.

3. 잃을 것이 많아지는 공포

   처음 시작할 때는 잃을 것이 별로 없었다. 실패해도 다시 시작하면 됐다. 하지만 이제 매출 3억의 회사가 되었고, 10명의 직원이 생겼다. 잃을 것이 많아졌다는 것은 실패에 대한 두려움도 커졌다는 의미다.

사례 연구: 두 기업가의 선택

사례 1: 박 사장의 성장 지향적 접근

박 사장은 웹디자인 에이전시를 운영하며 성장에 모든 것을 걸었다. 매출 증대를 위해 가능한 모든 프로젝트를 수주했고, 직원 수도 빠르게 늘렸다. 5년 만에 매출 10억, 직원 25명의 회사로 성장했다.

하지만 박 사장의 일상은 어떨까? 그는 아침 7시에 출근해 밤 10시에 퇴근한다. 주말에도 이메일을 확인하고, 휴가 중에도 긴급 상황에 대비해 노트북을 놓지 않는다. 연봉은 올랐지만, 시간당 임금으로 계산하면 오히려 창업 초기보다 낮아졌다.

"더 많은 매출을 위해 내 삶을 저당 잡힌 셈이죠."

사례 2: 이 사장의 자유 지향적 접근

반면 이 사장은 같은 웹디자인 분야에서 다른 접근법을 택했다. 그녀는 매출 5억을 기점으로 더 이상의 양적 성장을 추구하지 않기로 결정했다. 대신 회사의 시스템과 구조를 정비했다.

명확한 프로젝트 선정 기준을 세워 모든 일을 받지 않았고, 핵심 역량에 집중했다. 직원들에게 권한을 위임하고, 결정 구조를 분산시켰다. 자신만이 해결할 수 있는 일을 최소화했다.

결과적으로 매출은 5억에서 7억으로 완만하게 성장했지만, 이 사장의 직접 관여 시간은 주 50시간에서 20시간으로 줄었다. 그녀는 일주일에 3일만 사무실에 나가고, 나머지는 자신의 다른 관심사에 투자한다.

"사업은 나의 자유를 위한 도구일 뿐, 내 인생을 빼앗아 갈 주인이 되어서는 안 됩니다."

자유와 매출의 균형 찾기 체크리스트

다음 체크리스트를 통해 당신의 비즈니스가 매출과 자유 사이에서 어떤 위치에 있는지 진단해 보자:

- [ ] 휴가 중에도 업무 메시지를 확인하지 않으면 불안하다.
- [ ] 매출이 줄까 봐 '아니오'라고 말하기 어렵다.

- [ ] 중요한 의사결정 대부분이 나를 통해서만 이루어진다.
- [ ] 업무와 관련 없는 취미나 활동에 정기적으로 시간을 쓰지 못한다.
- [ ] 매출 목표를 달성해도 곧바로 다음 목표를 세우고 불안해 한다.
- [ ] 건강이나 가족 관계가 사업 때문에 종종 희생된다.
- [ ] 지금보다 매출이 줄어도 감당할 수 있는 최소 기준을 모른다.

5개 이상 체크되었다면, 당신은 '매출의 노예'가 되어가고 있을 수 있다.

매출과 자유, 모두를 얻는 전략

매출과 자유는 반드시 상충하는 가치가 아니다. 다음 전략을 통해 두 가지를 모두 얻을 수 있다.

1. 최소 생존 매출(MSR) 정의하기

당신과 비즈니스가 생존하는 데 필요한 최소한의 매출은 얼마인가? 이 수치를 명확히 알면 불필요한 불안에서 벗어날 수 있다.

항목	월 비용	연 비용
기본 사업 운영비		
직원 급여		
본인 생활비		
비상 자금		
합계		

이 합계에 20%를 더한 금액이 당신의 '최소 생존 매출'이다. 이

금액을 넘으면 추가 매출을 위해 자유를 희생할 필요가 없다.

2. 비즈니스 구조화하기

매출과 자유를 동시에 얻기 위한 핵심은 '구조화'다. 다음 워크시트를 작성해 보자:

비즈니스 구조화 워크시트

업무 영역	내가 반드시 해야 하는 일	위임/자동화 가능한 일	구조화 전략
고객 상담			
프로젝트 진행			
인사/조직 관리			
영업/마케팅			
재무/회계			

각 영역에서 당신만이 할 수 있는 일과 위임 가능한 일을 구분하고, 구체적인 구조화 전략을 세운다.

3. 자유 시간 확보를 위한 점진적 전략

자유와 매출의 균형을 단번에 이루기는 어렵다. 다음과 같이 점진적으로 접근해 보자:

단계 1: 의도적인 비연결 시간 만들기
- 하루 중 2시간은 이메일과 메시지에 응답하지 않는 시간으로 지정
- 매주 반나절은 '깊은 작업'을 위한 시간으로 설정

단계 2: 주간 단위 자유 확보
- 매주 하루는 사무실에 출근하지 않는 '전략적 사고의 날'로 지정
- 이날은 오직 사업의 방향성과 시스템 개선에만 집중

단계 3: 월간 자유 구조 만들기
- 월 3일은 완전한 '오프라인 데이'로 지정
- 이날은 업무 관련 연락을 일절 받지 않음

단계 4: 분기별 해방구 설계
- 3개월마다 1주일의 완전한 휴가 계획
- 이 기간 동안 비즈니스가 돌아가도록 시스템 구축

4. 매출 대신 수익률에 집중하기

단순히 매출 증가가 아닌, 시간당 수익률에 집중하는 사고방식으로 전환하자.

시간당 수익률 계산식:

시간당 수익률 = 월 수익 ÷ 월 투입 시간

매출이 아무리 높아도 투입 시간이 많다면 실질적인 시간당 수익률은 낮을 수 있다. 매출 1억에 월 200시간 일하는 것보다, 매출 7천만 원에 월 100시간 일하는 것이 시간당 수익률이 더 높다.

불안의 근원 다루기: 내면의 관점 전환

매출에 대한 불안은 종종 내면의 믿음 체계에서 비롯된다. 다음과 같은 관점 전환이 필요하다:

오래된 믿음: "더 많은 매출 = 더 큰 성공 = 더 큰 안정"
새로운 관점: "적절한 매출 + 견고한 시스템 = 진정한 자유 = 지속 가능한 성공"

오래된 믿음: "내가 모든 것을 통제해야 안전하다"
새로운 관점: "통제를 놓아주고 시스템을 신뢰할 때 진정한 성장이 시작된다."

오래된 믿음: "지금 최대한 열심히 일하면, 나중에 자유를 얻을 수 있다"
새로운 관점: "지금 자유의 구조를 만들지 않으면, 나중에도 자유는 오지 않는다"

오늘부터 실천할 수 있는 자유 확보 루틴

1. 아침 루틴: 하루를 시작하기 전, 15분간 "오늘 내가 반드시 해야 할 일은 무엇인가?"라는 질문에 집중하여 3가지만 선정한다.
2. 주간 구조화 시간: 매주 금요일 오후 1시간을 "다음 주에 위임/자동화할 업무는 무엇인가?"라는 질문에 투자한다.
3. 월간 자유 지표 체크: 매월 말일에 "이번 달 나의 시간당 수익률은 얼마인가?"를 계산하고, 개선 방향을 설정한다.
4. 분기별 시스템 점검: 3개월마다 "내가 2주간 완전히 없어도 비즈니스가 돌아갈 수 있는가?"라는 질문에 답하고, 부족한 시스템을 보완한다.

진정한 부는 은행 계좌가 아닌 시간 계좌에 있다.

매출은 늘어나고 있지만 여전히 불안하다면, 당신은 이미 중요한 깨달음의 문턱에 서 있는 것이다. 그 불안은 당신의 영혼이 보내는 신호다. "나는 단지 돈을 버는 기계가 아니라, 자유롭게 살아갈 권리가 있는 사람이야"라고 말하는 내면의 목소리에 귀 기울여라.

진정한 부는 은행 계좌의 숫자가 아니라, 당신의 시간 계좌에 얼마나 많은 여유와 선택권이 있느냐로 결정된다. 당신이 번 돈으로 살 수 있는 것들이 아니라, 당신의 시간으로 경험할 수 있는 것들이 진정한 부의 척도다.

오늘, 매출과 자유 사이의 균형을 다시 생각해보라. 성공이란 '일하느라 살지 못하는 부자'가 되는 것이 아니라, '원하는 삶을 살면서도 충분한 풍요를 누리는 자유인'이 되는 것이다.

매출은 수단이지 목적이 아니다. 진정한 목적은 자유다.

당신의 선택은 무엇인가?

시간은 많은데 여유는 없다
– 일은 줄지 않는 성장

"바쁨은 상태가 아니라 선택이다." - 팀 페리스

24시간의 역설

"드디어 프리랜서가 됐어요. 이제 제 시간은 제가 통제할 수 있게 됐죠."

1년 전, 윤지는 10년간 다니던 대기업에서 퇴사하고 독립했다. 회사 생활의 가장 큰 불만이었던 시간 부족 문제가 해결될 거라 기대했다. 그러나 1년이 지난 지금, 그녀는 더 혼란스러워졌다.

"이상하게도 시간은 더 많아진 것 같은데, 여유는 오히려 줄었어요. 하루 종일 일하는데 마음은 더 바빠졌고, 끝나지 않는 할 일 목록에 항상 쫓기는 기분이에요."

이것이 바로 현대인이 경험하는 '시간의 역설'이다. 물리적 시간은 있는데 마음의 여유는 없는 상태. 특히 비즈니스가 성장할수록 이 역설은 더 심해진다.

일은 줄지 않는 성장의 함정

파킨슨의 법칙: 일은 주어진 시간을 채운다.

경제학자 C. 노스콧 파킨슨은 "일은 그것을 완성하기 위해 주어진 시간을 모두 채우는 경향이 있다"고 말했다. 이것이 바로 '파킨슨의 법칙'이다.

2시간 안에 끝낼 수 있는 일에 하루를 배정하면, 그 일은 정확히 하루를 채워버린다. 비즈니스가 성장할수록 이 현상은 더 심해진다. 성장은 더 많은 가능성, 더 많은 기회, 더 많은 선택지를 의미하기 때문이다.

사례 이야기: 케이크 가게의 성장통

민수는 소규모 케이크 가게를 운영한다. 처음에는 하루 10개 정도의 케이크만 만들었다. 영업시간은 9시부터 6시까지였고, 그 안에 모든 일을 끝낼 수 있었다.

가게가 입소문을 타면서 하루 주문량이 30개로 늘었다. 더 효율적인 시스템을 도입하고 직원도 고용했다. 그러나 이상하게도 민수의 일과는 오히려 9시부터 9시까지로 늘어났다.

"더 많은 주문을 처리하기 위해 시스템을 개선했는데, 왜 내 일은 줄어들지 않을까?"

그 이유는 간단했다. 규모가 커지자 민수는 새로운 영역의 일을 맡게 되었다.

· 추가 직원 관리 및 교육
· 대량 구매를 위한 공급업체 협상
· SNS 마케팅 전략 수립
· 더 복잡해진 회계 관리
· 고객 불만 처리 및 VIP 고객 관리

일의 성격이 바뀌었을 뿐, 일의 양은 줄어들지 않았다. 오히려 증가했다.

시간만 많고 여유 없는 삶의 징후

당신도 이런 상태에 있는지 다음 체크리스트로 확인해 보자:

· [ ] 일을 끝낸 후에도 마음은 여전히 일에 매여 있다.
· [ ] 휴식 시간에도 끊임없이 할 일 목록을 생각한다.
· [ ] 취미나 여가 활동을 하면서도 온전히 몰입하지 못한다.
· [ ] 중요하지 않은 결정에도 오래 고민하거나 미룬다.
· [ ] 언제나 무언가를 놓치고 있다는 불안감이 있다.
· [ ] 시간이 많다고 느끼면서도 항상 서두르는 자신을 발견한다.
· [ ] 쉬고 있을 때 죄책감을 느낀다.

5개 이상 체크했다면, 당신은 '시간은 많은데 여유 없는' 상태일 가능성이 높다.

시간 부자와 여유 부자의 차이

시간이 많다고 해서 여유로운 것은 아니다. 시간과 여유는 다른 개념이다.

시간 부자	여유 부자
물리적 시간의 양이 많음	마음의 여백과 주도권이 있음
많은 일을 병렬적으로 처리	한 번에 한 가지에 온전히 집중
바쁜 자유 시간	온전한 몰입의 시간
할 수 있는 일의 최대화	하지 않을 일의 결정과 용기
끊임없는 멀티태스킹	심리적 환기와 전환의 여유

여유는 단순히 시간의 양이 아니라, 시간을 어떻게 경험하는지에 대한 심리적 상태다.

일은 줄지 않는다: 성장의 법칙

비즈니스가 성장하면서 직면하게 되는 중요한 진실이 있다: 일은 줄어들지 않는다. 단지 변형될 뿐이다.

이 법칙을 이해하는 것은 매우 중요하다. 성장은 다음과 같은 변화를 가져온다:

1. 일의 성격이 바뀐다: 실무 중심에서 관리와 전략 중심으로
2. 결정의 복잡성이 증가한다: 결정의 영향력과 위험이 커진다.
3. 책임의 범위가 넓어진다: 더 많은 사람과 영역에 책임을 지게 된다.
4. 기회비용이 높아진다: 한 가지를 선택하는 데 따른 포기의 대가가 커진다.

사례 이야기: 스타트업 창업자의 고백

성공적인 스타트업을 운영하는 정 대표는 다음과 같이 고백했다:

"직원이 3명일 때는 코딩을 담당했고, 30명일 때는 제품 개발을 지휘했어요. 지금 300명이 됐는데, 저는 주로 투자자와 대화하고 비전을 전달하는 일을 합니다. 일의 성격이 완전히 바뀌었죠. 하지만 일의 양은 줄지 않았어요. 오히려 결정의 무게가 더 무거워졌고, 마음의 여유는 더 줄어들었습니다."

여유를 만드는 확장의 원칙

시간만 많은 상태에서 진정한 여유가 있는 상태로 전환하기 위한

원칙들을 살펴보자.

1. 성장에서 확장으로의 전환

성장이 '더 많이'를 의미한다면, 확장은 '더 넓게'를 의미한다. 단순히 크기를 키우는 것이 아니라, 시스템을 확장하는 것이다.

확장 중심 의사결정 워크시트

다음 질문들을 통해 의사결정의 관점을 성장에서 확장으로 전환해보자:

성장 중심 질문	확장 중심 질문	당신의 답변
이 결정이 매출을 얼마나 늘릴까?	이 결정이 내 삶의 여유를 어떻게 바꿀까?	
얼마나 더 많은 고객을 얻을 수 있을까?	이 시스템은 내 개입 없이도 작동할까?	
어떻게 하면 더 많은 일을 할 수 있을까?	어떤 일을 멈추거나 위임해야 할까?	
이 기회를 놓치면 얼마를 손해 볼까?	이 기회를 잡으면 내 시간은 어떻게 변할까?	

2. 주도적 시간 설계: 여유 버퍼 만들기

여유는 실수로 생기는 것이 아니라 의도적으로 설계해야 한다. '여유 버퍼'를 의식적으로 만들어야 한다.

여유 버퍼 설계 템플릿

1. 일일 여유 버퍼: 하루 중 30분을 '아무것도 계획하지 않는 시간'으로 지정한다. 이 시간에는 어떤 약속도, 할 일도 계획하지 않는다.
2. 주간 여유 버퍼: 일주일에 반나절을 '뜻밖의 일에 대응하는 시

간'으로 지정한다. 예상치 못한 일이 없으면 순수한 여가 시간으로 사용한다.

3. 월간 여유 버퍼: 한 달에 하루는 '성찰과 재조정의 날'로 지정한다. 이날은 비즈니스의 방향성을 점검하고 시스템을 개선한다.

4. 분기별 여유 버퍼: 3개월마다 이틀은 '완전한 단절의 시간'으로 지정한다. 일과 완전히 분리되어 자신을 재충전한다.

3. 여유 시스템 구축: 보호 장치 만들기

여유를 지키기 위해서는 구체적인 시스템과 경계가 필요하다.

여유 보호 시스템 체크리스트

· [ ] 결정 필터 만들기: "이 일이 내 핵심 목표에 직접 기여하지 않는다면, 아니오라고 말한다."
· [ ] 의도적 비가용성 시간대 설정: 하루 중 특정 시간대는 이메일/메시지를 확인하지 않는다.
· [ ] 신호등 체계 도입: 동료/팀원들과 '방해 가능 정도'를 색상으로 표시한다. (적색: 방해 금지, 황색: 중요 사안만, 녹색: 대화 가능)
· [ ] 자동 거절 메커니즘: 특정 유형의 요청은 자동으로 거절하는 정책을 세운다.
· [ ] 정기적 정리 세션: 주기적으로 업무, 프로젝트, 약속을 재평가하고 필요시 중단한다.

4. 마음의 여유를 위한 루틴: 심리적 전환 훈련

여유는 물리적 시간뿐만 아니라 심리적 상태에도 달려있다. 다음 루틴으로 마음의 여유를 훈련해 보자.

심리적 전환 루틴

1. 아침 의도 설정: 하루를 시작하며 "오늘 나는 ＿＿에 온전히 집중하고, ＿＿는 의도적으로 신경 쓰지 않겠다"라고 선언한다.
2. 전환 의식: 업무와 개인 시간 사이에 5분간의 전환 의식을 만든다. 심호흡, 간단한 스트레칭, 또는 짧은 산책 등이 좋다.
3. 감사 마무리: 하루를 마치며 "오늘 완료한 일 3가지와 내일로 미룬 일 2가지에 감사한다"라고 적는다.
4. 디지털 일몰: 매일 저녁 특정 시간 이후에는 업무 관련 디지털 기기를 사용하지 않는다.

여유 없는 성장에서 벗어나기 위한 실천 계획

이제 구체적인 실천 계획을 세워보자. 다음 단계별 접근법은 '시간은 많지만 여유 없는' 상태에서 벗어나는 데 도움이 될 것이다.

1단계: 비즈니스의 현재 상태 진단

먼저 당신의 비즈니스가 시간과 여유 측면에서 어떤 상태인지 진단해 보자.

여유 진단 워크시트

영역	현재 상황	이상적인 상태	격차 해소 전략
업무 시간	(예: 주 60시간)	(예: 주 40시간)	
방해 없는 집중 시간			
의사결정 부담			
위임 정도			

영역	현재 상황	이상적인 상태	격차 해소 전략
시스템 자동화			
심리적 여유			

2단계: 중요한 것과 긴급한 것 구분하기

스티븐 코비의 시간 관리 매트릭스를 활용해 모든 활동을 분류해 보자:

4분면 활동 분류 연습

당신의 일상적인 활동들을 다음 네 가지 영역으로 분류해 보세요:

시간 관리를 위한 4분면 활동 분류

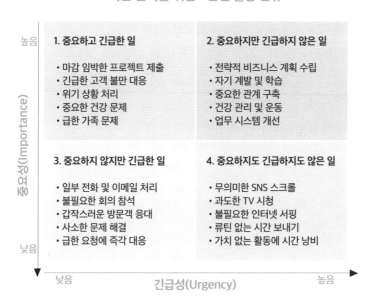

그리고 중요하고 긴급하지 않은 일(2사분면)에 더 많은 시간을 배정하는 계획을 세우세요.

3단계: '멈출 일' 리스트 만들기

대부분의 사람은 '할 일' 목록만 만든다. 하지만 진정한 여유를 위해서는 '멈출 일' 목록이 훨씬 중요할 수 있다.

멈출 일 도출 질문

다음 질문에 답하며 멈출 일 목록을 작성해 보세요:

1. 지난 3개월 동안 해온 일 중 핵심 가치나 목표에 기여하지 않는 것은?
2. 누군가에게 위임하면 80% 이상의 품질로 완료될 수 있는 일은?
3. 현재 하고 있는 일 중 에너지를 가장 많이 소모하면서도 성과는 적은 것은?
4. 의무감이나 타성으로 계속하고 있는 일은?
5. 비즈니스 성장에 비해 이제는 규모가 작아진 일은?

이 질문들을 통해 도출된 항목들을 '멈출 일' 목록에 추가하고, 실제로 중단하거나 위임할 계획을 세우세요.

4단계: 여유를 위한 시스템 구축

마지막으로, 지속 가능한 여유를 위한 시스템을 구축하세요.

여유 시스템 설계 템플릿

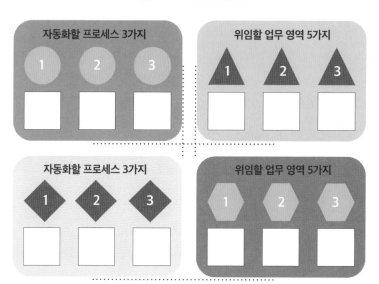

여유는 선택이다

시간이 많아도 여유가 없는 이유는 단 하나다. 여유는 자동으로 생기지 않는다. 여유는 의도적으로 선택하고, 설계하고, 지켜야 하는 것이다.

성장하는 비즈니스 속에서 일은 결코 줄어들지 않는다. A라는 일이 끝나면 B라는 일이 그 자리를 채운다. 이것이 성장의 불변 법칙이다.

하지만 확장은 다르다. 확장은 일의 양이 아니라 영향력의 크기를 키우는 것이다. 같은 시간과 에너지로 더 큰 가치를 만드는 것이다.

오늘부터 자문해 보라: "나는 단순히 바쁜 시간을 갖고 있는가, 아니면 의미 있는 여유를 갖고 있는가?"

시간이 많아도 마음의 여유가 없는 상태는 진정한 성공이 아니다. 시간과 마음, 둘 다 풍요로운 상태가 진정한 성공이다.

성장이 아닌 확장을 선택하라. 그리고 그 확장 속에 여유의 공간을 의도적으로 디자인하라.

여유는 결코 우연히 찾아오지 않는다. 여유는 선택이다.

고객은 많은데 확장은 없다
– 구조 없는 브랜드의 한계

"신규 고객을 유치하는 것보다 기존 고객을 확장하는 것이
5배 더 가치 있다." - 프레드릭 라이클헬드

풀 예약, 비어 있는 미래

서른 살에 창업한 김준형의 디자인 스튜디오는 개업 3년 만에 대기자 명단을 만들어야 할 정도로 인기가 많았다. 인스타그램 팔로워는 2만 명을 돌파했고, 매달 들어오는 문의는 처리하기 힘들 정도였다. 겉으로는 성공 그 자체처럼 보였다.

"월 매출 2천만 원을 달성했어요. 디자인 스튜디오치고는 꽤 괜찮은 수준이죠."

하지만 누구에게도 말하지 않는 그의 불안이 있었다.

"매일 아침 공포에 시달립니다. 내일 갑자기 문의가 끊기면 어떡하지? 이 모든 게 언제 무너질까? 지금 상황을 어떻게 더 키워야 할지 모르겠어요."

고객이 많다는 것은 인기 있는 브랜드라는 증거다. 하지만 '인기 있는 브랜드'와 '확장 가능한 브랜드'는 완전히 다른 개념이다. 준형의 사례는 많은 소상공인과 크리에이터가 직면하는 전형적인 문

제를 보여준다.

고객은 많은데, 확장은 없다.
구조 없는 인기의 덫

인기 있는 브랜드가 지속 가능한 성장으로 이어지지 않는 이유는 무엇일까? 그것은 바로 '구조의 부재' 때문이다.

사례 이야기: 인기 베이커리의 실패

서울 강남의 한 베이커리 '소금빵집'은 개업 직후부터 줄을 서서 기다려야 할 정도로 인기를 끌었다. 오픈 1시간 만에 빵이 모두 팔리기 일쑤였고, 입소문을 타고 전국에서 찾아오는 고객들도 있었다. 그러나 2년 후, 소금빵집은 문을 닫았다. 대표는 인터뷰에서 다음과 같이 말했다:

"사람들은 제가 성공했다고 생각했죠. 매출도 좋았고 항상 줄이 서 있었으니까요. 하지만 인기와 확장성은 달랐어요. 저희는 인기에 취해 구조를 탄탄히 만들지 못했어요."

소금빵집의 몰락은 다음과 같은 요인 때문이었다:

1. 원데이 원맨 쇼: 대표 베이커가 모든 레시피와 핵심 기술을 독점했다.

2. 문서화되지 않은 프로세스: 암묵지(暗默知)에 의존한 생산 방식

3. 과도한 개인화된 서비스: 대표와 직접 소통하길 원하는 고객들

4. 체계화되지 않은 브랜드 아이덴티티: 대표의 개인 이미지와 브랜드의 혼재

5. 확장을 고려하지 않은 비즈니스 모델: 대량 생산이 불가능한 공정

당신의 브랜드도 '고객은 많지만 확장은 없는' 상태인지 다음 체크리스트로 확인해 보자:

- [ ] 당신이 없으면 비즈니스가 작동하지 않는다.
- [ ] 가장 중요한 지식과 노하우가 문서화되어 있지 않다.
- [ ] 브랜드가 당신의 개인적 매력과 강하게 연결되어 있다.
- [ ] 고객들이 당신과 직접 소통하길 원한다.
- [ ] 핵심 프로세스가 표준화되어 있지 않다.
- [ ] 직원들이 당신의 판단과 결정에 지나치게 의존한다.
- [ ] 브랜드 아이덴티티가 명확히 정의되어 있지 않다.
- [ ] 성장 계획이 '더 열심히 일하기'에 집중되어 있다.
- [ ] 현재 비즈니스 모델로는 2~3배 규모 확장이 불가능하다.

5개 이상 체크되었다면, 당신의 브랜드는 '구조 없는 인기'의 함정에 빠져 있을 가능성이 높다.

인기와 확장성의 근본적 차이

인기 있는 브랜드와 확장 가능한 브랜드의 차이를 이해하는 것이 중요하다.

인기 있는 브랜드	확장 가능한 브랜드
개인의 역량에 의존	시스템과 구조에 의존
창업자/핵심 인물이 필수적	누구든 운영 가능한 시스템
암묵지(暗默知)에 기반	형식지(形式知)로 문서화
개인화된 관계 중심	체계화된 경험 중심

인기 있는 브랜드	확장 가능한 브랜드
수작업과 맞춤형 서비스	표준화된 프로세스
한정된 수용 능력	확장 가능한 용량
단기적 인기 추구	장기적 확장성 설계

구조화된 브랜드로 전환하기 위한 5단계

인기 있는 브랜드에서 확장 가능한 브랜드로 전환하기 위한 체계적인 접근법을 살펴보자.

1단계: 브랜드 DNA 정의하기

확장 가능한 브랜드의 첫 번째 단계는 브랜드의 핵심 요소를 명확히 정의하는 것이다.

브랜드 DNA 워크시트

요소	현재 상태	명확한 정의
핵심 가치 (3~5개)		
브랜드 약속		
차별화 포인트		
타깃 고객 페르소나		
브랜드 어조와 성격		
핵심 시각적 아이덴티티		

이 요소들을 명확히 정의하면, 브랜드가 창업자나 핵심 인물에게서 분리되어 독립적인 자산으로 발전할 수 있다.

2단계: 핵심 프로세스 문서화하기

확장 가능한 브랜드는 모든 핵심 프로세스가 문서화되어 있다.

당신만 알고 있는 암묵지를 형식지로 전환해야 한다.

프로세스 문서화 템플릿

다음 핵심 영역에 대한 표준 운영 절차(SOP)를 작성해 보자:

1. 제품/서비스 생산 과정
   o 단계별 세부 지침
   o 품질 기준과 체크포인트
   o 문제 해결 가이드라인
2. 고객 여정 관리
   o 첫 접촉부터 사후 관리까지의 모든 단계
   o 고객 질문/요청에 대한 표준 응답
   o 예외 상황 처리 방법
3. 브랜드 경험 요소
   o 고객 접점별 브랜드 표현 방식
   o 브랜드 메시지 전달 방법
   o 일관된 경험을 위한 체크리스트

3단계: 확장 가능한 비즈니스 모델 설계하기

기존 비즈니스 모델이 확장 가능한지 평가하고, 필요시 재설계한다.

비즈니스 모델 확장성 분석

현재 비즈니스 모델의 각 요소를 확장성 관점에서 평가해 보자:

비즈니스 모델 요소	현재 한계	확장 방안
수익 구조		
가치 제안		

비즈니스 모델 요소	현재 한계	확장 방안
핵심 활동		
핵심 자원		
고객 관계		
채널		
핵심 파트너십		

각 요소별로 "이것이 10배 규모로 확장되어도 작동할 수 있는가?"라는 질문을 던져보라.

4단계: 브랜드와 창업자 분리하기

많은 브랜드가 확장되지 못하는 주요 이유 중 하나는 브랜드와 창업자의 정체성이 너무 밀접하게 연결되어 있기 때문이다.

브랜드-창업자 분리 전략

1. 브랜드 스토리텔링 재구성
   o 창업자 중심에서 브랜드 가치 중심으로 전환
   o 브랜드의 독립적 철학과 미션 강조
2. 팀 가시성 높이기
   o 다양한 팀원들의 전문성과 역할을 부각
   o 주요 결정과 성과를 팀 공동의 업적으로 소개
3. 단계적 권한 위임
   o 공개적인 의사결정 권한 이양
   o 창업자 없이도 운영되는 영역 확대

마지막으로, 구체적인 확장 로드맵을 작성한다.

단계별 확장 로드맵 템플릿

단계	목표	핵심 활동	성공 지표	일정
1단계: 기반 구축				
2단계: 시스템 테스트				
3단계: 초기 확장				
4단계: 본격 확장				

사례 연구: 성공적인 구조화 전환

사례 이야기: 장인 가구 브랜드의 변신

수작업 가구로 유명했던 '목담木談' 브랜드는 창업자 이 장인의 뛰어난 기술력으로 큰 인기를 얻었다. 그러나 대기 시간이 1년까지 늘어나자, 이 장인은 근본적인 변화가 필요함을 깨달았다.

그가 취한 단계적 접근법은 다음과 같았다:

1. 브랜드 정체성 재정립
   · '장인의 손길'이라는 추상적 가치에서 '세대를 이어가는 지속가능성'이라는 구체적 가치로 전환
   · 이 장인의 얼굴이 아닌, 목담의 철학을 담은 비주얼 아이덴티티 개발
2. 핵심 프로세스 체계화
   · 모든 가구 제작 과정을 단계별로 문서화

- 장인의 노하우를 교육 가능한 모듈로 분해
- 핵심 디자인 요소를 표준화하면서도 맞춤형 옵션 유지

3. 인력 양성 시스템 구축
- 3년 과정의 체계적인 장인 훈련 프로그램 개발
- 단계별로 난이도와 책임이 높아지는 경력 경로 설계
- 기술 전수를 위한 멘토링 시스템 도입

4. 비즈니스 모델 확장
- 완전 맞춤형 라인과 준맞춤형 라인으로 제품군 분리
- 핵심 기술을 활용한 소품 라인 추가로 진입 장벽 낮춤
- 장기 고객을 위한 구독형 유지보수 서비스 도입

5. 단계적 권한 위임
- 초기에는 디자인 감수만 담당하던 이 장인이 점차 전략적 역할로 전환
- 숙련된 장인들에게 프로젝트별 책임과 권한 부여
- 회사 중요 결정에 전체 장인들이 참여하는 협의체 운영

결과: 3년 후, 목담은 초기의 3배 규모로 성장했으며, 이 장인은 주 3일만 출근하면서도 브랜드의 비전과 품질을 유지할 수 있게 되었다. 대기 시간은 3개월로 줄었고, 수익성은 오히려 높아졌다.

구조화를 위한 10가지 실천 전략

구조화된 브랜드로 전환하기 위한 구체적인 실천 방안을 살펴보자.

1. 지식 자산화하기
- 당신만 알고 있는 모든 노하우를 문서, 영상, 오디오 등으로

기록하라.

· 매주 최소 1시간을 지식 자산화에 투자하라.

2. 의사결정 프레임워크 만들기

· 반복되는 결정에 대한 명확한 기준과 프로세스를 정의하라.

· "이런 상황에서는 이렇게 결정한다"는 규칙을 만들어라.

3. 고객 접점 표준화하기

· 모든 고객 소통 채널과 메시지에 일관된 가이드라인을 적용하라.

· 브랜드 톤앤매너를 명확히 규정하고 모든 팀원과 공유하라.

4. 핵심 지표 설정하기

· 브랜드의 건강성과 확장성을 측정할 수 있는 3~5개의 핵심 지표를 선정하라.

· 이를 정기적으로 추적하고 팀과 공유하라.

5. 트레이닝 시스템 구축하기

· 신규 팀원이 빠르게 적응할 수 있는 체계적인 교육 시스템을 만들어라.

· 역할별 필수 역량과 지식을 정의하고 교육 자료를 개발하라.

6. 규모별 시나리오 계획하기

· 현재 규모의 2배, 5배, 10배일 때 각각 어떻게 운영할지 시나리오를 작성하라.

· 각 규모에서 발생할 수 있는 병목 현상을 미리 식별하고 대응책을 마련하라.

7. 역할과 책임 명확화하기

· 모든 팀원의 역할, 책임, 권한을 명확히 문서화하라.

· 팀 구성원 간의 책임 중복이나 공백을 제거하라.

8. 테스트와 학습 루틴 만들기

- 새로운 아이디어와 개선안을 지속적으로 테스트하는 체계를 구축하라.
- 성공과 실패에서 배운 교훈을 조직 지식으로 축적하라.

9. 개인 브랜드와 기업 브랜드 분리하기
- 창업자/핵심 인물의 개인 브랜드와 기업 브랜드를 전략적으로 분리하라.
- 기업 브랜드가 독자적으로 인지도와 신뢰를 쌓을 수 있는 기회를 만들어라.

10. 확장 파트너십 구축하기
- 혼자 모든 것을 하려 하지 말고, 전략적 파트너십을 통해 확장하라.
- 핵심 역량에 집중하고 나머지는 신뢰할 수 있는 파트너에게 위임하라.

인기를 넘어 유산을 만들어라

고객이 많다는 것은 축하받을 일이다. 당신의 제품이나 서비스가 가치 있다는 증거니까. 하지만 진정한 성공은 당신이 없어도 지속되는 브랜드를 만드는 것이다. 구조화되지 않은 인기는 모래성과 같다. 겉으로는 화려해 보이지만, 시간이 지나면 무너질 수밖에 없다. 반면, 탄탄한 구조 위에 세워진 브랜드는 당신의 한계를 뛰어넘어 확장될 수 있다.

오늘부터 자문해 보라: "내가 갑자기 사라져도 이 브랜드가 계속 번창할 수 있을까?"

만약 대답이 '아니오'라면, 지금 당장 구조화를 시작할 때다. 그것이 당신의 브랜드를 인기를 넘어 유산으로 만드는 길이다.

인기는 순간이지만, 구조화된 브랜드는 세대를 이어 번창한다.

당신의 브랜드가 단순한 인기를 넘어, 진정한 유산이 되길 바란다.

제2장

확장을 위한 태도 셋업

성장이 아닌 '확장형 사고'를 가진 사람들의 특징

두 개의 사무실, 두 개의 세계

김 부장은 27층 사무실 창문 너머로 서울의 바쁜 거리를 내려다보며 깊은 한숨을 내쉬었다. 책상 위에는 이번 분기 성과 보고서가 놓여 있었다. 목표를 달성했지만, 경쟁사들은 이미 다음 단계로 넘어가고 있었다.

"더 열심히 일하면 따라잡을 수 있을 거야." 그는 중얼거렸다.

그때 전화가 울렸다.

"김 부장님, 29층 회의실에서 시작하는 부서 간 협업 회의 기억하시죠?" 비서가 상기시켰다.

김 부장은 짜증스럽게 고개를 끄덕였다. 또 다른 시간 낭비라고 생각했다. 그의 부서는 이미 충분히 바빴다.

29층에 도착하자, 회의는 이미 시작되어 있었다. 박 상무가 회의실 앞에 서서 흥미진진한 질문을 던지고 있었다.

"우리의 한계는 무엇이고, 그 한계를 어떻게 재정의할 수 있을까요?"

김 부장은 조용히 뒷자리에 앉으며 눈을 굴렸다. '또 다른 동기부여 강연인가,' 그는 생각했다. 하지만 곧 그는 무언가 다른 점을 느꼈다. 박 상무는 단순한 성장 전략이 아니라, 완전히 다른 사고방식에 관해 이야기하고 있었다.

질문의 프레임을 바꾸다

한 달 후, 회사 전체가 위기에 직면했다. 고객 이탈률이 급증하고 있었다.

김 부장은 긴급회의를 소집했다. "어떻게 더 많은 고객을 유치할 수 있을까?" 그가 물었다. 팀원들은 더 많은 마케팅 예산, 더 공격적인 영업 전략, 가격 인하 등을 제안했다.

같은 날 오후, 박 상무도 자신의 팀과 회의를 가졌다. 하지만 그녀의 질문은 달랐다. "우리의 고객 정의 자체를 어떻게 바꿀 수 있을까요?"

회의실은 잠시 침묵에 빠졌다.

"무슨 말씀이신지요?" 한 팀원이 물었다.

박 상무는 노트북을 열어 데이터를 보여주었다. "우리 물류 앱이 원래 설계된 대기업 고객층 외에, 흥미로운 사용자 그룹이 있어요. 소규모 자영업자들이 우리 앱을 창의적인 방식으로 활용하고 있어요."

"하지만 그들은 우리의 타깃 고객이 아니에요." 다른 팀원이 지적했다.

"아직은 아니죠." 박 상무가 미소 지었다. "하지만 그들이 될 수 있어요."

석 달 후, 그들은 자영업자를 위한 맞춤형 서비스 라인을 출시했다. 6개월 후, 이 새로운 고객층은 회사 수익의 25%를 차지하게 되었다.

연결점을 발견하다

김 부장은 연례 기술 콘퍼런스에서 하품을 참으며 의료 기기 분야의 발표를 듣고 있었다. '우리 물류 회사와 무슨 상관이지?' 그는 생각했다.

바로 옆자리에 앉은 박 상무는 완전히 다른 반응을 보였다. 그녀는 열심히 메모하며 때때로 놀란 표정을 지었다.

발표가 끝나자 그녀는 발표자에게 달려갔다. 김 부장은 호기심에 그들의 대화를 엿들었다.

"당신의 온도 감지 센서 기술이 우리 물류 시스템에 혁명을 일으킬 수 있을 것 같아요." 박 상무가 열정적으로 말했다.

"물류요? 어떻게요?" 발표자가 물었다.

"의약품 배송이요. 온도에 민감한 약품들의 상태를 실시간으로 모니터링할 수 있다면, 우리는 완전히 새로운 시장을 열 수 있어요."

회사로 돌아온 후, 박 상무는 즉시 의료 물류 태스크포스를 구성했다. 6개월 후, 그들은 온도 민감성 의약품을 위한 특수 배송 서비스를 출시했고, 이는 회사에 완전히 새로운 수익원을 제공했다.

실패를 재료로 활용하다

김 부장의 인공지능 기반 경로 최적화 프로젝트가 난관에 부딪혔다. 알고리즘이 예상대로 작동하지 않았다.

"더 많은 데이터가 필요해." 그의 기술 책임자가 말했다. "그리고 더 강력한 서버도요."

김 부장은 고개를 끄덕이며 추가 예산을 승인했다.

몇 주 후, 회사 카페테리아에서 박 상무가 그에게 다가왔다.

"AI 프로젝트가 어떻게 진행되고 있나요?" 그녀가 물었다.

김 부장은 한숨을 쉬었다. "아직 해결 중이에요. 더 많은 자원을 투입했어요."

박 상무는 잠시 생각에 잠겼다. "실패에서 무엇을 배웠나요?"

"배운 거요?" 김 부장이 혼란스러워했다. "우린 그저 해결책을 찾고 있어요."

"우리 팀도 비슷한 문제를 겪었어요." 박 상무가 말했다. "그런데 우리는 이 실패를 통해 흥미로운 것을 발견했죠. AI가 항상 최적의 솔루션을 제공하는 것은 아니라는 거예요. 특히 예측 불가능한 변수가 많을 때는요."

"그래서요?"

"우리는 방향을 바꿨어요. AI와 인간 운전자의 직관을 결합한 하이브리드 시스템을 만들었죠. 순수한 AI 솔루션보다 15% 더 효율적이에요."

김 부장은 깊은 생각에 잠겼다.

'그리고'의 마법

분기 말 임원 회의에서, CEO가 비용 절감의 필요성을 강조했다.

"비용을 20% 줄여야 합니다." CEO가 말했다. "각 부서장은 어떤 서비스나 기능을 줄일지 결정해 주세요."

김 부장은 골치 아픈 표정으로 메모를 했다. 서비스 품질을 유지하면서 어떻게 비용을 줄일 수 있을지 걱정이 됐다.

회의가 끝나자 박 상무가 그에게 다가왔다. "커피 한잔할까요?"

카페에서, 박 상무는 흥미로운 아이디어를 공유했다. "저는 '또는'이 아닌 '그리고'의 관점에서 이 문제를 보고 있어요. 어떻게 비용을 줄이면서도 서비스 품질을 향상시킬 수 있을까요?"

"그게 가능한가요?" 김 부장이 의심스러워했다.

박 상무는 태블릿을 꺼내 그녀의 팀이 개발 중인 고객 참여 모델을 보여주었다. 고객들이 직접 배송 상태를 업데이트하고 피드백을 제공할 수 있는 게임화된 시스템이었다.

"고객들에게 더 많은 통제권을 주면, 그들은 더 만족하게 되고, 우리는 운영 비용을 줄일 수 있어요." 그녀가 설명했다.

김 부장의 눈이 커졌다. "두 마리 토끼를 다 잡는 거군요."

"정확해요." 박 상무가 미소 지었다. "그것이 확장형 사고의 힘이에요."

확장의 시작

이 만남 이후, 김 부장은 변화하기 시작했다. 그는 자신의 팀에게 다른 종류의 질문을 던지기 시작했다.

"만약 우리가 물류 회사가 아니라면, 우리는 어떤 회사일까?"

팀원들은 혼란스러워했지만, 곧 흥미로운 대화가 시작됐다.

"우리는 움직임의 문제를 해결하는 회사예요." 한 팀원이 말했다.

"우리는 연결을 만드는 회사예요." 다른 팀원이 덧붙였다.

이 작은 사고 전환이 큰 변화를 가져왔다. 6개월 후, 김 부장의 팀은 완전히 새로운 서비스 라인을 개발했다. 그들은 더 이상 단순히 물건을 A에서 B로 옮기는 데 집중하지 않고, 사람, 아이디어, 정보의 흐름을 최적화하는 솔루션을 만들었다.

1년 후, 김 부장은 회사의 최초 혁신 책임자로 승진했다. 그의 첫번째 행동은 박 상무를 자신의 부서로 영입하는 것이었다.

"확장형 사고가 무엇인지 진정으로 이해하게 해줘서 고마워요." 그가 그녀에게 말했다.

박 상무는 미소를 지었다. "성장은 이미 정의된 경로를 따라가는 것이에요. 확장은 지도 자체를 다시 그리는 것이죠."

확장의 파급 효과

2년 후, 그들의 회사는 업계를 선도하는 혁신 기업으로 변모했다. 한때 단순한 물류 회사였던 그들은 이제 "이동의 문제를 해결하는 사람들"로 자신들을 재정의했다.

회사의 연례 보고서 발표에서, CEO는 김 부장과 박 상무를 단상으로 불렀다.

"우리 회사의 놀라운 전환은 성장을 넘어 확장을 추구한 이 두 사람의 비전 덕분입니다." CEO가 말했다. "그들은 우리에게 더 크게 생각하는 것이 아니라, 다르게 생각하는 법을 가르쳐 주었습니다."

청중 속에서, 다른 회사의 임원들이 열심히 메모를 하고 있었다. 성장만으로는 더 이상 충분하지 않다는 것을 그들도 깨닫기 시작한 것이다. 진정한 혁신과 지속 가능한 성공을 위해서는 확장형 사고가 필요했다.

김 부장은 단상에 서서 청중을 바라보며 생각했다. '확장형 사고의 마법은 단순히 더 많은 것을 하는 것이 아니라, 완전히 다른 것을 상상하고 창조하는 것이다.'

그리고 그는 이제 막 시작했다는 것을 알고 있었다.

말을 잘하면 일이 생긴다?

- 표현력보다 구조다

"훌륭한 연설은 당신을 일시적으로 인기 있게 만들지만,
훌륭한 시스템은 당신을 지속적으로 가치 있게 만든다." - 세스 고딘

화려한 말의 유혹

박상우는 PT의 달인이었다. 대학 시절부터 발표만 하면 A+를 받았고, 회사에서도 프레젠테이션만큼은 자신 있었다. 동료들은 "상우 씨가 발표하면 돌부처도 웃게 만든다"며 그의 표현력을 칭찬했다.

창업 후에도 그의 화려한 언변은 빛을 발했다. 투자 설명회에서는 투자자들의 마음을 사로잡았고, 고객 미팅에서는 매번 계약을 따냈다. 모든 것이 순조로워 보였다.

그런데 1년이 지난 후, 문제가 생겼다. 고객들이 하나둘 이탈하기 시작한 것이다.

"이해가 안 돼요. 제가 말을 못 해서 고객을 놓친 건 아닌데…"

한 고객이 떠나며 남긴 말은 그에게 충격을 주었다.

"박 대표님의 설명은 정말 훌륭했어요. 하지만 우리가 원하는 건 화려한 말이 아니라, 문제를 실제로 해결해 주는 구조적인 접근이

었습니다."

말의 함정: 표현력의 한계

화려한 말에 의존하는 비즈니스의 세 가지 큰 함정이 있다.

1. 기대와 현실의 불일치

뛰어난 표현력은 종종 과도한 기대를 만든다. 이상적인 그림을 너무 생생하게 그려내면, 실제 결과가 그에 미치지 못했을 때 실망은 더욱 커진다.

사례 이야기: 마케팅 회사의 교훈

서울의 한 디지털 마케팅 회사는 화려한 프레젠테이션으로 유명했다. CEO는 클라이언트를 사로잡는 화법의 대가였고, 이를 통해 수많은 대형 계약을 따냈다. 그러나 계약 후 실제 실행 단계에서는 많은 문제가 발생했다.

"우리는 프레젠테이션에 너무 많은 시간을 투자했고, 실제 서비스 제공 구조를 만드는 데는 상대적으로 적은 시간을 썼어요."

결국 이 회사는 1년 만에 주요 클라이언트의 70%를 잃었다. 아무리 말을 잘해도, 그 말을 현실화할 수 있는 구조가 없다면 기대와 현실의 간극은 실망으로 이어질 수밖에 없다.

2. 반복 불가능한 개인 역량

말을 잘하는 것은 대체로 개인의 역량에 의존한다. 그런데 이 역량은 쉽게 복제되거나 시스템화하기 어렵다.

"김 대표님이 직접 설명해 주실 수 있나요? 다른 직원분이 설명하면 잘 이해가 안 돼서요."

이런 말을 자주 듣는다면, 당신의 비즈니스는 개인 역량에 과도하게 의존하고 있을 가능성이 높다.

가장 중요한 것은 많은 비즈니스 문제가 단순히 '더 잘 설명하는 것'으로 해결되지 않는다는 점이다. 고객이 진정으로 원하는 것은 그들의 문제를 해결해 주는 실질적인 가치다.

표현력에서 구조로의 전환

그렇다면 어떻게 표현력 중심에서 구조 중심으로 전환할 수 있을까? 다음 단계를 통해 더 지속 가능한 비즈니스로 발전할 수 있다.

1. 핵심 가치 전달 구조 만들기

먼저 당신이 제공하는 가치를 표현력이 아닌 구조로 전달할 방법을 설계해야 한다.

가치 전달 구조 워크시트

핵심 가치	현재 전달 방식	구조화된 전달 방식
(예: 맞춤형 솔루션)	(예: CEO의 직접 설명)	(예: 표준화된 진단 프로세스)
(예: 빠른 대응성)	(예: 대표의 24시간 연락 가능)	(예: 단계별 대응 시스템)
(예: 전문적 지식)	(예: 대표의 전문성 어필)	(예: 지식 베이스 구축)

2. 핵심 메시지의 시스템화

당신이 자주 사용하는 설명, 비유, 사례들을 모든 팀원이 일관되게 전달할 수 있도록 시스템화한다.

메시지 시스템화 체크리스트

· [ ] 자주 사용하는 핵심 메시지 5~7개를 문서화했다.

- [ ] 각 메시지에 대한 표준 설명과 사례를 작성했다.
- [ ] 팀원들이 이 메시지를 자신의 말로 전달할 수 있도록 훈련했다.
- [ ] 고객 유형별로 적합한 메시지 조합을 정의했다.
- [ ] 메시지 전달 효과를 측정하고 개선하는 프로세스가 있다.

3. 고객 경험 여정 설계하기

고객이 당신의 표현력 대신 구조화된 경험을 통해 가치를 인식할 수 있도록 전체 여정을 재설계한다.

고객 경험 여정 맵

1. 인지 단계: 고객이 처음 당신의 브랜드를 어떻게 발견하고 이해하는가?
   - o 현재: (예: 대표의 네트워킹과 소개)
   - o 구조화: (예: 체계적인 콘텐츠 전략과 자료)
2. 고려 단계: 고객이 어떻게 당신의 서비스/제품을 평가하는가?
   - o 현재: (예: 대표와의 1:1 미팅)
   - o 구조화: (예: 단계별 발견 워크숍 프로세스)
3. 결정 단계: 고객이 어떻게 최종 결정을 내리는가?
   - o 현재: (예: 대표의 설득력 있는 제안)
   - o 구조화: (예: 표준화된 제안서와 ROI 계산기)
4. 사용 단계: 고객이 어떻게 당신의 서비스/제품을 경험하는가?
   - o 현재: (예: 대표의 직접 관리)
   - o 구조화: (예: 체계적인 온보딩과 사용 가이드)
5. 지지 단계: 고객이 어떻게 재구매하거나 추천하게 되는가?
   - o 현재: (예: 대표와의 관계)

o 구조화: (예: 고객 성공 프로그램)

4. 표현을 구조로 변환하는 방법

당신의 뛰어난 표현력을 완전히 버릴 필요는 없다. 오히려 그것을 구조화된 자산으로 변환하는 것이 중요하다.

표현에서 구조로의 변환 템플릿

기존 표현 방식	구조화된 자산	실행 계획
설득력 있는 계약 미팅	단계별 컨설팅 프로세스	• 미팅 스크립트 작성 • 핵심 질문 목록 정리 • 표준 프레젠테이션 템플릿 개발
개인적 노하우 설명	지식 라이브러리	• 자주 사용하는 설명을 영상으로 녹화 • 핵심 노하우를 문서화 · FAQ 데이터베이스 구축
맞춤형 문제 해결	솔루션 프레임워크	• 문제 유형 분류체계 개발 • 유형별 표준 해결책 정의 • 의사결정 트리 작성

사례 연구: 표현력에서 구조로 성공적으로 전환한 비즈니스

사례 이야기: 컨설턴트의 깨달음

베테랑 경영 컨설턴트 김준호는 20년간 자신의 뛰어난 통찰력과 소통 능력으로 많은 기업을 도왔다. 그의 컨설팅은 항상 예약이 꽉 차 있었고, 고객들은 그의 조언을 매우 높이 평가했다.

그러나 김준호는 큰 고민이 있었다. 자신의 지식과 경험이 점점 더 많은 기업에 도움이 되길 원했지만, 하루는 24시간뿐이었고 그가 직접 만날 수 있는 고객 수는 제한적이었다.

전환점은 그가 한 고객으로부터 받은 질문이었다.

"김 컨설턴트님이 갑자기 없어진다면, 저희는 어떻게 해야 할까요?"

이 질문은 그에게 충격을 주었다. 자신의 모든 가치가 '김준호'라는 개인에게 묶여있다는 사실을 깨달은 것이다.

그는 과감한 결정을 내렸다. 6개월 동안 신규 고객을 받지 않고, 자신의 지식과 프로세스를 구조화하는 데 집중했다.

그가 취한 접근법은 다음과 같았다:

1. 핵심 방법론 문서화
   · 20년간 사용해 온 분석 프레임워크를 단계별로 정리
   · 각 단계별 워크시트와 템플릿 개발
   · 성공 사례와 실패 사례를 데이터베이스화
2. 지식 전달 시스템 구축
   · 핵심 개념과 원칙을 설명하는 온라인 코스 개발
   · 실제 컨설팅 세션을 녹화하여 학습 자료로 활용
   · 자주 하는 질문과 상황별 대응 방법을 정리한 지식 베이스 구축
3. 팀 기반 접근법으로 전환
   · 주니어 컨설턴트 채용 및 교육
   · 단계별 책임 위임 시스템 개발
   · 김준호는 초기 진단과 전략 방향 설정에만 참여하는 모델로 전환
4. 확장 가능한 서비스 모델 설계
   · 1:1 프리미엄 컨설팅 외에 그룹 워크숍 프로그램 도입
   · 자가 진단 도구와 온라인 리소스 개발
   · 산업별 특화 솔루션 패키지 구성

결과는 놀라웠다. 1년 후, 김준호 컨설팅은 이전보다 3배 많은 고객을 서비스할 수 있게 되었다. 더 중요한 것은, 김준호가 모든 프로젝트에 직접 참여하지 않아도 고객 만족도가 유지되었다는 점이다.

"제가 가진 지식과 경험을 구조화하는 과정은 쉽지 않았어요. 하지만 이제 제 가치는 저라는 개인을 넘어 지속될 수 있게 되었습니다."

표현력에서 구조로 전환하기 위한 10가지 실천 전략

1. 당신만의 '방법론' 개발하기
   대부분의 성공적인 전문가는 자신만의 고유한 방법론을 가지고 있다. 당신의 접근법에 이름을 붙이고, 단계적인 프로세스로 정리하라.
2. 설명이 아닌 경험 설계하기
   말로 설명하는 대신, 고객이 직접 경험할 수 있는 구조화된 프로세스를 만들어라. 워크숍, 체험판, 자가 진단 도구 등이 좋은 예다.
3. 표준 프로세스와 맞춤형 요소 분리하기
   모든 고객에게 제공하는 표준 프로세스의 80%와 고객별 맞춤 요소 20%를 명확히 구분하라. 이를 통해 일관성과 개인화를 동시에 달성할 수 있다.
4. 지식을 모듈화하기
   당신의 전문 지식을 작은 모듈로 나누어 필요에 따라 조합할 수 있도록 구성하라. 이는 팀원들이 당신의 지식을 더 쉽게 활용할 수 있게 한다.
5. 의사결정 트리 만들기

자주 발생하는 상황에 대한 의사결정 트리를 개발하라. "만약 A라면 B를 하고, C라면 D를 한다"와 같은 구조화된 규칙은 당신의 판단력을 시스템화한다.

6. 결과물의 템플릿화

모든 결과물(보고서, 제안서, 솔루션 등)에 대한 표준 템플릿을 개발하라. 이는 품질의 일관성을 유지하고 제작 시간을 단축한다.

7. 질문 중심 접근법 도입하기

당신이 평소에 던지는 통찰력 있는 질문들을 모아서 구조화하라. 올바른 질문을 던지는 프로세스는 종종 올바른 답을 주는 것보다 더 가치 있다.

8. 스토리 라이브러리 구축하기

자주 사용하는 사례, 비유, 스토리를 수집하고 분류하라. 상황에 맞는 스토리를 쉽게 찾고 활용할 수 있는 시스템을 만들어라.

9. 내부 교육 프로그램 개발하기

당신의 지식과 접근법을 팀원들에게 전수할 수 있는 체계적인 교육 프로그램을 개발하라. 이는 당신의 표현력을 조직의 역량으로 전환하는 핵심이다.

10. 지속적 개선 메커니즘 도입하기

모든 프로젝트에서 배운 교훈을 체계적으로 수집하고, 기존 구조에 반영하는 프로세스를 구축하라. 이를 통해 당신의 구조는 지속적으로 발전할 수 있다.

표현력과 구조의 활용을 위한 일상 루틴

효과적인 전환을 위한 일상적인 실천 방법:

1. 하루 30분 문서화 시간: 매일 30분을 오늘 사용한 설명, 비유, 해결책을 문서화하는 데 투자하라.
2. 주간 구조화 세션: 매주 2시간을 내 업무 중 구조화할 수 있는 부분을 찾고 개선하는 데 할애하라.
3. 월간 지식 자산 점검: 한 달에 한 번, 새로 개발한 지식 자산(템플릿, 프로세스, 도구 등)을 정리하고 체계화하라.
4. 분기별 전달 실험: 3개월마다 표현력이 아닌 구조를 통해 가치를 전달하는 새로운 방식을 실험하라.

말의 마법에서 구조의 힘으로

"말을 잘하면 일이 생긴다"는 말은 반쪽짜리 진실이다. 초기에는 화려한 말솜씨가 기회를 만들어줄 수 있다. 하지만 지속 가능한 비즈니스를 구축하기 위해서는 말의 마법을 넘어 구조의 힘이 필요하다.

당신의 표현력은 한 번에 한 사람에게만 영향을 미칠 수 있지만, 당신이 만든 구조는 당신 없이도 수천, 수만 명에게 가치를 전달할 수 있다.

진정한 성공은 당신이 말할 때만 빛나는 것이 아니라, 당신이 없을 때도 가치를 창출하는 구조를 만드는 것에 있다.

오늘부터 자문해 보라: "내가 말하지 않아도 작동하는 가치 전달 구조는 무엇인가?"

당신의 표현력을 부정하지 말라. 그것을 재활용하여 더 강력한 시스템으로 변환하라.

표현력으로 시작하고, 구조로 확장하라.

당신의 말이 아닌, 당신이 만든 구조가 유산이 될 것이다.

브랜드는 이름이 아니라 방향이다
- 기억되는 사람의 조건

"당신의 브랜드는 사람들이 당신이 없을 때
당신에 대해 하는 말이다." - 제프 베조스

잊히는 많은 이름들

지난 주말, 수지는 3년 만에 열린 동창회에 참석했다. 화려한 명함을 한 다발 챙겨 넣으며 이번 기회에 자신의 새로운 사업을 알리고 네트워킹도 하겠다는 생각이었다. 그녀는 작년에 프리랜서 디자이너로 독립한 후 '수지 디자인'이라는 이름으로 활동하고 있었다.

동창회에서 수지는 50명이 넘는 동창들과 인사를 나누고 명함도 나누어 주었다. 모두들 "와, 디자이너가 됐구나", "멋지다" 하며 호응했다. 하지만 한 달이 지났을 때, 연락이 온 사람은 단 두 명뿐이었다.

그중 한 명은 이렇게 말했다. "솔직히 그날 만난 여러 프리랜서와 사업가들이 있었는데, 네가 정확히 어떤 디자인을 하는지 기억이 안 났어. 그런데 우연히 SNS에서 너의 '지속 가능한 브랜딩' 포스팅을 보고 바로 떠올랐어. 우리 회사가 지금 환경 친화적인 브랜드 이미지로 변화하려고 하거든."

수지는 그제야 깨달았다. 사람들은 그녀의 '이름'이나 '직함'을 기억한 것이 아니라, 그녀가 지향하는 '방향'을 기억했다는 것을.

이름과 방향의 결정적 차이

우리는 흔히 브랜드를 로고, 이름, 또는 시각적 아이덴티티로 생각한다. 하지만 진정한 브랜드는 그것이 향하는 '방향'이다.

이름으로서의 브랜드 vs. 방향으로서의 브랜드

이름으로서의 브랜드	방향으로서의 브랜드
"나는 마케팅 컨설턴트입니다."	"나는 소규모 비즈니스가 디지털 세계에서 존재감을 찾도록 돕습니다."
"김민수 변호사입니다."	"스타트업이 법적 위험 없이 빠르게 성장할 수 있도록 돕는 법률 가이드입니다."
"ABC 피트니스 트레이너입니다."	"바쁜 직장인들이 하루 30분으로 건강을 되찾을 수 있도록 돕습니다."

이름은 단순히 당신을 식별하는 라벨에 불과하다. 반면 방향은 당신이 어디로 향하고 있는지, 어떤 가치를 추구하는지, 무엇에 기여하고자 하는지를 보여준다.

사례 이야기: 두 코칭 전문가의 차이

같은 코칭 교육을 받은 두 사람, 정태영과 김주연의 이야기를 살펴보자.

정태영은 자신을 '정태영 코치'로 소개했다. 명함에는 '라이프 코치 & 커리어 컨설턴트'라는 직함이 쓰여 있었다. 그는 네트워킹 자리에서 자신의 자격증과 코칭 경력을 상세히 설명하곤 했다.

반면 김주연은 자신을 소개할 때 이렇게 말했다: "저는 30대 직장인들이 번아웃 없이 자신만의 커리어 전환점을 찾을 수 있도록 돕고 있어요. 특히 기업에서 프리랜서로 전환하려는 분들과 함께 일하는 것을 좋아합니다."

6개월 후, 김주연은 의뢰가 넘쳐 대기자 명단을 만들어야 했다. 반면 정태영은 여전히 고객을 찾기 위해 고군분투하고, 마케팅에 더 많은 투자를 해야 할지 고민하고 있었다.

왜 이런 차이가 생겼을까? 김주연의 '방향'이 명확했기 때문이다. 사람들은 그녀가 누구인지보다 그녀가 어떤 문제를 해결하고 어디로 향하는지를 기억했다.

기억되는 사람의 3가지 조건

우리가 다른 사람을 기억할 때는 이름이나 직함보다 더 근본적인 요소가 작용한다. 기억에 남는 사람이 되기 위한 세 가지 핵심 조건을 살펴보자.

1. 명확한 방향성

기억되는 사람은 자신이 향하는 방향이 명확하다. 그들은 '무엇을 하는 사람'이기보다 '어디로 가는 사람'이다.

방향성 정의 워크시트

다음 질문에 한 문장으로 답해보라:

1. 당신이 해결하고자 하는 가장 중요한 문제는 무엇인가?
2. 당신이 5년 후에 이루고 싶은, 세상에 대한 변화는 무엇인가?
3. 당신이 절대 타협하지 않을 핵심 가치 세 가지는 무엇인가?

이 세 가지 답변을 종합하여 당신의 방향성을 한 문장으로 정의해보라: "나는 _____ 을/를 통해 _____ 하는 사람이다."

2. 일관된 스토리

기억되는 사람은 일관된 스토리를 가지고 있다. 그들의 과거, 현재, 미래가 하나의 연결된 내러티브로 이어진다.

스토리 일관성 체크리스트

당신의 스토리가 얼마나 일관되게 전달되고 있는지 확인해 보라:

- [ ] 나의 과거 경험이 현재 하는 일과 연결되는 스토리를 가지고 있다.
- [ ] 내가 하는 모든 활동(SNS, 강연, 글쓰기 등)에서 일관된 메시지를 전달한다.
- [ ] 나의 실패와 도전도 전체 여정의 의미 있는 부분으로 통합했다.
- [ ] 내 스토리의 핵심 메시지를 한 문장으로 설명할 수 있다.
- [ ] 나의 개인적 동기와 직업적 방향이 일치한다.

3. 독특한 관점

기억되는 사람은 세상을 바라보는 독특한 관점을 가지고 있다. 그들은 남들과 같은 정보를 다른 각도에서 해석한다.

독특한 관점 발견하기

당신의 독특한 관점을 찾기 위한 연습:

1. 기존 통념 도전하기: 당신의 분야에서 "모두가 당연하게 생각하는 것 중 실제로는 틀렸다고 생각하는 것"은 무엇인가?
2. 교차점 찾기: 당신이 경험한 서로 다른 분야나 관심사가 만나

는 지점은 어디인가?

3. 반대 관점 탐색하기: 대부분의 사람이 A라고 생각할 때, 당신은 어떤 상황에서 B가 더 적합하다고 생각하는가?

방향으로서의 브랜드 구축하기

이제 실제로 당신의 브랜드를 '이름'이 아닌 '방향'으로 구축하는 방법을 알아보자.

1. 방향성 선언문 작성하기

모든 강력한 브랜드는 명확한 방향성 선언문(Direction Statement)을 가지고 있다. 이것은 자신의 브랜드가 향하는 곳을 간결하게 표현한 것이다.

방향성 선언문 템플릿

"나는 (누구를) 가 (어떤 문제/상황) 에서 (어떤 결과) 를 얻을 수 있도록 돕는다."

예시:

· "나는 중소기업 대표들이 디지털 전환의 혼란 속에서 명확한 방향을 찾을 수 있도록 돕는다."
· "나는 바쁜 워킹맘들이 죄책감 없이 자신의 경력과 가정 모두에서 성취감을 느낄 수 있도록 돕는다."

이 선언문은 명함, 소셜미디어 프로필, 자기소개 등 모든 곳에서 일관되게 활용해야 한다.

2. 방향을 증명하는 증거 만들기

방향은 단순한 주장이 아니라 증명되어야 한다. 당신이 말하는 방향이 진짜임을 보여주는 증거를 만들어라.

방향 증명 매트릭스

증명 유형	현재 보유 증거	새로 만들 증거	기한
콘텐츠	(예: 관련 블로그 3개)	(예: 전문 분야 심층 가이드)	
사례/결과	(예: 성공 사례 1개)	(예: 고객 변화 스토리 영상)	
지식/전문성	(예: 보유 자격증)	(예: 업계트렌드 분석보고서)	
네트워크/연결	(예: 관련 커뮤니티 활동)	(예: 업계 리더와의 인터뷰 시리즈)	

3. 방향을 전달하는 메시지 체계 만들기

당신의 방향을 다양한 상황에서 일관되게 전달할 수 있는 메시지 체계를 구축하라.

핵심 메시지 피라미드

1. 핵심 메시지(One Liner): 한 문장으로 당신의 방향을 표현
2. 지원 메시지(3가지): 핵심 메시지를 뒷받침하는 주요 포인트
   o
   o
   o
3. 증거 및 사례(각 지원 메시지별 2~3가지): 지원 메시지를 증명하는 구체적 사례나 데이터
4. 상황별 응용 메시지:
   o 30초 엘리베이터 피치: _____
   o SNS 프로필용 한 줄: _____
   o 네트워킹 모임 자기소개: _____

o 고객 미팅 시 가치 제안: _____

4. 방향을 실천하는 행동 설계하기

방향은 말로만이 아니라 행동으로 증명되어야 한다. 당신의 일상적 행동이 방향과 일치하도록 설계하라.

방향 일치 행동 계획

영역	현재 행동	방향 일치 행동	전환 계획
업무 선택			
시간 관리			
학습/성장			
네트워킹			
콘텐츠 제작			

사례 연구: 방향으로 기억되는 브랜드 만들기

사례 이야기:

평범한 회계사에서 뚜렷한 방향을 가진 전문가로 이지원은 10년차 회계사였다. 그녀는 자신을 소개할 때 항상 "이지원 회계사입니다"라고 했고, 명함에는 '공인회계사'라는 직함이 적혀 있었다. 그녀는 전문성이 있었지만, 다른 수천 명의 회계사와 크게 다르지 않았다.

그녀의 30대 후반, 이지원은 자신의 브랜드에 대해 깊이 고민하기 시작했다. 많은 회계사들 사이에서 자신만의 특별함이 무엇인지, 그리고 자신이 정말 추구하는 방향이 무엇인지를 탐색했다.

이지원이 취한 단계적 접근:

1. 방향성 발견하기 이지원은 자신의 고객들과 일했던 경험을 분석했다. 그녀는 특히 예술가와 크리에이터들의 재정 문제를 다루는 것에 많은 보람을 느꼈다는 것을 깨달았다. 창의적인 일을 하는 사람들이 재정적으로도 안정될 수 있도록 돕는 것이 그녀의 열정이었다.
2. 방향성 선언문 작성하기 "나는 예술가와 크리에이터들이 재정적 불안 없이 창의적 열정을 지속할 수 있도록 돕는다."
3. 방향을 증명하는 증거 만들기
   · 예술가와 크리에이터를 위한 세금 가이드 e-book 출간
   · 창의 산업 종사자를 위한 재정 관리 워크숍 개발
   · 성공적으로 재정 안정을 이룬 예술가 인터뷰 시리즈 진행
4. 브랜드 아이덴티티 재설계 이지원은 자신의 모든 브랜드 요소를 새로운 방향성에 맞게 재설계했다. '이지원 회계사'에서 '크리에이터의 재정 파트너, 이지원'으로 자신을 표현하기 시작했다.
5. 전문 영역 좁히기 일반 회계 업무를 줄이고, 예술가와 크리에이터를 위한 맞춤형 서비스에 집중했다.

결과:

6개월 후, 이지원은 창의 산업 종사자들 사이에서 "꼭 만나봐야 하는 회계사"로 알려지기 시작했다. 1년 후에는 클라이언트의 80%가 예술가, 디자이너, 작가, 뮤지션 등 크리에이터였다. 그녀는 더 이상 "수많은 회계사 중 한 명"이 아니라 "크리에이터의 재정을 이해하는 유일한 전문가"로 인식되었다.

이지원의 사례는 단순히 '이름'(회계사)으로 인식되던 전문가가 명확한 '방향'을 설정함으로써 어떻게 기억되는 브랜드로 변화할 수 있는지 보여준다.

기억되는 브랜드를 위한 일상 실천법

당신의 방향성을 강화하고 기억되는 브랜드로 발전시키기 위한 일상적인 실천 방법을 알아보자.

1. 매일 5분 방향성 확인하기

    하루를 시작하며 당신의 방향성 선언문을 읽고, 오늘 할 일이 이 방향과 얼마나 일치하는지 점검하라.

2. 주간 증거 만들기

    매주 최소 하나의 '증거'(블로그 포스트, 사례 연구, 프로젝트 등)를 만들어 당신의 방향성을 강화하라.

3. 월간 방향성 리뷰

    한 달에 한 번, 당신의 활동과 결정이 설정한 방향과 얼마나 일치했는지 평가하고 조정하라.

4. 분기별 스토리 업데이트

    3개월마다 당신의 스토리를 업데이트하여 새로운, 성장, 학습, 성과가 일관된 내러티브로 통합되도록 하라.

5. 네트워킹 전후 준비와 복기

    네트워킹 자리에 가기 전에는 당신의 방향성을 어떻게 전달할지 준비하고, 후에는 상대방이 당신을 어떻게 기억할지 복기하라.

이름은 잊혀도 방향은 기억된다

우리는 매일 수많은 사람들과 마주친다. 그들의 이름, 얼굴, 직함은 쉽게 잊히지만, 그들이 향하는 방향은 오래 기억에 남는다.

당신의 브랜드는 명함에 새겨진 이름이나 화려한 로고가 아니다. 그것은 당신이 세상에서 해결하고자 하는 문제, 당신이 믿는 가치, 그리고 당신이 향하는 미래의 방향이다.

"이름으로 소개하지 말고, 방향으로 기억되게 하라."

오늘부터 자문해 보라: "사람들이 나를 떠올릴 때, 단순히 내 이름과 직업을 기억할까, 아니면 내가 향하는 방향과 만들고자 하는 변화를 기억할까?"

이름은 라벨에 불과하지만, 방향은 여정이다. 사람들은 당신의 여정에 공감하고, 그 방향에 가치를 느낄 때 당신을 진정으로 기억한다.

당신이 향하는 곳이 바로 당신의 브랜드다. 그 방향이 충분히 의미 있고 명확하다면, 당신의 이름은 잊힐지라도 당신의 브랜드는 기억될 것이다.

07

소개되는 사람의 언어
– 말보다 존재감이 먼저다

"사람들은 당신이 무슨 말을 했는지 잊어도,
당신이 어떤 느낌을 주었는지는 결코 잊지 않는다." - 마야 안젤루

소개받지 않는 전문가의 딜레마

정우진은 10년 차 UX 디자이너였다. 그는 자신의 분야에서 깊은 전문 지식을 쌓았고, 블로그도 운영하며 꾸준히 인사이트를 공유했다. 기술적으로는 동료들 사이에서도 인정받는 실력자였다.

하지만 그에게는 큰 고민이 있었다.

"왜 나는 항상 나를 소개해야 할까? 왜 다른 사람들은 자연스럽게 소개받는데, 나는 언제나 먼저 손을 내밀어야 할까?"

어느 날 그는 한 업계 콘퍼런스에 참석했다. 그곳에서 그는 자신보다 경력도 짧고 기술적 지식도 부족해 보이는 한 디자이너가 사람들에게 계속해서 소개받는 모습을 목격했다.

"이유가 뭘까? 그녀가 나보다 말을 잘해서? 인맥이 좋아서? 아니면 단순히 운이 좋아서?"

우진은 그날 밤 깊은 고민에 빠졌다. 그리고 깨달았다. 소개받는 사람들은 단순히 말을 잘하거나 인맥이 좋은 것이 아니었다. 그들

에게는 특별한 '존재감'이 있었다.

말과 존재감의 결정적 차이

많은 사람들이 '잘 말하는 법'에 집중한다. 더 설득력 있게, 더 유창하게, 더 영향력 있게 말하는 방법을 배우려 한다. 하지만 진정한 영향력은 말에서 시작되지 않는다. 그것은 존재감에서 비롯된다.

말 중심 vs. 존재감 중심의 비교

말 중심 접근법	존재감 중심 접근법
무엇을 말할지에 집중	어떻게 존재할지에 집중
유창함과 설득력 추구	진정성과 명확함 추구
인상을 관리하려 함	가치를 전달하려 함
자신을 증명하려 함	타인에게 기여하려 함
대화 주도권 필요	경청과 공간 창출
상황마다 다른 모습	일관된 정체성 유지

사례 이야기: 두 투자 전문가의 대비

서울 강남의 한 투자 포럼에서 만난 두 전문가, 김태준과 이서연의 사례를 살펴보자.

김태준은 화려한 언변의 소유자였다. 그는 최신 투자 용어를 능숙하게 사용했고, 복잡한 금융 개념을 설명할 때도 자신감이 넘쳤다. 모임에서 그는 항상 자신의 투자 성공담을 적극적으로 공유했다.

반면 이서연은 상대적으로 말이 적었다. 그녀는 주로 질문을 던지고 경청했다. 자신의 의견을 말할 때는 간결하면서도 깊이 있게 표현했다. 질문을 받으면 솔직하게 "모른다"고 말하기도 했다.

행사가 끝난 후, 주최 측은 참석자들에게 "다시 만나고 싶은 전문

가"를 물었다. 놀랍게도 대다수가 이서연을 선택했다. 이유를 물었을 때 한 참가자는 이렇게 대답했다:

"김태준 씨는 분명 많이 알고 잘 말했지만, 그의 말을 듣고 있으면 '그가 얼마나 똑똑한지'만 느껴졌어요. 반면 이서연 씨와 대화할 때는 '내가 얼마나 중요한 사람인지'를 느꼈습니다. 그 차이가 컸어요."

존재감의 7가지 핵심 요소

소개받는 사람들은 어떤 특별한 존재감을 가지고 있을까? 연구와 관찰을 통해 발견한 일곱 가지 핵심 요소를 살펴보자.

1. 명확한 정체성

소개받는 사람들은 자신이 누구인지, 무엇을 대표하는지 명확하다. 그들은 상황에 따라 변하는 카멜레온이 아니라, 일관된 가치와 방향성을 가지고 있다.

정체성 명확화 체크리스트

다음 질문에 또렷하게 답할 수 있는지 확인해 보라:
- [ ] 나의 핵심 가치 3가지를 망설임 없이 말할 수 있다.
- [ ] 내가 절대 타협하지 않을 원칙이 무엇인지 알고 있다.
- [ ] 내가 세상에 기여하고 싶은 독특한 가치가 무엇인지 명확하다.
- [ ] 나의 강점과 약점을 솔직하게 인정한다.
- [ ] 내가 추구하는 방향성이 명확하다.

2. 진정성 있는 현존(Presence)

소개받는 사람들은 대화할 때 온전히 그 순간에 집중한다. 그들은 말을 할 때도, 듣고 있을 때도 100% 현존한다.

현존 훈련 연습

1. 1:1 대화 중 스마트폰 완전 차단하기
   - o 대화 중에는 절대 스마트폰을 확인하지 않는다.
   - o 자리에 앉을 때 스마트폰을 가방에 넣거나 전원을 끈다.
2. 적극적 경청 실천하기
   - o 상대방의 말에 끼어들지 않고 끝까지 듣는다.
   - o 고개를 끄덕이거나 "음." "그렇군요"와 같은 반응을 보인다.
   - o 상대의 말을 요약해서 다시 말해본다: "당신이 말씀하신 것은…"
3. 신체적 현존감 유지하기
   - o 대화 중 시선 접촉을 유지한다.
   - o 열린 자세를 취한다(팔짱을 끼지 않는다).
   - o 상대를 향해 살짝 몸을 기울인다.

3. 가치 중심 소통

소개받는 사람들은 자신을 드러내기보다 가치를 전달하는 데 집중한다. 그들의 말과 행동은 항상 "상대방에게 어떤 가치를 줄 수 있을까?"라는 질문에서 시작한다.

가치 중심 소통 전환 템플릿

기존의 자기 중심적 표현을 가치 중심 표현으로 바꾸는 연습을 해보자:

자기 중심적 표현	가치 중심 표현
"저는 10년 경력의 마케팅 전문가입니다."	"소비자 심리를 이해해 브랜드 메시지를 명확히 하는 일을 합니다."
"저는 하버드 MBA 출신입니다."	"조직의 성장 전략을 체계적으로 설계하는 방법을 연구했습니다."
"저는 여러 대기업 컨설팅을 했습니다."	"다양한 산업에서 공통적으로 발생하는 문제 패턴과 해결책을 발견했습니다."
"제 블로그 구독자가 5만 명입니다."	"많은 분들이 공감하는 관점을 글로 정리하는 작업을 하고 있습니다."

4. 깊이 있는 전문성

소개받는 사람들은 단순히 표면적인 지식이 아닌, 깊이 있는 전문성을 갖추고 있다. 그들은 자신의 분야에서 지속적으로 성장하고 학습한다.

전문성 깊이 맵 워크시트

당신의 전문 분야를 다음과 같이 세 단계로 나누어 분석해 보라:

1. 표면적 지식 (업계 대부분이 알고 있는 것)
   o
2. 중간 깊이 지식 (업계 상위 20%가 알고 있는 것)
   o
3. 심층 전문성 (업계 상위 5%만 알고 있는 것)
   o

당신은 어느 단계에 있는가? 다음 단계로 이동하기 위해 무엇을 학습해야 하는가?

5. 상황 조성 능력

소개받는 사람들은 자신이 들어가는 모든 공간의 에너지와 분위기를 변화시키는 능력이 있다. 그들은 단순히 상황에 반응하지 않고, 의도적으로 상황을 조성한다.

상황 조성 능력 개발 연습

다음 상황별로 당신이 어떻게 분위기를 조성할 수 있는지 계획을 세워보라:

1. 회의실에 들어갈 때:
   o 들어가기 전: _____
   o 첫 30초 동안: _____
   o 회의중: _____
2. 네트워킹 이벤트에서:
   o 도착했을 때: _____
   o 새로운 사람을 만날 때: _____
   o 대화 그룹에 합류할 때: _____
3. 온라인 화상 회의에서:
   o 접속 전: _____
   o 접속 후 첫 인사: _____
   o 회의 참여 방식: _____

6. 이타적 네트워킹

소개받는 사람들은 자신의 네트워크를 자산이 아닌 책임으로 본다. 그들은 항상 "누가 누구를 알면 좋을까?"를 생각하며 사람들을 연결한다.

이타적 네트워킹 루틴

매주 다음과 같은 네트워킹 루틴을 실천해보라:

1. 주간 연결하기: 매주 두 사람을 서로에게 도움이 될 수 있도록 연결해 준다.
   o 이번 주 연결할 사람 1: _____
   o 이번 주 연결할 사람 2: _____
   o 연결 이유: _____
2. 감사 표현하기: 매주 한 사람에게 구체적인 이유로 감사를 표현한다.
   o 이번 주 감사할 사람: _____
   o 감사 이유: _____
3. 가치 공유하기: 매주 당신의 네트워크에 유용한 정보나 인사이트를 공유한다.
   o 이번 주 공유할 가치: _____
   o 공유 대상: _____

7. 일관된 신뢰성

소개받는 사람들은 말한 것을 반드시 실천한다. 그들은 작은 약속도 철저히 지키며, 이를 통해 견고한 신뢰를 구축한다.

신뢰성 감사 체크리스트

지난 한 달을 돌아보며 당신의 신뢰성을 평가해 보라:

· [ ] 모든 약속 시간을 정확히 지켰다.

- [ ] 기한 내에 모든 작업을 완료했다.
- [ ] 할 수 없는 일에는 명확히 "아니오"라고 말했다.
- [ ] 기대치를 관리하며 과장된 약속을 하지 않았다.
- [ ] 실수했을 때 즉시 인정하고 해결책을 제시했다.
- [ ] 개인적 가치와 일치하는 행동을 일관되게 유지했다.

존재감 개발을 위한 3단계 접근법

존재감은 하루아침에 개발되지 않는다. 다음 세 단계로 차근차근 당신의 존재감을 강화해 보자.

1단계: 내면의 명확성 확립하기

모든 강력한 존재감은 내면의 명확성에서 시작한다. 당신은 자신이 누구인지, 무엇을 대표하는지, 어디로 향하는지 먼저 명확히 해야 한다.

내면 명확성 워크시트

다음 질문에 솔직하게 답해보라:

1. 내가 가장 소중히 여기는 3가지 가치는?
2. 내가 세상에 남기고 싶은 영향력은?
3. 내가 절대 타협하지 않을 원칙은?
4. 나의 가장 독특한 강점 조합은?
5. 내가 향후 5년간 발전시키고 싶은 정체성은?

2단계: 일상의 미시적 행동 바꾸기

존재감은 거창한 선언이 아닌 일상의 작은 행동에서 형성된다. 다음과 같은 미시적 행동을 의식적으로 바꿔보자.

미시적 행동 변화 계획

상황	기존 행동	존재감 강화 행동
대화 시작할 때		
회의 참석 시		
이메일 작성 시		
누군가 질문할 때		
의견 충돌 시		
실수했을 때		

3단계: 지속적인 피드백 루프 만들기

존재감은 자신의 인식과 타인의 인식 사이의 간극을 줄이는 과정이다. 정기적인 피드백을 통해 당신의 존재감이 어떻게 받아들여지고 있는지 확인하라.

피드백 루프 설계

1. 정기적 피드백 요청하기: 분기에 한 번, 당신과 자주 교류하는 5명에게 다음 질문을 해보라:
   o "내가 어떤 상황에서 가장 효과적으로 존재감을 발휘한다고 느끼나요?"
   o "내가 어떤 순간에 원래의 나답지 않게 행동한다고 느끼나요?"
   o "내가 더 강화하거나 개발했으면 하는 특성은 무엇인가요?"
2. 자기 관찰 일지 작성하기: 일주일에 한 번, 다음 질문에 답하는 짧은 일지를 작성하라:
   o 이번 주 가장 진정성 있게 행동했던 순간은?

o 이번 주 가장 나답지 않게 행동했던 순간은?

o 그 차이를 만든 요인은 무엇인가?

3. 멘토링 관계 구축하기: 존재감이 강한 멘토를 찾아 정기적으로 대화하고 배울 수 있는 관계를 만들어라.

사례 연구: 존재감을 통해 성공한 리더

사례 이야기: 침묵의 영향력

박지현은 한 IT 기업의 중간 관리자였다. 그녀는 항상 회의에서 가장 조용한 사람이었다. 동료들은 종종 그녀에게 "더 적극적으로 의견을 내야 한다"고 조언했다.

하지만 흥미롭게도, 그녀가 실제로 말을 할 때면 모든 사람이 집중해서 들었다. 심지어 CEO도 그녀가 발언을 시작하면 특별히 주의를 기울였다.

지현의 비밀은 무엇이었을까?

그녀는 다음과 같은 존재감의 원칙을 실천했다:

1. 철저한 준비와 깊은 사고 지현은 회의 전에 항상 주제에 대해 깊이 생각하고 준비했다. 그녀는 표면적인 의견이 아닌, 근본적인 통찰을 제공하려 노력했다.

2. 질 높은 질문하기 그녀는 발언의 양보다 질에 집중했다. 특히 그녀가 던지는 질문들은 종종 논의의 방향을 바꾸곤 했다.

3. 감정적 안정감 유지하기 압박 상황에서도 그녀는 감정적 안정감을 유지했다. 이런 태도는 주변 사람들에게 신뢰감을 주었다.

4. 타인의 기여 인정하기 그녀는 항상 다른 사람들의 좋은 아이

디어와 기여를 구체적으로 언급하고 인정했다.

5. 일관된 가치 중심 결정하기 그녀의 모든 결정은 명확한 가치와 원칙에 기반했다. 이런 일관성이 그녀에게 강한 존재감을 부여했다.

결과적으로, 1년 후 회사는 새로운 혁신 부서를 만들었고, 지현을 그 책임자로 임명했다. 놀랍게도 그녀를 추천한 사람은 그녀보다 훨씬 더 활발하게 의견을 내던 동료들이었다. 그들이 CEO에게 한 말은 이러했다:

"지현은 말은 적지만, 그녀가 있는 공간은 항상 더 생산적이고 안정적입니다. 그녀의 존재 자체가 팀에 깊이를 더합니다."

소개되는 존재감을 위한 10가지 일상 습관

다음 10가지 습관을 통해 당신의 존재감을 일상에서 꾸준히 강화해 보자.

1. 매일 5분 집중 명상하기

하루를 시작하기 전, 5분간 집중 명상을 통해 내면의 명확성과 현존감을 강화하라.

2. '전달하기' 대신 '존재하기' 연습

대화를 '내가 무엇을 전달할까'가 아닌 '내가 어떻게 존재할까'의 관점에서 접근하라.

3. 공간 만들기 훈련

대화에서 의도적으로 상대방을 위한 공간을 만들고, 침묵을 두려워하지 말라.

4. 일일 감사 표현하기

매일 한 사람에게 구체적인 이유로 진심 어린 감사를 표현하라.

5. 가치 기반 'No' 말하기

당신의 핵심 가치와 맞지 않는 요청에는 명확하게 'No'라고
말하라.

6. 일관된 신체 언어 유지하기

당신의 신체 언어가 내면의 가치와 일치하도록 의식적으로 훈
련하라.

7. 깊은 전문성 구축을 위한 일일 학습

매일 20분을 당신의 전문 분야에서 깊이를 더하는 학습에 투
자하라.

8. 의도적 연결 만들기

매주 최소 한 번, 서로에게 도움이 될 수 있는 두 사람을 연결
해 주라.

9. 피드백 일지 작성하기

매일 밤, 그날의 상호작용에서 받은 명시적/암묵적 피드백을
기록하라.

10. 존재감 롤모델 관찰하기

당신이 존경하는 사람의 존재감을 의식적으로 관찰하고 배울
점을 기록하라.

말이 아닌 존재로 기억되라

우리는 종종 더 많이, 더 잘 말하는 것이 성공의 열쇠라고 생각한다. 그러나 진정으로 소개받고, 기억되고, 영향력 있는 사람들은 그들의 말이 아닌 그들의 존재로 기억된다.

당신이 방에 들어갔을 때, 말을 하기도 전에 사람들이 느끼는 것이 바로 당신의 존재감이다. 그것은 당신이 누구인지, 무엇을 위해 서 있는지, 어떤 에너지를 가져오는지에 대한 모든 것이다.

존재감은 기술이 아닌 선택이다. 그것은 당신이 매 순간 어떻게 존재하기로 결정하는지에 대한 것이다.

오늘부터 자문해 보라: "내 말이 아닌, 내 존재로 어떻게 기억되고 싶은가?"

말은 바람에 흩어질 수 있지만, 존재감은 깊은 흔적을 남긴다.

당신의 존재감이 당신의 가장 강력한 언어가 되게 하라.

08

당신이 빠져도 돌아가는 구조
– 시스템이 여유를 만든다

"시스템은 원하는 결과를 얻기 위한 최적의 방법이다. 당신이 매일 무엇을 해야 하는지 시스템에게 맡기고, 더 중요한 일에 집중하라." – 스콧 애덤스

이메일 하나에 묶인 휴가

오랫동안 회사 휴가를 떠나본 적 없던 김 이사는 마침내 일주일 휴가를 결심했다. 하지만 그는 집을 떠나 해변에 도착한 지 불과 30분 만에 회사에서 전화를 받았다.

"김 이사님, 죄송한데요. 지난 프로젝트 견적서 어디에 저장하셨는지 알려주실 수 있을까요? 급한 문의가 들어왔어요."

김 이사는 한숨을 쉬며 답했다. "내 컴퓨터 바탕화면에 '2023 견적' 폴더에 있을 거예요."

그날 저녁, 또 다른 전화가 왔다.

"고객이 지난번에 논의했던 수정 사항을 기억하시나요? 회의록을 찾을 수가 없어서요."

다음 날 아침, 또 다른 질문이 메시지로 왔다.

김 이사의 휴가는 실제로는 '원격 근무'가 되었다. 그는 끊임없이 회사 문제를 해결하느라 진정한 휴식을 취하지 못했다.

이 상황이 당신에게도 익숙하게 느껴진다면, 당신은 '시스템 없는 비즈니스'의 함정에 빠져 있는 것이다.

사람 중심 vs 시스템 중심 비즈니스의 차이

많은 비즈니스가 특정 개인의 지식, 경험, 그리고 판단에 과도하게 의존한다. 이런 사람 중심 비즈니스는 단기적으로는 효율적으로 보일 수 있지만, 장기적으로는 성장의 큰 장애물이 된다.

사람 중심 vs 시스템 중심 비즈니스 비교

사람 중심 비즈니스	시스템 중심 비즈니스
핵심 인물이 없으면 중단된다.	누가 빠져도 계속 작동한다.
암묵지(暗默知)에 의존	형식지(形式知)화된 프로세스
의사결정이 직관에 기반	의사결정이 데이터와 기준에 기반
확장에 한계가 있다.	무한한 확장 가능성
스트레스와 번아웃 위험	지속가능한 성장과 여유
예측 불가능한 결과	일관된 품질과 결과
휴가가 스트레스 요인	휴가가 재충전 시간

사례 이야기: 두 디자인 스튜디오의 운명

서울에 위치한 두 디자인 스튜디오, '비전 디자인'과 '시스템 디자인'의 이야기를 살펴보자.

비전 디자인:

창업자 박지훈은 뛰어난 디자이너였다. 모든 프로젝트에 그의 개인적인 감각과 판단이 중요했고, 클라이언트들은 그의 '마법 같은 터치'를 원했다. 박지훈이 없는 회의는 성사되지 않았고, 그가 검토하지 않은 디자인은 클라이언트에게 전달되지 않았다.

시스템 디자인:

창업자 김민서도 훌륭한 디자이너였지만, 그녀는 처음부터 다른 접근법을 택했다. 그녀는 디자인 원칙과 프로세스를 체계화했고, 팀원들이 독립적으로 결정을 내릴 수 있는 프레임워크를 만들었다. 클라이언트 미팅부터 디자인 검토까지 모든 과정이 문서화되었다.

5년 후, 두 회사의 운명은 크게 달라졌다.

비전 디자인은 여전히 같은 규모로 운영되고 있었다. 박지훈은 번아웃 상태였고, 3년 동안 제대로 된 휴가를 가지 못했다. 그가 아프거나 출장을 가면 프로젝트는 지연되었고, 그의 가족들은 그가 주말에도 일하는 것에 불만을 표했다.

반면, 시스템 디자인은 세 개의 지점으로 확장되었다. 김민서는 한 달에 한 번 각 지점을 방문하는 것 외에, 대부분의 시간을 새로운 비즈니스 기회를 탐색하는 데 사용했다. 그녀의 팀은 그녀 없이도 95%의 프로젝트를 완벽하게 처리했고, 그녀는 매년 4주의 진정한 휴가를 즐겼다.

당신이 빠져도 돌아가는 구조의 5가지 핵심 요소

당신이 없어도 비즈니스가 계속 돌아가게 하려면 어떤 구조적 요소가 필요할까? 다음 다섯 가지 핵심 요소를 살펴보자.

1. 명확한 프로세스와 체크리스트

모든 반복적인 업무는 명확한 프로세스와 체크리스트로 문서화되어야 한다. 이는 일의 품질을 일관되게 유지하고, 누구나 동일한 기준으로 업무를 수행할 수 있게 한다.

프로세스 문서화 체크리스트

· [ ] 핵심 업무 프로세스를 모두 나열했다.
· [ ] 각 프로세스의 단계별 체크리스트를 작성했다.
· [ ] 예외 상황과 대응 방안을 포함시켰다.
· [ ] 프로세스 문서를 모든 팀원이 접근하기 쉬운 곳에 저장했다.
· [ ] 신규 팀원이 이해하기 쉬운 형태로 작성했다.
· [ ] 정기적으로 프로세스를 검토하고 업데이트하는 일정을 설정했다.

핵심 프로세스 템플릿 예시

프로세스 이름	고객 문의 응대 프로세스
목적	모든 고객 문의에 일관되고 신속하게 대응하기 위함
담당자/역할	1차: 고객 지원팀, 2차: 전문 분야별 담당자
필요 도구	CRM 시스템, 응대 스크립트, 지식 베이스
단계별 체크리스트	1. 24시간 내 초기 응답 보내기 2. 문의 유형 분류하기 3. 지식 베이스에서 관련 정보 찾기 4. 필요시 전문가에게 이관하기 5. 해결책 제시하기 6. 고객 만족도 확인하기
예외 상황 대응	- VIP 고객: 4시간 내 응대 - 긴급 이슈: 상급 관리자에게 즉시 보고 - 반복 문의: 지식 베이스 업데이트 검토
성공 지표	- 응답 시간 - 첫 응대에서 해결된 비율 - 고객 만족도 점수
최종 검토자	없음 - 체크리스트 완료로 최종 승인

2. 지식 관리 시스템

개인의 머릿속에 있는 지식은 회사의 자산이 아니다. 모든 중요한 정보와 지식은 체계적으로 관리되고 접근 가능해야 한다.

효과적인 지식 관리 시스템 구축 가이드

1. 지식 유형 분류:
   - o 고객 관련 지식 (고객 정보, 선호도, 히스토리)
   - o 제품/서비스 지식 (사양, 기능, 자주 하는 질문)
   - o 운영 지식 (내부 절차, 정책, 규정)
   - o 업계 지식 (트렌드, 경쟁사 정보, 시장 데이터)
2. 지식 베이스 구조 설계:
   - o 검색 가능한 형태로 정보 구성
   - o 태그 시스템으로 관련 정보 연결
   - o 정보의 중요도와 시급성에 따른 분류
3. 지식 기여 및 검증 프로세스:
   - o 누가 어떤 정보를 추가/수정할 수 있는지 정의
   - o 정보의 정확성을 검증하는 절차
   - o 기여자에 대한 인정과 보상 체계
4. 정기적인 업데이트 체계:
   - o 오래된 정보를 식별하고 업데이트하는 일정
   - o 새로운 지식을 체계적으로 추가하는 프로세스
   - o 사용 패턴 분석을 통한 개선

3. 명확한 의사결정 프레임워크

많은 기업에서 병목 현상이 발생하는 주요 원인은 모든 의사결정이 특정 인물을 통과해야 하기 때문이다. 명확한 의사결정 프레임워크는 팀원들이 자율적으로 결정을 내릴 수 있게 돕는다.

의사결정 프레임워크 워크시트

당신의 팀이 독립적으로 결정을 내릴 수 있도록 다음 의사결정 매트릭스를 작성해보자:

결정 유형	결정 권한	참고해야 할 기준	상위 승인이 필요한 경우
일상적 운영 결정			
고객 관련 결정			
예산 관련 결정			
인사 관련 결정			
전략적 결정			

예시: 마케팅 팀의 의사결정 프레임워크

결정 유형	결정 권한	참고해야 할 기준	상위 승인이 필요한 경우
소셜미디어 콘텐츠	콘텐츠 매니저	- 브랜드 가이드라인 - 콘텐츠 캘린더 - 타깃 오디언스	- 논쟁의 소지가 있는 주제 - 새로운 캠페인 방향
마케팅 예산 집행	마케팅 매니저	- 승인된 분기 예산 - ROI 예측 모델 - 과거 성과 데이터	- 5백만원 이상 지출> - 예산 카테고리 변경
새로운 마케팅 채널	마케팅 디렉터	- 시장 조사 데이터 - 경쟁사 분석 - 리소스 가용성	- 1천만원 이상 초기 투자 - 브랜드 전략 변경 필요 시

4. 역할 기반 업무 구조

사람 중심이 아닌 역할 중심으로 업무를 구조화하면, 특정 개인에 대한 의존도를 줄이고 팀원 간 업무 인수인계를 용이하게 할 수 있다.

역할 정의 템플릿

각 역할에 대해 다음 항목을 명확히 정의하라:

역할 구성 요소	설명
역할 이름	
목적 및 책임	
주요 업무 영역	
권한 범위	
핵심 성과 지표	
필요 역량 및 지식	
연결 역할	
백업 담당자	

중요:

한 사람이 여러 역할을 맡을 수 있고, 한 역할을 여러 사람이 공유할 수도 있다. 중요한 것은 '사람'이 아닌 '역할'을 중심으로 시스템을 설계하는 것이다.

5. 자동화 및 도구 활용

반복적이고 예측 가능한 업무는 가능한 한 자동화하고, 적절한 도구를 활용하여 사람의 개입을 최소화하라.

자동화 기회 식별 워크시트

다음 질문을 통해 자동화할 수 있는 업무를 식별하라:

1. 반복성: 이 업무는 얼마나 자주 반복되는가? (일별/주별/월별)
2. 일관성: 이 업무는 매번 동일한 단계로 수행되는가?
3. 규칙성: 이 업무의 의사결정은 명확한 규칙으로 정의될 수 있는가?
4. 데이터 의존성: 이 업무는 주로 데이터 처리와 관련이 있는가?
5. 시간 소모: 이 업무에 얼마나 많은 시간이 소요되는가?
6. 오류 가능성: 수동으로 할 때 오류가 발생할 가능성이 높은가?

위 질문에 대부분 '예'라고 답한 업무는 자동화의 우선 대상이다.

자동화 및 도구 도입 계획 템플릿

업무 영역	현재 방식	자동화/도구 옵션	예상 효과	필요 자원	우선순위

당신이 빠져도 돌아가는 구조 만들기: 5단계 접근법

이제 구체적으로 어떻게 당신이 빠져도 돌아가는 구조를 만들 수 있는지 살펴보자.

1단계: 현재 의존성 감사하기

첫 번째 단계는 현재 비즈니스가 당신에게 얼마나 의존하고 있는지 정직하게 평가하는 것이다.

의존성 감사 워크시트

다음 영역에서 당신이 없으면 어떤 일이 발생하는지 평가해 보라:

업무 영역	당신의 관여도 (1~10)	당신 없이 업무가 지연되는 정도 (1~10)	당신 없이 품질이 저하되는 정도 (1~10)	지식 문서화 정도 (1~10)	우선 개선 필요성 (상/중/하)
의사결정					
고객 관계					
제품/ 서비스 제공					
팀 관리					
재무/운영					
전략 수립					

2단계: 핵심 프로세스 문서화하기

의존성 감사를 통해 파악한 우선 개선 영역부터 시작하여 모든 핵심 프로세스를 문서화하라.

프로세스 문서화 단계

1. 현재 프로세스 매핑하기:
   o 프로세스의 시작과 끝을 정의한다.
   o 모든 단계와 의사결정 포인트를 나열한다.
   o 각 단계의 입력물과 산출물을 기록한다.
2. 개선 기회 식별하기:
   o 불필요한 단계나 중복되는 작업 제거
   o 병목 현상이 발생하는 지점 식별
   o 자동화 가능한 부분 표시
3. 개선된 프로세스 설계하기:
   o 당신이 없어도 돌아갈 수 있는 구조로 재설계

o 명확한 역할과 책임 할당

o 체크포인트와 품질 관리 지점 설정

4. 상세 작업 지침 작성하기:

o 각 단계별 구체적인 작업 방법 설명

o 예시와 템플릿 포함

o 자주 발생하는 문제와 해결책 제시

3단계: 의사결정 기준 설정하기

팀이 독립적으로 결정을 내릴 수 있도록 명확한 기준을 설정하라.

의사결정 기준 프레임워크

다음 템플릿을 사용하여 주요 의사결정 영역의 기준을 정의하라:

의사결정 영역	결정 기준	우선순위	제약 조건	참고해야 할 데이터
신규 고객 수락				
프로젝트 우선순위				
예산 할당				
리소스 배정				
품질 관리				

예시:

프로젝트 수락 의사결정 기준

의사결정 영역	결정 기준	우선순위	제약 조건	참고해야 할 데이터
신규 프로젝트 수락	- 최소 수익률 30% - 전략적 방향과 일치 - 기존 역량으로 수행 가능 - 평판 좋은 클라이언트	1. 장기적 관계 가능성 2. 수익성 3. 팀 역량 개발 기회 4. 포트폴리오 가치	- 현재 팀 가용 시간 60% 이상 - 초기 투자 2천만 원 이하 - 3개월 내 완료 가능	- 과거 유사 프로젝트 성과 - 클라이언트 지불 이력 - 팀 역량 매트릭스 - 시장 트렌드 분석

시스템이 효과적으로 작동하려면 팀원들이 필요한 역량을 갖추어야 한다.

역량 개발 매트릭스

팀의 현재 역량을 평가하고 개발 계획을 수립하라:

핵심 역량	현재 수준 (1-5)	목표 수준 (1-5)	개발 활동	담당자	일정

역량 전수 계획

당신이 보유한 핵심 지식과 스킬을 팀에 전수하기 위한 계획을 수립하라:

1. 핵심 역량 식별: 당신만이 가진 핵심 지식과 스킬을 나열한다.
2. 학습 콘텐츠 개발:
   o 업무 수행 동영상 녹화
   o 단계별 매뉴얼 작성
   o 의사결정 사례 분석
3. 멘토링 및 코칭:
   o 정기적인 1:1 세션 일정
   o 실시간 업무 시연 및 피드백
   o 점진적 책임 위임
4. 실습 기회 제공:
   o 안전한 환경에서 시뮬레이션
   o 지원과 함께하는 실제 업무 수행

o 점진적 난이도 증가

5단계: 테스트와 개선

시스템은 실제 테스트를 통해 개선되어야 한다.

시스템 테스트 계획

1. 계획된 부재 테스트: 단기간 계획된 부재를 통해 시스템의 작동 여부를 테스트한다.
   o 1일 테스트 → 3일 테스트 → 1주일 테스트
2. 시나리오 시뮬레이션: 다양한 상황(긴급 상황, 중요 결정, 문제 해결 등)에서 시스템이 어떻게 작동하는지 시뮬레이션한다.
3. 피드백 수집 및 개선: 테스트 결과를 바탕으로 시스템을 지속적으로 개선한다.
   o 병목 현상 식별 및 해결
   o 불명확한 지침 보완
   o 누락된 정보 추가

사례 연구: 성공적인 시스템 구축

사례 이야기: 24시간 연락 가능했던 CEO의 변화

서울의 한 소프트웨어 개발 회사 대표 이태영은 회사 창업 5년 동안 단 하루도 온전히 쉬어본 적이 없었다. 그는 항상 휴대폰을 손에서 놓지 않았고, 밤낮없이 직원들의 질문에 응답했다. 고객들도 그를 직접 찾았고, 모든 중요한 결정은 그를 통해서만 이루어졌다.

그러던 어느 날, 그는 건강 검진에서 심각한 스트레스 경고를 받았다. 의사는 그에게 최소 한 달간의 휴식을 권고했다. 이태영은 패닉에 빠졌다. "내가 없으면 회사가 무너질 거예요."

그는 컨설턴트의 조언을 받아 6개월 간의 시스템 구축 프로젝트를 시작했다.

1. 의존성 감사를 통한 현실 직시

이태영은 자신이 관여하는 모든 영역을 나열하고, 각 영역에서 자신의 개입이 얼마나 필수적인지 평가했다. 그 결과, 그가 생각했던 것보다 많은 영역에서 그의 직접적인 개입이 불필요하다는 사실을 발견했다.

2. 핵심 프로세스 문서화

그는 가장 중요한 프로세스부터 시작하여 모든 핵심 비즈니스 프로세스를 문서화했다. 이 과정에서 많은 비효율성과 개선 기회를 발견했다.

3. 의사결정 체계 재설계

이태영은 '결정 위임 매트릭스'를 만들어 어떤 유형의 결정을 누가 내릴 수 있는지 명확히 했다. 예를 들어:

- 50만 원 이하의 구매 결정: 팀 리더가 독자적으로 결정
- 300만 원 이하: 부서장 승인
- 1,000만 원 이하: 운영 위원회 승인
- 1,000만 원 초과: CEO 승인

4. 지식 관리 시스템 구축

그는 자신의 머릿속에 있는 모든 중요한 정보를 문서화하고, 체계적인 지식 관리 시스템을 구축했다. 고객 요구사항, 제품 로드맵, 회사 정책 등 모든 중요한 정보가 조직 내에서 쉽게 접근할 수 있도록 정리되었다.

5. 역할 기반 구조로 전환

그는 '이태영이 하는 일'을 여러 개의 역할로 분해하고, 각 역할

에 맞는 팀원을 배정했다. 한 사람이 여러 역할을 맡기도 하고, 한 역할을 여러 사람이 공유하기도 했다.

6. 단계적 테스트와 개선

시스템을 구축한 후, 이태영은 단계적으로 자신의 관여를 줄여나 갔다:

- 첫 단계로 매주 수요일을 '비접촉일'로 지정하여 사무실에 출근하지 않고 전화나 이메일도 확인하지 않았다. 처음에는 불안했지만, 팀이 대부분의 문제를 해결할 수 있음을 확인했다.
- 다음으로 3일간의 '미니 휴가'를 계획했다. 첫 시도에서는 몇 가지 문제가 발생했고, 이를 통해 시스템의 허점을 발견하고 보완했다.
- 마지막으로 2주간의 휴가를 계획했다. 그는 팀에게 "긴급 상황이 아니면 연락하지 말라"고 당부했다. 2주 동안 단 두 번의 긴급 연락만 받았고, 회사는 정상적으로 운영되었다.

결과:

6개월의 시스템 구축 후, 이태영의 삶은 완전히 달라졌다. 주 40시간 이상 일하던 그는 이제 주 25시간 정도만 일하면서도 회사는 오히려 더 효율적으로 운영되었다. 그의 건강은 개선되었고, 가족과 보내는 시간도 늘었다. 무엇보다 그는 마침내 3주간의 유럽 여행을 다녀올 수 있었다. 놀랍게도, 그가 없는 동안 회사의 매출은 오히려 증가했다.

한 직원은 이렇게 말했다: "사실 초반에는 CEO가 덜 관여하는 것에 불안감을 느꼈어요. 하지만 이제는 더 자율적으로 결정을 내릴 수 있어서 오히려 더 좋아요. 모두가 더 주인의식을 가지게 되었거든요."

당신이 빠져도 돌아가는 구조를 위한 10가지 실천 전략

이제 당신의 비즈니스에 적용할 수 있는 구체적인 실천 전략을 살펴보자.

1. 지식 추출 세션 정기화하기

당신의 머릿속 지식을 체계적으로 추출하는 시간을 정기적으로 가져라. 일주일에 한 번, 1시간 동안 특정 주제에 대한 모든 지식을 문서화하는 시간을 가지는 것만으로도 큰 차이가 생긴다.

실행 팁: 음성 녹음 기능을 활용하라. 타이핑보다 말하는 것이 더 자연스럽다면, 생각을 녹음한 후 나중에 정리하는 것도 좋은 방법이다.

2. 의사결정 로그 유지하기

주요 의사결정을 내릴 때마다 그 결정과 이유를 기록하라. 이 로그는 미래의 유사한 상황에서 다른 사람들이 참고할 수 있는 귀중한 자료가 된다.

결정 로그 템플릿:

- 날짜: [결정 일자]
- 상황: [의사결정이 필요했던 상황 설명]
- 옵션: [고려한 선택지들]
- 결정: [최종 결정 사항]
- 이유: [이 결정을 내린 근거와 고려 사항]
- 기대 결과: [이 결정으로 기대하는 성과]
- 실제 결과: [나중에 기록할 실제 결과]

3. SOP(표준 운영 절차) 라이브러리 구축하기

모든 반복 업무에 대한 표준 운영 절차를 만들고, 이를 쉽게 접근할 수 있는 중앙 라이브러리에 저장하라.

SOP 구성 요소:
- 목적: 이 절차의 목적
- 적용 범위: 이 절차가 적용되는 상황
- 준비물: 필요한 도구, 자원, 정보
- 단계별 지침: 구체적인 실행 단계
- 품질 체크포인트: 품질을 확인하는 지점
- 문제 해결 가이드: 자주 발생하는 문제와 해결책
- 참고 자료: 관련 문서, 템플릿, 예시

4. '나 없이 테스트' 정기화하기

매월 하루를 '나 없이 테스트' 날로 지정하고, 그날은 완전히 회사에서 분리된다. 이메일도 확인하지 않고, 전화도 받지 않는다. 처음에는 짧은 시간(반나절)부터 시작하여 점차 확장해 나간다.

테스트 준비 체크리스트:

- 팀에 충분히 사전 공지했다.
- 모든 예상 가능한 상황에 대한 지침을 제공했다.
- 정말 긴급한 경우만 연락하도록 지시했다.
- 연락할 수 있는 대체 담당자를 지정했다.
- 테스트 후 피드백 세션 일정을 잡았다.

5. 결정 위임 매트릭스 만들기

어떤 유형의 결정을 누가 내릴 수 있는지 명확하게 정의한 매트릭스를 작성하라. 이는 불필요한 승인 절차를 줄이고, 팀의 자율성을 높인다.

결정 위임 수준:
1. 독자 결정 및 실행: 별도 승인 없이 결정하고 실행
2. 결정 후 보고: 결정하여 실행하고 사후에 보고
3. 의견 수렴 후 결정: 관련자 의견을 듣고 결정
4. 합의 결정: 팀 합의를 통해 결정
5. 상위 승인 필요: 상급자 승인 필요
6. 지식 지도 작성하기

조직 내 지식의 위치와 흐름을 시각화한 '지식 지도'를 만들어라. 누가 어떤 지식을 가지고 있는지, 어디에 저장되어 있는지 명확히 하면 지식 접근성이 크게 향상된다.

지식 지도 구성 요소:
· 핵심 지식 영역: 회사의 핵심 지식 카테고리
· 지식 소유자: 각 영역의 전문가
· 지식 저장소: 문서, 시스템, 데이터베이스 위치
· 지식 격차: 아직 문서화되지 않은 중요 지식
· 지식 흐름: 지식이 어떻게 공유되고 업데이트되는지

7. 핵심 문서 템플릿 개발하기

자주 작성하는 문서(제안서, 보고서, 계약서 등)의 표준 템플릿을

개발하라. 이는 일관된 품질을 유지하고, 문서 작성 시간을 단축시킨다.

개발할 템플릿 목록:
- 고객 제안서
- 프로젝트 계획서
- 회의록
- 성과 보고서
- 문제 해결 보고서
- 의사결정 요청서

8. 비상 대응 플레이북 만들기

자주 발생하는 긴급 상황에 대한 대응 플레이북을 만들어라. 이는 당신이 없을 때도 팀이 효과적으로 문제를 해결할 수 있게 한다.

비상 대응 플레이북 구성:
- 상황 분류: 발생 가능한 긴급 상황 유형
- 심각도 평가: 상황의 심각성을 판단하는 기준
- 대응 프로토콜: 각 상황 유형과 심각도별 대응 절차
- 에스컬레이션 경로: 문제가 해결되지 않을 때의 단계적 보고 체계
- 연락처 목록: 긴급 시 연락할 내/외부 담당자 목록
- 사후 처리: 상황 종료 후 진행할 리뷰 및 개선 활동

9. 팀 역량 매트릭스 관리하기

팀원들의 역량을 시각화한 매트릭스를 만들고 정기적으로, 업

데이트하라. 이를 통해 지식 격차와 의존성을 식별하고 관리할 수 있다.

역량 레벨 정의:
- 레벨 1: 기본 이해 - 지도가 필요함
- 레벨 2: 작업 가능 - 가끔 도움이 필요함
- 레벨 3: 독립 실행 - 도움 없이 작업 가능
- 레벨 4: 전문가 - 다른 사람 교육 가능
- 레벨 5: 마스터 - 프로세스 개선 능력 있음

10. 정기적인 시스템 리뷰 실시하기

분기마다 한 번씩 전체 시스템을 검토하고 개선할 점을 찾아라. 이는 시스템이 시간이 지남에 따라 진화하고 더 효과적이 되도록 보장한다.

시스템 리뷰 질문:
- 지난 분기에 시스템이 잘 작동하지 않은 사례가 있는가?
- 병목 현상이 발생한 지점은 어디인가?
- 불필요하게 복잡하거나 중복된 프로세스가 있는가?
- 자동화할 수 있는 수동 작업이 있는가?
- 팀원들이 시스템 사용에 어려움을 겪는 부분은 어디인가?
- 고객 경험에 부정적 영향을 주는 시스템 요소가 있는가?

시스템 구축을 위한 첫 30일, 60일, 90일 계획

당신이 빠져도 돌아가는 구조를 만들기 위한 단계별 계획을 제시한다.

첫 30일: 진단 및 기초 작업

주 1: 현황 분석
- 의존성 감사 실시
- 핵심 프로세스 식별
- 지식 격차 파악

주 2-3: 우선순위 프로세스 문서화
- 가장 중요한 3-5개 프로세스 문서화
- 핵심 의사결정 기준 정의
- 긴급 대응 프로토콜 개발

주 4: 초기 테스트 및 조정
- 반나절 '나 없이 테스트' 실시
- 피드백 수집 및 초기 조정
- 팀 역량 매트릭스 초안 작성

60일: 확장 및 심화

주 5-6: 지식 관리 시스템 구축
- 지식 저장소 설계 및 구축
- 핵심 지식 문서화 계속
- 지식 업데이트 프로세스 정의

주 7-8: 역할 재정의
- 역할 기반 업무 구조 설계
- 책임과 권한 명확화
- 백업 담당자 지정

주 9-10: 자동화 기회 탐색
- 자동화 가능한 업무 식별
- 도구 평가 및 선택

- 초기 자동화 구현

주 11-12: 확장 테스트
- 1~2일 '나 없이 테스트' 실시
- 시스템 보완 및 조정
- 팀 역량 개발 계속

90일: 통합 및 안정화

주 13~14: 통합 점검
- 전체 시스템 통합성 검토
- 누락된 영역 보완
- 중복 및 비효율 제거

주 15~16: 팀 몰입도 강화
- 팀 피드백 수집 및 반영
- 시스템 사용 교육 강화
- 자율성과 책임감 촉진

주 17~18: 최종 테스트
- 1주일 '나 없이 테스트' 실시
- 최종 조정 및 보완
- 장기적 유지 관리 계획 수립

주 19~20: 미래 계획
- 시스템 확장 로드맵 개발
- 지속적 개선 메커니즘 설정
- 성공 축하 및 인정

시스템은 당신에게
자유를 선물한다

당신이 빠져도 돌아가는 구조를 만드는 것은 쉬운 일이 아니다. 시간과 노력이 필요하며, 때로는 불편함도 감수해야 한다. 특히 "내가 직접 하는 게 더 빠르다"는 생각이 들 때 유혹을 이겨내기 어려울 수 있다. 그러나 이 작업에 투자하는 시간과 노력은 궁극적으로 당신에게 가장 소중한 선물을 돌려준다: 자유이다.

- 휴가 중에도 이메일을 확인하지 않아도 되는 자유
- 아이의 학교 행사에 참석하기 위해 갑자기 자리를 비워도 회사가 무너지지 않는 자유
- 새로운 아이디어를 탐색하고 비즈니스의 다음 단계를 구상할 시간적 여유
- 건강을 챙기고 취미를 즐기며 삶의 균형을 찾는 여유

이것이 바로 시스템이 주는 진정한 가치다. 시스템은 단순히 효율성을 높이는 도구가 아니라, 당신의 삶에 여유와 자유를 되돌려주는 선물이다. 오늘부터 이 여정을 시작해 보라. 처음에는 작은 영역부터 시스템화하고, 점차 확장해 나가라. 6개월 후, 당신은 아마도 "왜 이걸 진작 시작하지 않았을까?"라고 자문하게 될 것이다.

시스템을 구축하는 것은 당신의 비즈니스가 당신보다 더 크게 성장할 수 있는 유일한 방법이다. 그리고 그것이 바로 모든 진정한 기업가가 궁극적으로 원하는 것이 아닐까?

당신이 빠져도 돌아가는 구조를 만드는 것. 그것은 단순한 경영 전략이 아니라, 당신이 원하는 삶을 살기 위한 핵심 열쇠이다.

제3장

확장의 5가지 핵심 축
브랜드, 파트너, 채널, 콘텐츠, 관계

- 비즈니스가 퍼지는 다섯 축

확장의 오케스트라:

비즈니스가 퍼지는 다섯 축의 하모니

시작: 꿈을 담은 작은 가게

민준은 노트북을 덮고 창밖을 바라봤다. 강남 한복판의 초소형 오피스에서 하루가 저물어가고 있었다. 2년 전 대기업을 박차고 나와 시작한 그의 친환경 생활용품 스타트업 '그린라이프'는 아직 작은 규모였지만, 그의 가슴 속에는 큰 꿈이 자리하고 있었다.

"더 빨리 성장해야 하는데…" 그가 중얼거렸다.

그때 그의 휴대폰이 울렸다. 대학 선배이자 성공한 사업가인 서현의 전화였다.

"민준아, 오랜만이다. 내일 저녁에 시간 있니? 너의 사업에 대해 이야기하고 싶은데."

다음 날 저녁, 그들은 강남의 한 조용한 레스토랑에서 만났다.

"어떻게 지내?" 서현이 물었다.

"열심히 일하고 있어요. 하지만 성장이 더딘 것 같아요. 더 많은 고객을 확보하려면 마케팅 비용을 늘려야 할 것 같은데, 우리 같은 스타트업에겐 쉽지 않죠."

서현은 미소를 지었다. "마케팅 비용을 늘리는 것만이 성장의 방법은 아니야. 진정한 비즈니스 확장은 오케스트라와 같아. 다섯 개의 주요 악기가 조화롭게 연주될 때 비로소 아름다운 선율이 완성되지."

"다섯 개의 악기요?"

"그래, 브랜드, 파트너, 채널, 콘텐츠, 그리고 관계. 이 다섯 가지가 비즈니스가 퍼지는 핵심 축이야. 내가 이 다섯 축에 대한 이야기를 들려줄게."

첫 번째 악기: 브랜드 - 영혼의 소리

"한국의 수제 화장품 브랜드 '이니스프리'를 생각해봐." 서현이 말했다. "그들은 단순히 제품을 판매하는 것이 아니라, '제주의 깨끗한 자연'이라는 스토리를 판매하고 있어. 이것이 브랜드의 힘이야."

민준은 '그린라이프'가 무엇을 대표하는지 생각해보았다. 단순히 친환경 제품을 파는 것이 아니라, 그들이 전달하고자 하는 가치와 신념은 무엇인지.

"브랜드는 비즈니스의 영혼이야." 서현이 계속했다. "고객들은 제품을 사는 게 아니라, 당신이 대변하는 가치와 이야기를 사는 거야."

브랜드의 변신

다음 날, 민준은 팀을 소집했다. "우리는 친환경 제품을 판매하는 것이 아니라, '일상 속 작은 실천으로 지구를 구하는 혁명'을 제안하는 거예요."

이 관점의 변화는 모든 것을 바꿨다. 그들은 제품 패키지에 각 제품이 절약하는 탄소 발자국을 표시하기 시작했다. 고객들이 제품을 구매할 때마다, 그들이 환경에 미치는 긍정적인 영향을 수치로 보여주었다.

한 달 후, 인스타그램에서 '#나의그린혁명' 해시태그가 트렌드가 되었다. 고객들이 '그린라이프' 제품을 사용하면서 절약한 탄소 발자국을 자랑하기 시작한 것이다.

"제품을 팔지 말고, 의미를 팔아라." 서현의 말이 현실이 되고 있었다.

두 번째 악기: 파트너십 - 하모니의 시작

"확장의 두 번째 축은 파트너십이야." 서현이 말했다. "혼자서는 갈 수 있는 거리가 제한되어 있어. 하지만 적절한 파트너와 함께라면, 당신의 비즈니스는 당신이 상상하지 못했던 곳까지 도달할 수 있지."

의외의 만남

민준은 환경 관련 콘퍼런스에 참석했다가 우연히 '에코모빌리티'라는 전기자동차 공유 서비스의 CEO와 마주쳤다.

"우리 고객들이 차에 비치할 친환경 제품을 찾고 있어요." 그녀가 말했다. "당신의 제품이 우리 자동차에 비치되면 어떨까요?"

민준은 처음에는 의아했다. 자동차 회사와 생활용품 회사가 어떻게 협업할 수 있을까? 하지만 그는 곧 이것이 브랜드 노출의 엄청난 기회임을 깨달았다.

세 달 후, '그린라이프'의 제품은 서울 전역의 '에코모빌리티' 차량에 비치되었다. 전기차를 이용하는 환경 의식이 높은 고객들은 자연스럽게 '그린라이프'의 제품을 접하게 되었고, 이는 매출의 급증으로 이어졌다.

"파트너십은 단순한 거래가 아니라, 가치관을 공유하는 동맹이어야 해." 서현의 조언이 빛을 발했다.

세 번째 악기: 채널 - 소리의 확산

"세 번째 축은 채널이야." 서현이 설명했다. "오늘날의 비즈니스는 다양한 채널을 통해 고객과 만나야 해. 온라인, 오프라인, 모바일… 고객이 있는 곳이라면 어디든 가야 해."

채널의 폭발

민준은 '그린라이프'의 주요 판매 채널이었던 자체 온라인숍 외에도 다양한 채널을 고려하기 시작했다. 그는 주요 온라인 마켓플레이스에 입점하는 것을 넘어, 팝업 스토어, 구독 서비스, 심지어 오프라인 매장까지 구상했다.

특히 흥미로웠던 것은 '그린 구독' 서비스였다. 고객들은 월 구독료를 내고 매달 새로운 친환경 제품을 받아볼 수 있었다. 이 서비스는 안정적인 매출을 보장할 뿐만 아니라, 고객과의 지속적인 관계를 형성하는 데 도움이 되었다.

또한, 그는 인플루언서들과 협업하여 '그린라이프 챌린지'를 시작했다. 소셜미디어에서 사람들이 자신의 친환경 생활 습관을 공유하도록 격려하는 캠페인이었다.

"채널은 단순한 판매 경로가 아니라, 고객과의 다양한 접점이야." 서현의 말이 현실이 되고 있었다.

네 번째 악기: 콘텐츠 - 이야기의 힘

"네 번째 축은 콘텐츠야." 서현이 말했다. "오늘날, 모든 브랜드는 미디어 회사가 되어야 해. 당신의 이야기를 지속적으로, 다양한 형태로 전달해야 하지."

민준은 '그린라이프' 블로그를 시작했다. 단순히 제품을 홍보하는 것이 아니라, 친환경 생활에 관한 유용한 정보, 환경 문제에 대한 인사이트, 그리고 실천 가능한 팁을 공유했다.

특히 큰 인기를 끈 것은 '일주일 제로 웨이스트 도전' 시리즈였다. 민준 자신이 일주일 동안 쓰레기를 거의 발생시키지 않고 생활하는 과정을 담은 비디오 시리즈였다. 이 콘텐츠는 유튜브에서 바이럴이 되어 수십만 조회수를 기록했다.

"콘텐츠는 당신의 브랜드가 고객의 일상에 자연스럽게 스며드는 방법이야." 서현의 조언이 다시 한번 빛을 발했다.

다섯 번째 악기: 관계 - 공감의 울림

"마지막 축은 관계야." 서현이 강조했다. "비즈니스의 핵심은 결국 사람이야. 고객, 직원, 파트너, 심지어 경쟁자와의 관계를 어떻게 구축하고 유지하느냐가 장기적인 성공을 결정해."

공동체의 탄생

민준은 '그린커뮤니티'라는 온라인 포럼을 만들었다. 이곳에서 고객들은 친환경 생활에 대한 경험과 팁을 공유하고, 제품에 대한 피드백을 제공할 수 있었다.

더 흥미로운 것은 '그린라이프'가 환경 단체와 협력하여 월 1회 '그린데이'를 개최한 것이다. 이날 고객들은 함께 모여 해변 청소, 나무 심기 등의 환경 활동에 참여했다.

이러한 활동을 통해 '그린라이프'는 단순한 브랜드를 넘어 하나의 커뮤니티, 하나의 운동으로 발전했다.

"관계는 신뢰의 기반이야. 그리고 신뢰는 어떤 마케팅 전략보다 강력해." 서현의 말이 가슴에 와닿았다.

피날레: 다섯 축의 하모니

1년 후, '그린라이프'는 놀라운 성장을 이루었다. 매출은 5배 증가했고, 직원 수는 3배로 늘었다. 그들의 제품은 이제 전국의 주요 소매점에서 찾아볼 수 있었고, 해외 진출도 시작되었다.

민준은 다시 서현과 만났다.

"선배님의 조언 덕분에 우리가 이렇게 성장할 수 있었어요." 민준이 감사를 표했다.

서현은 미소를 지었다. "너는 단순히 내 조언을 따른 것이 아니라, 다섯 축의 하모니를 창조했어. 브랜드의 영혼, 파트너십의 시너지, 채널의 다양성, 콘텐츠의 매력, 그리고 관계의 진정성. 이 다섯 가지가 조화롭게 어우러질 때, 비즈니스는 자연스럽게 확장되는 거야."

민준은 고개를 끄덕였다. "그리고 가장 중요한 것은 이 모든 것이 서로 연결되어 있다는 것이죠. 브랜드가 강해지면 파트너십의 기회가 늘어나고, 더 많은 채널이 열리며, 더 좋은 콘텐츠를 만들 수 있고, 이는 더 깊은 관계로 이어집니다."

"맞아." 서현이 동의했다. "이것이 바로 확장의 오케스트라야. 각 악기가 독립적으로 아름다운 소리를 내지만, 함께 연주될 때 비로소 완벽한 하모니가 완성되는 거지."

교훈: 확장의 다섯 축을 위한 실천 지침

1. 브랜드: 단순히 제품이나 서비스가 아닌, 당신이 대변하는 가치와 이야기를 정의하라. '무엇을'이 아닌 '왜'에 집중하라.
2. 파트너십: 당신의 가치관과 일치하는 파트너를 찾아라. 단기적인 이익보다 장기적인 시너지를 창출할 수 있는 관계를 구축하라.
3. 채널: 고객이 있는 곳이라면 어디든 가라. 하지만 모든 채널에

서 일관된 경험을 제공하는 것을 잊지 말라.

4. 콘텐츠: 당신의 브랜드 스토리를 다양한 형태로 지속적으로 전달하라. 판매보다 가치 제공에 집중하는 콘텐츠를 만들어라.

5. 관계: 모든 상호작용을 관계 구축의 기회로 보라. 진정성 있는 소통과 공동체 의식을 통해 고객과의 유대를 강화하라.

민준의 이야기는 비즈니스 확장이 단순히 더 많은 마케팅 예산이나 공격적인 영업 전략의 문제가 아니라는 것을 보여준다. 진정한 확장은 이 다섯 가지 축이 조화롭게 작동할 때 이루어진다. 각축은 독립적으로도 중요하지만, 함께 작동할 때 비로소 시너지가 발생한다.

당신의 비즈니스는 이 다섯 가지 축에서 얼마나 조화롭게 연주되고 있는가? 어떤 악기가 더 강화될 필요가 있는가? 이 질문에 대한 답을 찾는 것이 확장의 첫 번째 단계일 것이다.

비즈니스는 단순한 거래의 연속이 아니라, 가치의 교환이며 의미의 창출이다. 다섯 축의 하모니를 찾을 때, 당신의 비즈니스는 단순한 성장을 넘어 진정한 확장의 길을 걷게 될 것이다.

09

파트너십을 전략으로 대하라
- 함께 넓히는 기술

"혼자 가면 빨리 갈 수 있지만, 함께 가면 더 멀리 갈 수 있다." - 아프리카 속담

파트너십의 오해와 진실

"저는 파트너십에 관심이 없어요. 제 비즈니스는 제가 통제하고 싶거든요."

서울의 한 콘퍼런스에서 만난 스타트업 창업자 민준의 말이었다. 5년 차 디지털 마케팅 에이전시를 운영하던 그는 자신의 성공 비결로 '독립성'을 꼽았다.

1년 후, 그의 에이전시는 파산 직전이었다. 디지털 마케팅 환경이 급변하면서 그의 회사는 새로운 기술과 트렌드를 따라잡지 못했다. 혼자서 모든 것을 통제하려던 그의 전략은 한계에 부딪혔다.

반면, 같은 콘퍼런스에서 만난 또 다른 창업자 소연은 다른 길을 택했다. 그녀는 처음부터 파트너십을 핵심 전략으로 삼았다. 디자인에 강점이 있던 그녀는 기술, 영업, 콘텐츠 분야의 전문가들과 전략적 파트너십을 맺었다.

1년 후, 소연의 회사는 3배 성장했고, 직원이나 사무실 공간을 크

게 늘리지 않고도 서비스 영역을 두 배로 확장했다.

이 두 창업자의 차이는 무엇이었을까? 바로 파트너십에 대한 관점이었다. 민준에게 파트너십은 '통제력 상실'을 의미했지만, 소연에게는 '전략적 확장 도구'였다.

파트너십의 패러다임 전환

많은 사람들이 파트너십을 단순한 '협업'이나 '도움을 주고받는 관계'로 이해한다. 그러나 진정한 전략적 파트너십은 그 이상이다. 그것은 비즈니스의 확장 방식 자체를 근본적으로 바꾸는 전략적 도구다.

전통적 파트너십 vs 전략적 파트너십

전통적 파트너십	전략적 파트너십
일시적인 협업	장기적인 시너지 설계
단일 프로젝트 중심	비전과 전략 중심
거래적 관계	가치 창출 관계
개별 결과에 초점	생태계 구축에 초점
상호 보완적 약점 해결	상호 증폭적 강점 활용
필요할 때만 연락	지속적인 가치 흐름
분리된 브랜드 유지	연계된 브랜드 스토리 구축

사례 이야기: 콘텐츠 크리에이터의 파트너십 변화

건강식품 전문 유튜버 김지영의 이야기를 통해 파트너십에 대한 관점 변화가 어떤 차이를 만드는지 살펴보자.

초기 접근법 (전통적 파트너십): 처음에 지영은 영상 제작에 필요할 때마다 프리랜서 편집자, 그래픽 디자이너와 프로젝트별로 협업했다. 관계는 순전히 거래적이었다: 돈을 지불하고 서비스를 받는 방식이었다. 결과적으로 영상 스타일이 일관되지 않았고, 매번 새로운 협업자에게 자신의 비전을 설명해야 했다.

전환점: 채널 성장이 정체되면서 지영은 파트너십에 대한 접근 방식을 재고했다. 그녀는 단순히 서비스를 '구매'하는 대신, 장기적 파트너들과 함께 성장하는 생태계를 구축하기로 결정했다.

새로운 접근법 (전략적 파트너십): 지영은 정기적으로 함께 일할 편집자, 디자이너, 영양학자, 요리사를 찾았다. 그러나 이번에는 단순히 고용하는 대신, 그들을 '팀'으로 대우하며 비전을 공유했다. 그녀는 각 파트너에게 다음과 같은 제안을 했다:

· 편집자와 디자이너: 정액 급여 대신 기본 보수 + 영상 수익의 일부 지분
· 영양학자: 콘텐츠 자문 제공 대신 자신의 영양 상담 서비스를 영상에서 홍보할 기회
· 요리사: 레시피 개발에 대한 크레딧과 함께 자신의 요리 워크숍 홍보 기회

결과: 6개월 후, 지영의 채널은 놀라운 변화를 보였다:
· 구독자 수 180% 증가
· 영상 품질과 일관성 향상
· 파트너들의 몰입도와 창의적 기여 증가
· 편집과 콘텐츠 기획에 들이는 시간 50% 감소
· 새로운 수익원 창출 (온라인 요리 클래스, 영양 상담 서비스 연계)

핵심은 지영이 파트너십을 단순한 '서비스 구매'에서 '공동 가치 창출 시스템'으로 재정의한 것이었다. 모든 관계자가 채널의 성공에 진정한 이해관계를 갖게 되면서 시너지가 폭발적으로 증가했다.

전략적 파트너십의 5가지 핵심 원칙

파트너십을 전략으로 활용하기 위한 5가지 핵심 원칙을 살펴보자.

1. 거래가 아닌 관계 투자로 접근하기

전략적 파트너십은 단기적 거래가 아닌 장기적 관계 자산을 구축하는 과정이다. 이는 금전적 투자뿐만 아니라 시간, 지식, 자원, 네트워크를 공유하는 것을 의미한다.

관계 투자 평가 체크리스트

다음 질문을 통해 당신의 파트너십 접근 방식을 평가해보라:

- [ ] 파트너와의 관계 발전에 정기적인 시간을 투자하고 있는가?
- [ ] 계약서에 명시된 의무 이상의 가치를 제공하고 있는가?
- [ ] 파트너의 장기적 목표와 도전 과제를 이해하고 있는가?
- [ ] 즉각적인 보상 없이도 파트너에게 도움이 되는 기회를 공유하는가?
- [ ] 파트너십의 건강도를 정기적으로 평가하고 개선하는가?

2. 강점 증폭, 약점 보완이 아닌

전통적으로 파트너십은 자신의 약점을 보완하기 위해 추구되었다. 그러나 전략적 파트너십은 서로의 강점을 증폭시키는 데 초점을 맞춘다.

강점 증폭 파트너십 설계 워크시트

나의 핵심 강점	파트너의 핵심 강점	함께 증폭 가능한 시너지	구체적인 증폭 전략
(예: 콘텐츠 제작 능력)	(예: 광범위한 네트워크)	(예: 콘텐츠의 확산력 강화)	(예: 콘텐츠-네트워 크 연계 프로그램)

강점을 중심으로 파트너십을 설계하면, 약점을 보완하는 데 초점을 맞출 때보다 훨씬 더 큰 성장 잠재력을 확보할 수 있다.

3. 가치 교환의 지속적 흐름 만들기

지속 가능한 파트너십은 일회성 거래가 아닌, 지속적인 가치 교환의 흐름에 기반한다. 이는 마치 두 강이 만나 더 큰 강을 이루는 것과 같다.

가치 흐름 설계 템플릿

파트너십에서 서로 주고받는 가치의 흐름을 설계해보자:

1. 즉각적 가치 교환: 현재 서로 주고받는 핵심 가치
   o 내가 제공하는 가치: _____
   o 파트너가 제공하는 가치: _____
2. 중기적 가치 교환: 3-6개월 내 가능한 가치 교환
   o 내가 제공할 수 있는 추가 가치: _____
   o 파트너가 제공할 수 있는 추가 가치: _____
3. 장기적 가치 교환: 1-3년 내 가능한 가치 교환

o 함께 창출할 수 있는 새로운 가치: _____

o 새로운 시장/기회 접근: _____

4. 가치 흐름 모니터링: 정기적으로 검토할 지표와 방법

o 월간 검토 지표: _____

o 분기별 평가 방법: _____

4. 공동의 비전과 성공 정의하기

전략적 파트너십은 단순한 거래 조건을 넘어, 공동의 비전과 성공에 대한 명확한 그림이 있을 때 번창한다.

공동 비전 설계 프레임워크

파트너와 함께 다음 질문에 답함으로써 공동의 비전을 수립하라:

1. 영향력의 확장: 함께 어떤 더 큰 영향력을 만들 수 있는가?
2. 시장의 변화: 함께 시장에 어떤 변화를 가져올 수 있는가?
3. 공동의 가치: 우리가 함께 중요하게 생각하는 핵심 가치는 무엇인가?
4. 3년 후의 모습: 3년 후 이 파트너십이 어떤 모습이 되길 원하는가?
5. 성공의 정의: 이 파트너십의 성공을 어떻게 측정할 것인가?

5. 생태계적 사고로 확장하기

단일 파트너십을 넘어, 상호 연결된 파트너십 네트워크, 즉 '생태계'를 구축하는 것이 진정한 확장의 열쇠다.

파트너십 생태계 매핑 도구

현재와 잠재적 파트너들이 어떻게 연결되어 더 큰 가치를 창출할 수 있는지 매핑해보자:

1. 핵심 파트너 식별: 현재 가장 중요한 3-5개 파트너십 나열
2. 연결 가능성 탐색: 이 파트너들 간에 어떤 연결이 가능한가?
3. 누락된 퍼즐 조각: 생태계를 완성하기 위해 필요한 추가 파트너는?
4. 가치 순환: 이 생태계 내에서 가치가 어떻게 순환할 수 있는가?
5. 성장 경로: 이 생태계가 어떻게 자연스럽게 확장될 수 있는가?

생태계 시각화 템플릿:

중앙에 자신을 두고, 주요 파트너들을 연결한 다음, 파트너들 간의 잠재적 연결과 가치 흐름을 표시하라. 이는 당신의 파트너십 전략의 로드맵 역할을 할 것이다.

파트너십 수립과 관리를 위한 실용적 프레임워크

이제 실제로 전략적 파트너십을 수립하고 관리하기 위한 구체적인 단계와 도구를 살펴보자.

1. 이상적인 파트너 프로필 정의하기

모든 파트너십이 동등하게 가치 있는 것은 아니다. 당신의 비즈니스와 정말 시너지를 낼 수 있는 파트너를 식별하는 것이 중요하다.

이상적 파트너 프로필 템플릿

기준	필수 요소	선호 요소	제외 요소
가치 정렬			
핵심 강점			
대상 고객/시장			
비즈니스 규모/단계			
조직 문화			
명성/브랜드 이미지			
리소스/역량			

이 프로필을 작성할 때 단순히 "비슷한" 파트너가 아닌, 진정한 시너지를 창출할 수 있는 상호 보완적 특성을 찾는 데 집중하라.

2. 파트너십 가치 제안 설계하기

잠재적 파트너에게 매력적인 가치 제안을 설계하는 것은 성공적인 파트너십의 시작점이다.

파트너십 가치 제안 캔버스

1. 파트너의 핵심 도전 과제: 그들이 직면한 주요 문제나 기회는?
2. 내가 제공할 수 있는 가치: 어떻게 그들의 도전 해결을 도울 수 있는가?
3. 파트너가 제공할 수 있는 가치: 어떻게 내 비즈니스에 도움이 되는가?
4. 공동 창출 가능성: 함께 만들 수 있는 새로운 가치는?
5. 독특한 차별점: 다른 잠재적 파트너와 비교해 우리 파트너십만

의 특별한 점은?

6. 간결한 가치 제안문: 위 요소를 종합한 한 문장의 가치 제안

   " _____ "

3. 파트너십 구조화 전략

파트너십은 단순한 의향서나 양해각서 이상의 구체적인 구조가 필요하다.

파트너십 구조화 체크리스트

- [ ] 목표와 비전: 파트너십의 공동 목표와 성공 기준 정의
- [ ] 역할과 책임: 각 파트너의 구체적 기여와 책임 영역 명시
- [ ] 리소스 할당: 시간, 자금, 인력, 도구 등의 분담 방식
- [ ] 의사결정 프로세스: 협력적 의사결정을 위한 체계
- [ ] 커뮤니케이션 체계: 정기적인 소통 방식과 빈도
- [ ] 성과 측정: 파트너십 효과를 측정할 KPI와 평가 일정
- [ ] 이익/가치 공유: 창출된 가치의 분배 방식
- [ ] 갈등 해결 메커니즘: 의견 불일치 시 해결 프로세스
- [ ] 파트너십 진화: 관계 심화/확장을 위한 로드맵
- [ ] 출구 전략: 필요시 파트너십을 건설적으로 종료하는 방법

4. 파트너십 건강도 모니터링

파트너십도 정기적인 건강 검진이 필요하다. 다음 도구를 활용해 파트너십의 건강 상태를 모니터링하라.

파트너십 건강도 측정 도구

분기별로 다음 영역을 1-10점으로 평가하고, 개선 계획을 수립

하라:

영역	점수 (1-10)	관찰 사항	개선 계획
상호 가치 창출			
커뮤니케이션 품질			
신뢰와 투명성			
공동 목표 진행 상황			
갈등 해결 효과성			
혁신과 적응성			
전반적 만족도			

6개월 파트너십 리뷰 세션 아젠다

1. 지난 6개월 성과 검토 (15분)
2. 파트너십 건강도 평가 결과 공유 (10분)
3. 성공 사례와 배움 공유 (15분)
4. 도전 과제와 개선 기회 논의 (20분)
5. 다음 6개월 우선순위와 목표 설정 (20분)
6. 구체적 액션 플랜 수립 (10분)

5. 파트너십 진화와 확장 경로

모든 건강한 파트너십은 시간이 지남에 따라 진화하고 확장된다. 이에 대한 의도적인 계획을 수립하라.

파트너십 진화 매트릭스

현재 단계	다음 단계	필요한 조건	시간 프레임
초기 탐색	일회성 협업	신뢰 구축, 가치 검증	1~3개월
일회성 협업	정기적 협업	상호 가치 확인, 프로세스 조정	3~6개월

현재 단계	다음 단계	필요한 조건	시간 프레임
정기적 협업	전략적 제휴	장기 비전 정렬, 리소스 통합	6~12개월
전략적 제휴	공동 벤처	시장 기회 식별, 상호 보완적 강점	12~24개월
공동 벤처	심층 통합	입증된 시너지, 문화적 적합성	24+ 개월

사례 연구: 파트너십 전략의 성공 사례

사례 이야기: 소규모 컨설팅 회사의 파트너십 전략

서울에 위치한 소규모 마케팅 컨설팅 회사 '마켓인사이트'의 이야기를 살펴보자. 직원 5명의 이 회사는 대형 에이전시들과 경쟁하기 위해 독특한 파트너십 전략을 개발했다.

초기 상황:

CEO 박서연은 회사 성장을 위해 두 가지 전통적 옵션을 고려했다:

1. 추가 인력 고용과 사무실 확장

2. 외부 투자 유치

그러나 두 옵션 모두 상당한 리스크와 오버헤드 증가를 의미했다. 서연은 제3의 길을 선택했다: 전략적 파트너십 네트워크 구축.

전략적 접근:

서연은 먼저 자사의 핵심 강점을 명확히 했다: 데이터 기반 마케팅 전략과 소비자 인사이트. 그리고 이를 증폭시킬 수 있는 상호보완적 파트너들을 식별했다:

1. 웹 개발 스튜디오: 전략을 실행할 기술적 역량 제공

2. 콘텐츠 제작 회사: 전략에 맞는 창의적 콘텐츠 제작

3. 디지털 광고 전문가: 효과적인 캠페인 실행

4. 고객 경험 컨설턴트: 마케팅 이후의 여정 최적화

5. 산업별 전문 프리랜서: 특정 산업에 대한 전문 지식 제공

파트너십 구조화:

단순한 아웃소싱이나 일회성 협업을 넘어, 서연은 각 파트너와 다음과 같은 구조를 만들었다:

- 공동 브랜딩: "마켓인사이트 파트너 네트워크"라는 통합 브랜드 아래 공동 마케팅
- 가치 공유 모델: 프로젝트 수익의 일부를 파트너십 기여도에 따라 분배
- 지식 교환 시스템: 월간 전문성 공유 세션을 통한 지속적 학습
- 통합 프로세스: 마치 하나의 회사처럼 작동하는 공동 워크플로우
- 공동 비즈니스 개발: 모든 파트너가 잠재 고객을 전체 네트워크에 소개

결과:

2년 후, 마켓인사이트의 변화는 극적이었다:

- 직원 수는 여전히 7명에 불과했지만, 파트너십 네트워크를 통해 30명 규모의 팀처럼 운영
- 월 매출 300% 증가
- 처리 가능한 프로젝트 규모와 복잡성 대폭 확장
- 대기업 고객들도 자신있게 유치
- 업계에서 혁신적인 비즈니스 모델로 인정받음
- 파트너들도 각자 비즈니스가 평균 40-70% 성장

핵심 교훈:

마켓인사이트의 성공 사례는 다음 원칙을 보여준다:

1. 확장 ≠ 고용: 물리적 팀 확장 없이도 역량과 서비스를 확장할 수 있다.

2. 전문화 유지: 각 파트너가 각자의 핵심 역량에 집중하며 전문성을 깊게 유지

3. 유연한 확장: 시장 변화에 따라 파트너십 구성을 신속하게 조정

4. 리스크 분산: 고정 비용을 최소화하면서 서비스 포트폴리오 확장

5. 집단 지능: 다양한 전문가들의 통찰력을 활용한 혁신 가속화

파트너십 전략 수립을 위한 10가지 실천 방안

지금까지 배운 개념을 실천으로 옮기기 위한 구체적인 액션 플랜을 살펴보자.

1. 파트너십 포트폴리오 구축하기

   단일 파트너에 과도하게 의존하지 말고, 다양한 유형과 규모의 파트너십 포트폴리오를 구축하라. 이는 비즈니스 리스크를 분산하고 다양한 성장 기회를 제공한다.

2. 파트너십 미팅의 질 향상시키기

   파트너와의 미팅을 단순한 업데이트 시간이 아닌, 가치 창출 세션으로 만들어라. 항상 상호 이익이 될 수 있는 아이디어나 기회를 준비하고 공유하라.

3. 파트너십 담당자 지정하기

   조직 내에 파트너십 관계를 관리하고 발전시키는 책임자를 지정하라. 이 역할은 파트너와의 일상적인 소통뿐 아니라 전략적 기회를 발굴하는 임무를 맡는다.

4. 파트너 가치 증폭 시스템 만들기

   파트너의 성공을 돕는 구체적인 시스템을 설계하라. 이는 그들의 서비스를 고객에게 추천하거나, 그들의 콘텐츠를 홍보하거

나, 그들의 행사에 참여하는 등의 활동을 포함할 수 있다.

5. '상호 승리' 사고방식 훈련하기

   모든 상황을 제로섬 게임이 아닌 상호 승리의 기회로 보는 습관을 기르라. 협상 테이블에서도 항상 "우리 모두에게 최선의 결과는 무엇일까?"라는 질문을 던져라.

6. 파트너십 학습 루틴 만들기

   성공적인 파트너십 사례를 정기적으로 연구하고, 그 교훈을 자신의 전략에 적용하라. 매월 한 개의 성공적인 파트너십 사례를 깊이 분석하고 팀과 그 인사이트를 공유하는 세션을 가져보라.

7. 명확한 커뮤니케이션 채널 설정하기

   파트너와의 소통은 일관되고 명확해야 한다. 누가, 언제, 어떻게 소통할지 정의하고, 정기적인 체크인과 리뷰 세션을 일정에 포함시켜라.

8. 파트너 성장 모니터링 및 축하하기

   파트너의 성과와 성장을 모니터링하고 그들의 성공을 진심으로 축하하라. 그들의 성공이 곧 당신의 성공으로 이어진다는 마인드셋을 가져라.

9. 파트너십 혁신 워크숍 개최하기

   분기마다 한 번씩 주요 파트너들과 함께 혁신 워크숍을 개최하라. 함께 새로운 아이디어를 탐색하고, 시장 트렌드를 분석하며, 협력할 수 있는 새로운 영역을 발견할 수 있다.

10. 파트너십 성과 측정 시스템 개발하기

   단순한 재무적 성과를 넘어, 파트너십의 다양한 가치와 영향력을 측정할 수 있는 종합적인 성과 측정 시스템을 개발하라. 이는 관계의 건강도, 지식 교환, 시장 확장, 혁신 등의 지표를 포함할 수 있다.

파트너십의 일상 실천 루틴

파트너십 전략을 일상 업무에 통합하기 위한 구체적인 루틴을 살펴보자.

일일 파트너십 루틴

· 아침 파트너 체크: 하루 중 10분을 할애하여 주요 파트너의 소셜미디어나 업데이트를 확인하고, 필요시 가치 있는 정보나 기회를 공유하라.
· 가치 포착 노트: 하루 동안 파트너와 공유할 만한 가치 있는 정보, 인사이트, 기회를 기록하는 습관을 들여라.
· 미니 감사 표현: 매일 최소 한 명의 파트너에게 구체적인 감사나 인정의 메시지를 보내라.

주간 파트너십 루틴

· 파트너십 시간: 매주 2시간을 '파트너십 개발 시간'으로 지정하고, 새로운 파트너 발굴, 기존 관계 강화, 공동 기회 탐색에 집중하라.
· 파트너 가치 제공: 매주 최소 한 명의 파트너에게 예상치 못한 가치(유용한 연결, 정보, 기회 등)를 제공하라.
· 파트너십 리뷰: 30분을 할애하여 진행 중인 파트너십의 상태를 검토하고 필요한 조치를 취하라.

월간 파트너십 루틴

· 핵심 파트너 미팅: 주요 파트너와 1:1 전략 미팅을 통해 관계를 심화하고 새로운 협력 기회를 탐색하라.
· 파트너십 성과 분석: 모든 파트너십의 성과와 건강도를 평가하

고, 필요한 조정을 계획하라.

- 파트너 피드백 세션: 파트너에게 파트너십에 대한 솔직한 피드백을 구하고, 개선점을 함께 도출하라.

분기별 파트너십 루틴

- 파트너십 전략 리뷰: 전체 파트너십 포트폴리오를 검토하고, 전략적 방향성을 재확인하거나 조정하라.
- 공동 혁신 워크숍: 핵심 파트너들과 함께 창의적인 아이디어를 탐색하고 새로운 가치 창출 방안을 모색하라.
- 파트너 인정 이벤트: 파트너들의 기여를 공식적으로 인정하고 축하하는 이벤트를 개최하라.

흔한 파트너십 실수와 극복 방법

파트너십이 실패하는 주요 원인과 이를 극복하기 위한 방법을 살펴보자.

실수 1: 단기적 거래 관점

징후: 즉각적인 이익에만 집중, 관계 구축에 시간 투자 부족, 거래 중심 언어 사용

해결책: 파트너십을 장기적 자산으로 재정의하고, 관계 구축에 의도적으로 시간 투자

실수 2: 불균형적 가치 교환

징후: 한쪽만 주로 혜택을 받음, 기여와 보상의 불균형, 불만 증가

해결책: 정기적인 가치 균형 체크, 명확한 가치 교환 메커니즘 설계, 솔직한 대화 유지

실수 3: 모호한 기대치

징후: 오해 빈번, 서로 다른 성공 정의, 책임 소재 불분명

해결책: 명확한 파트너십 협약 작성, 구체적 목표와 역할 정의, 정기적 기대치 조율

실수 4: 소통 부재

징후: 중요 정보 공유 지연, 결정 과정 투명성 부족, 잦은 오해

해결책: 정례화된 소통 채널 구축, 투명한 정보 공유 원칙 수립, 선제적 소통 문화 조성

실수 5: 변화 대응 실패

징후: 시장 변화에 경직된 대응, 혁신 부재, 파트너십 진화 부재

해결책: 정기적 환경 스캔 공동 실시, 파트너십 진화 계획 수립, 변화 수용적 구조 설계

파트너십을 통한 확장의 단계별 로드맵

파트너십을 통한 비즈니스 확장의 단계별 여정을 살펴보자.

단계 1: 기반 구축 (1-3개월)
- 자사의 핵심 강점과 차별화 요소 명확화
- 이상적 파트너 프로필 개발
- 파트너십 가치 제안 설계
- 초기 파트너십 전략 문서화
- 잠재 파트너 리스트 작성

단계 2: 초기 파트너십 수립 (3-6개월)
- 2-3개의 전략적 파트너와 시범 협력 시작

- 파트너십 프로세스와 소통 채널 설정
- 초기 공동 프로젝트 실행
- 피드백 수집 및 접근 방식 조정
- 파트너십 관리 역량 개발

단계 3: 확장 및 심화 (6-12개월)
- 성공적인 파트너십 모델을 기반으로 추가 파트너 영입
- 핵심 파트너와의 관계 심화
- 파트너십 성과 측정 시스템 정교화
- 파트너 간 시너지 창출 기회 모색
- 파트너십 지식 자산화 및 조직 학습

단계 4: 생태계 구축 (12-24개월)
- 상호 연결된 파트너 네트워크 구축
- 공동 브랜드 이니셔티브 개발
- 파트너십 기반 혁신 프로세스 구축
- 새로운 시장과 기회 공동 탐색
- 지속 가능한 가치 창출 시스템 확립

단계 5: 변혁적 협력 (24개월+)
- 산업 표준이나 관행을 변화시키는 협력 모색
- 공동 벤처나 새로운 사업 모델 개발
- 사회적 영향력 확대를 위한 협력
- 글로벌 파트너십 네트워크로 확장
- 지속적인 재발명과 혁신 추구

혼자 빠르게 vs 함께 멀리

우리는 종종 비즈니스 성장을 독립적인 여정으로 생각한다. 자신의 자원을 통제하고, 자신의 방식대로 일하며, 성공의 과실을 독차지하는 것을 꿈꾼다. 하지만 이러한 접근법은 우리를 '빠르지만 짧은' 성장 경로로 이끌 뿐이다.

진정한 확장은 함께할 때 일어난다. 전략적 파트너십은 단순한 협업 방식이 아니라, 비즈니스를 근본적으로 다른 차원으로 끌어올리는 강력한 확장 전략이다.

파트너십을 통해 우리는:

- 혼자서는 결코 도달할 수 없는 시장과 고객에 접근할 수 있다
- 우리의 강점은 강화하고 약점은 보완할 수 있다
- 리스크를 분산하면서도 기회를 확대할 수 있다
- 더 빠르게 학습하고 혁신할 수 있다
- 자원을 효율적으로 활용하며 지속 가능한 성장을 이룰 수 있다

오늘날의 복잡하고 빠르게 변화하는 비즈니스 환경에서, 파트너십은 선택이 아닌 필수가 되었다. 어떤 기업도, 어떤 전문가도 모든 것을 혼자 할 수는 없다.

아프리카 속담처럼 "혼자 가면 빨리 갈 수 있지만, 함께 가면 더 멀리 갈 수 있다." 당신은 어떤 여정을 선택하겠는가? 빠르지만 제한된 여정, 아니면 함께하는 멀고 넓은 여정?

파트너십을 단순한 협업 수단이 아닌, 비즈니스의 핵심 전략으로 받아들이고 접근해보라. 당신이 혼자서는 결코 만들 수 없는 가치와 영향력의 세계가 열릴 것이다. 진정한 확장은 혼자서 더 크게 성장하는 것이 아니라, 함께 더 넓게 퍼져나가는 것이다. 그리고 그 확장의 기술은 바로 전략적 파트너십에 있다.

10

'확장력' 있는 사람의 말투
- 넓어지는 언어의 공통점

"말은 생각의 옷이다. 말의 크기가 생각의 크기를 결정한다." - 루드비히 비트겐슈타인

소회의실에서 들은 두 가지 말투

이 이야기는 서울의 한 비즈니스 콘퍼런스 소회의실에서 시작된다. 한쪽에서는 김 대표가, 다른 쪽에서는 이 대표가 각각 자신의 비즈니스를 소개하고 있었다.

김 대표는 말했다: "저희는 디지털 마케팅 회사입니다. 소셜미디어 관리, 콘텐츠 제작, 광고 집행을 주로 합니다. 5년 차고, 직원은 10명입니다. 중소기업 고객을 주로 상대합니다. 저희 서비스에 관심이 있으시면 연락 주세요."

이 대표는 이렇게 말했다: "저희는 중소기업이 글로벌 시장에서 경쟁력을 갖출 수 있도록 돕고 있습니다. 디지털 마케팅을 통해 지역적 한계를 넘어 전 세계 고객과 연결되는 경로를 만들고 있죠. 지금까지 50개 기업이 저희와 함께 해외 시장에 성공적으로 진출했습니다. 여러분의 비즈니스도 더 넓은 세계로 나아갈 준비가 되셨다면 함께 이야기 나눠보면 좋겠습니다."

둘 다 디지털 마케팅 회사를 운영하지만, 이 대표 말을 들은 사람들은 김 대표의 테이블보다 이 대표의 테이블에 더 많이 모여들었다. 그리고 대부분의 사람은 이대 표의 회사가 김 대표의 회사보다 훨씬 크고 성공적이라고 느꼈다.

흥미로운 점은 실제로는 두 회사의 규모가 비슷했다는 것이다. 차이는 오직 말투에 있었다. 김 대표는 '사실'을 말했고, 이 대표는 '확장'을 말했다.

확장력 있는 언어의 특징

확장력 있는 사람들의 말에는 어떤 공통점이 있을까? 이들의 언어가 가진 특별한 힘을 이해하기 위해 주요 특징을 살펴보자.

1. 현상 너머의 의미를 말한다

일반적인 사람들이 눈에 보이는 현상과 사실을 말한다면, 확장력 있는 사람들은 그 너머의 의미와 가치를 말한다.

일반적 표현: "저희는 온라인 쿠킹 클래스를 운영합니다."

확장력 있는 표현: "저희는 사람들이 바쁜 일상 속에서도 건강한 식습관을 유지하고, 요리의 기쁨을 되찾을 수 있도록 돕고 있습니다."

이 차이를 확인할 수 있는 간단한 방법은 "그래서 왜 중요한가?"라는 질문에 답할 수 있는지 여부다. 확장력 있는 언어는 이미 그 질문에 대한 답을 포함하고 있다.

2. 개인을 넘어 생태계를 말한다

확장력 있는 사람들은 자신이나 자신의 비즈니스만 말하지 않고, 그것이 속한 더 큰 생태계와 관계를 말한다.

일반적 표현: "저는 웹 개발자입니다. React와 Node.js를 주로

사용합니다."

확장력 있는 표현: "저는 디지털 세계와 사용자를 연결하는 다리를 만듭니다. 기술은 도구일 뿐, 진짜 목표는 사람들의 삶을 더 편리하고 풍요롭게 만드는 경험을 창조하는 것이죠."

확장력 있는 언어는 자신만의 소우주가 아닌, 모든 것이 연결된 더 큰 우주를 인식한다.

3. 문제가 아닌 가능성을 말한다

대부분의 사람들이 문제와 장애물에 초점을 맞추는 반면, 확장력 있는 사람들은 가능성과 기회를 강조한다.

일반적 표현: "요즘 경기가 너무 안 좋아서 매출이 많이 줄었어요."

확장력 있는 표현: "시장 상황이 변화하면서 고객의 우선순위가 재조정되고 있어요. 이런 시기야말로 진정한 가치를 제공하는 기업이 차별화될 수 있는 기회라고 생각합니다."

확장력 있는 언어는 현실을 부정하지 않되, 그 안에서 성장의 씨앗을 찾아낸다.

4. 과거가 아닌 미래를 말한다

일반적인 대화가 과거의 경험과 현재의 상황에 머무르는 경향이 있다면, 확장력 있는 언어는 미래의 비전과 가능성을 그린다.

일반적 표현: "저희는 지난 10년간 이 분야에서 일해왔고, 많은 경험을 갖고 있습니다."

확장력 있는 표현: "지난 10년간의 경험은 앞으로 펼쳐질 더 큰 가능성을 위한 단단한 기반입니다. 우리가 꿈꾸는 미래는 모든 사람이 접근할 수 있는 기술 민주화의 세계입니다."

확장력 있는 언어는 과거를 디딤돌로 삼아 미래로 도약한다.

5. 제한이 아닌 확장을 말한다

많은 사람들이 한계와 제약을 강조하는 반면, 확장력 있는 사람들은 경계를 넓히고 가능성을 확장하는 말을 한다.

일반적 표현: "저희는 소규모 기업이라 대형 프로젝트는 힘들어요."

확장력 있는 표현: "저희는 핵심 전문성에 집중하면서, 필요에 따라 유연하게 확장 가능한 파트너십 네트워크를 갖추고 있습니다. 이런 모델 덕분에 대형 프로젝트도 효율적으로 수행할 수 있죠."

확장력 있는 언어는 '할 수 없음'을 '다르게 할 수 있음'으로 재정의한다.

확장력 있는 언어의 실용적 프레임워크

이론을 넘어 실제로 확장력 있는 언어를 사용하기 위한 실용적인 프레임워크와 도구를 살펴보자.

1. 비전-현실-다리 프레임워크

확장력 있는 커뮤니케이션의 기본 구조는 '비전'과 '현실', 그리고 그 둘을 연결하는 '다리'로 구성된다.

구성 요소:

- 비전: 달성하고자 하는 이상적인 상태 또는 장기적 목표
- 현실: 현재의 상황과 도전 과제에 대한 정직한 인식
- 다리: 현실에서 비전으로 가는 구체적인 경로와 전략

적용 템플릿:

"우리가 궁극적으로 추구하는 것은 ＿＿＿＿＿＿＿(비전)입니

다. 현재 우리는 _____(현실)에 있습니다. 이 간극을 메우기 위해 우리는 _____(다리)에 집중하고 있습니다."

예시:

"우리가 궁극적으로 추구하는 것은 모든 사람이 자신의 재정적 잠재력을 최대한 발휘할 수 있는 세상입니다. 현재 우리는 많은 사람들이 재정 교육 부족으로 불필요한 제약 속에 살고 있는 현실에 있습니다. 이 간극을 메우기 위해 우리는 접근하기 쉽고, 실천 가능한 재정 교육 시스템을 구축하는 데 집중하고 있습니다."

2. 의미 사다리 오르기

의미 사다리는 구체적인 사실에서 더 큰 의미와 가치로 올라가는 사고 도구다. 확장력 있는 언어를 위해 항상 사다리를 몇 단계 더 올라가라.

단계:

1. 사실/데이터: 객관적이고 관찰 가능한 정보
2. 해석/의미: 그 사실이 의미하는 바
3. 영향/결과: 그것이 가져오는 결과나 영향
4. 가치/중요성: 더 큰 맥락에서의 중요성
5. 비전/가능성: 이것이 열어주는 미래의 가능성

연습 워크시트:

당신의 사업/ 역할에 관한 사실	그것의 의미	가져오는 영향	더 큰 가치	미래 가능성

예시:

사실	의미	영향	가치	가능성
우리는 중소기업을 위한 회계 소프트웨어를 개발한다	기업가들이 복잡한 회계 업무를 단순화할 수 있다	시간 절약과 오류 감소로 비즈니스 효율성 향상	기업가들이 진정으로 가치 있는 일에 집중할 자유 제공	더 많은 사람들이 창업의 두려움을 극복하고 자신의 비전을 실현하는 세상

3. 확장형 질문과 대화 유도하기

확장력 있는 대화를 위해서는 상대방 역시 확장적 사고를 할 수 있도록 유도하는 질문이 중요하다.

확장형 질문 템플릿:

· "이것이 성공적으로 이루어진다면, 어떤 가능성이 열릴까요?"
· "우리가 이 문제를 해결한다면, 그 너머에는 어떤 기회가 있을까요?"
· "5년 후 이상적인 상황을 상상한다면, 그것은 어떤 모습일까요?"
· "우리의 목표를 10배 더 크게 생각한다면, 접근 방식이 어떻게 달라질까요?"
· "이 일이 단순한 거래를 넘어 진정한 가치를 창출하려면 무엇이 필요할까요?"

대화 확장 체크리스트:

· [ ] 상대방의 말에서 더 깊은 의미나 가치를 찾아 질문했는가?
· [ ] 현재 상황을 넘어 미래 가능성에 대해 물었는가?
· [ ] 개인적 차원을 넘어 더 큰 생태계적 관점을 제시했는가?
· [ ] 문제점보다 기회와 가능성에 초점을 맞추었는가?

- [ ] 상대방이 더 확장적으로 생각할 수 있는 공간을 만들어주었는가?

4. 메타포와 스토리텔링 활용하기

확장력 있는 언어는 종종 강력한 메타포와 스토리를 활용한다. 이는 추상적인 개념을 구체적이고 기억에 남는 이미지로 변환하는 힘이 있다.

메타포 개발 워크시트:

당신의 비즈니스나 아이디어를 다음과 연결해보라:

- 자연 현상 (강, 산, 생태계, 씨앗 등)
- 여정이나 탐험
- 건축이나 건설
- 예술이나 창작 과정
- 변환이나 화학 반응

예시 메타포:

- "우리의 코칭 프로그램은 정원 가꾸기와 같습니다. 잠재력이라는 씨앗이 이미 여러분 안에 있고, 우리는 그것이 꽃피울 수 있는 환경과 영양분을 제공합니다."
- "우리의 기술 플랫폼은 도시의 교통 시스템과 같습니다. 사람과 아이디어가 빠르고 효율적으로 연결되어 새로운 가능성의 목적지에 도달할 수 있게 합니다."

스토리텔링 구성 요소:

1. 공감할 수 있는 주인공과 초기 상황
2. 도전이나 문제 상황
3. 변화나 깨달음의 순간
4. 극복과 변환

5. 더 큰 의미나 교훈

5. 확장형 언어 패턴 연습하기

일상 대화에서 확장력 있는 언어 패턴을 의식적으로 연습하라.

확장형 언어 전환 연습:

일반적 표현	확장형 표현
"저는 그래픽 디자이너입니다."	"저는 시각적 언어를 통해 브랜드의 가치와 비전을 전달하는 일을 합니다."
"우리 회사는 10명 규모의 작은 회사입니다."	"우리는 핵심 전문가 팀을 중심으로 유연하고 창의적인 접근이 가능한 애자일 구조를 갖추고 있습니다."
"이 서비스는 한 달에 5만원입니다."	"월 5만원의 투자로 시간과 에너지를 절약하고, 본연의 가치 창출에 집중할 수 있는 여유를 얻으실 수 있습니다."
"저희는 아직 해외 진출 경험이 없습니다."	"저희는 국내 시장에서의 탄탄한 기반을 바탕으로, 이제 글로벌 시장을 향한 새로운 여정을 준비하고 있습니다."
"경쟁사보다 가격이 조금 비싼 편입니다."	"저희는 장기적 관점에서 진정한 가치와 지속 가능한 결과를 제공하는 데 초점을 맞추고 있습니다."

일상 확장 연습:

매일 자신이 가장 자주 하는 말 중 3가지를 선택하여 확장형 표현으로 바꾸고, 일주일간 의식적으로 새로운 표현을 사용해보라.

사례 분석: 확장력 있는 리더의 언어

이제 실제 사례를 통해 확장력 있는 언어가 어떻게 사용되고 어떤 영향을 미치는지 살펴보자.

서울의 한 테크 스타트업 '넥스트웨이브'의 창업자 박지원의 이야기다. 유망한 기술을 가진 이 스타트업은 초기에 투자 유치와 인재 영입에 어려움을 겪고 있었다.

지원은 자신의 피칭과 커뮤니케이션에 문제가 있을 수 있다고 생각했다. 그녀의 초기 피칭은 이런 식이었다:

"저희 넥스트웨이브는 AI 기반 데이터 분석 툴을 개발하는 스타트업입니다. 저희 제품은 기업 데이터를 실시간으로 분석하여 인사이트를 제공합니다. 현재 베타 버전을 출시했고, 몇몇 고객사에서 테스트 중입니다. 저희는 추가 개발 자금과 시장 진입을 위한 투자를 찾고 있습니다."

기술적으로는 정확했지만, 이 피칭은 투자자들에게 강한 인상을 주지 못했다.

전환점:

지원은 확장력 있는 커뮤니케이션 코칭을 받기 시작했다. 그녀는 자신의 언어가 가치와 비전보다 기능과 현재 상황에 너무 집중되어 있다는 것을 깨달았다.

3개월의 집중적인 연습 후, 그녀의 피칭은 완전히 달라졌다:

"우리는 기업이 데이터의 바다에서 길을 잃지 않고 '지금, 여기서' 가장 중요한 결정을 내릴 수 있게 도와주는 안내자입니다. 넥스트웨이브의 AI 기술은 단순한 분석 도구가 아니라, 조직의 집단 지성을 증폭시키는 새로운 사고 파트너입니다. 우리가 꿈꾸는 미래는 모든 결정이 직감이 아닌 데이터에 기반하지만, 동시에 기계가 아닌 인간의 창의성과 통찰력이 빛나는 세상입니다. 현재 5개 기업과 함께 이 비전을 현실로 만들어가고 있으며, 앞으로 3년 안에 1,000

개 기업의 의사결정 문화를 혁신하는 것이 우리의 목표입니다. 우리와 함께 데이터 기반 의사결정의 미래를 만들어갈 파트너를 찾고 있습니다."

결과:

이러한 언어적 변화는 놀라운 결과를 가져왔다:

- 6개월 내에 20억 원의 시드 투자 유치 성공
- 업계 최고 인재들이 자발적으로 합류 요청
- 언론과 소셜미디어에서의 주목도 크게 상승
- 파일럿 프로그램 참여를 원하는 고객 대기 명단 형성

지원의 비즈니스 자체는 변하지 않았다. 달라진 것은 오직 그녀가 그것을 표현하는 언어였다. 그 언어가 다른 사람들이 그녀의 비전을 보는 방식을 변화시켰고, 결과적으로 현실이 그 비전을 따라가기 시작했다.

확장력 있는 언어로 전환하기 위한 실천 계획

확장력 있는 언어는 하루아침에 습득되지 않는다. 의식적인 연습과 지속적인 개선이 필요하다. 다음은 단계별 실천 계획이다.

1. 현재 언어 패턴 인식하기

자신의 현재 커뮤니케이션 스타일을 객관적으로 분석하라.

자가 진단 체크리스트:

- [ ] 나는 주로 사실과 기능에 대해 이야기하는가, 의미와 가치에 대해 이야기하는가?
- [ ] 나는 나와 내 비즈니스에 대해 이야기할 때 더 큰 맥락이나 생태계를 언급하는가?
- [ ] 나는 문제와 한계에 초점을 맞추는가, 가능성과 기회에 초

점을 맞추는가?

- · [ ] 나는 과거의 성과에 대해 이야기하는가, 미래의 비전에 대해 이야기하는가?
- · [ ] 나는 제약과 한계를 강조하는가, 확장과 성장을 강조하는가?

기준점 설정 연습:

자신의 비즈니스나 직업에 대한 1분 소개를 녹음하고 분석해보라. 얼마나 많은 비율이 사실적 정보이고, 얼마나 많은 비율이 의미와 가치에 관한 것인지 측정해보라.

2. 핵심 메시지 재구성하기

자신이 가장 자주 사용하는 핵심 메시지를 확장력 있는 언어로 재구성하라.

핵심 메시지 워크시트:

상황	현재 메시지	확장형 메시지
자기소개		
비즈니스/서비스 설명		
가치 제안		
비전 설명		
일반적 이메일/메시지		

매일 각 카테고리의 메시지를 하나씩 재구성하고 연습하라.

3. 단계적 연습 일정 수립하기

확장력 있는 언어를 습관화하기 위한 단계적 연습 계획을 세우라.

1주차: 인식과 관찰
- 확장력 있는 사람들의 언어를 주의 깊게 관찰하고 필기
- 자신의 일상 대화를 녹음하고 분석
- 확장형 표현 라이브러리 시작하기

2~3주차: 안전한 환경에서 연습
- 친구나 동료와의 비공식적 대화에서 새로운 표현 시도
- 매일 하나의 확장형 메시지 작성 및 암기
- 거울 앞에서 확장력 있는 자기소개 연습

4~6주차: 실제 상황에서 적용
- 소규모 미팅이나 네트워킹 이벤트에서 확장형 언어 사용
- 이메일과 메시지에 확장형 표현 적용
- 피드백 수집 및 조정

7~12주차: 마스터와 개인화
- 다양한 상황에 맞게 확장형 언어 자유롭게 사용
- 자신만의 고유한 표현과 메타포 개발
- 다른 사람들이 확장적으로 생각하도록 돕는 연습

4. 피드백 루프 만들기

혼자서는 객관적인 평가가 어렵다. 신뢰할 수 있는 피드백 시스템을 구축하라.

피드백 소스:
- 신뢰할 수 있는 친구나 동료
- 전문 코치나 멘토

- 발표나 대화 녹음 분석
- 청중이나 대화 상대의 반응 관찰

피드백 질문 템플릿:

- "내 메시지에서 가장 기억에 남는 부분은 무엇인가요?"
- "내 이야기를 듣고 어떤 감정이나 생각이 떠올랐나요?"
- "내 메시지가 더 강력해질 수 있는 방법이 있을까요?"
- "내 표현 중 가장 확장적이라고 느껴진 부분은 어디인가요?"
- "내 메시지를 듣고 어떤 가능성이나 기회를 떠올렸나요?"

5. 확장력 있는 환경 만들기

언어 습관은 환경에 크게 영향을 받는다. 확장적 사고와 표현을 촉진하는 환경을 의도적으로 조성하라.

환경 조성 전략:

- 확장력 있는 리더와 사상가의 콘텐츠 정기적으로 소비하기
- 확장적 사고를 하는 사람들과 정기적으로 교류하기
- 사무실이나 작업 공간에 영감을 주는, 큰 그림을 상기시키는 시각적 요소 배치
- '확장 단어장'을 만들어 자주 참고하기
- 확장적 질문이 적힌 카드를 책상에 두고 정기적으로 자문하기

확장력 있는 언어의 상황별 적용

확장력 있는 언어는 다양한 비즈니스 상황에서 적용할 수 있다. 주요 상황별 적용 방법을 살펴보자.

네트워킹과 첫인상

일반적 소개: "안녕하세요, 저는 김민수입니다. 웹 개발 회사를 운영하고 있어요."

확장력 있는 소개: "안녕하세요, 저는 김민수입니다. 저는 기업들이 디지털 세계에서 자신만의 독특한 정체성을 표현하고, 고객들과 의미 있는 관계를 구축할 수 있도록 돕고 있어요. 단순한 웹사이트를 넘어 디지털 경험을 통해 브랜드의 진정한 가치가 전달될 수 있는 플랫폼을 만드는 일에 열정을 가지고 있습니다. 특히 지속가능한 비즈니스와 사회적 기업들이 더 큰 영향력을 발휘할 수 있도록 하는 프로젝트에 집중하고 있죠."

이렇게 확장력 있는 소개는 단순히 직함이나 회사명을 넘어, 당신이 만들어내는 가치와 영향력, 그리고 당신의 비전과 열정을 전달한다. 이는 상대방에게 단순한 정보가 아닌, 연결점과 대화의 기회를 제공한다.

소셜미디어 프로필

일반적 프로필: "웹 개발자 | UI/UX 디자이너 | 프리랜서 | HTML, CSS, JavaScript, React 전문"

확장력 있는 프로필: "디지털 경험 설계자 | 브랜드의 온라인 스토리를 시각적 언어로 번역 | 사용자와 비즈니스 사이의 의미 있는 연결 창조 | 지속가능한 디지털 생태계를 위한 기술 탐색가"

이메일과 메시지

일반적 이메일 마무리: "궁금한 점이 있으시면 연락 주세요. 감사

합니다.”

확장력 있는 이메일 마무리: “이번 대화가 우리 모두에게 가치 있는 관계의 시작이 되길 바랍니다. 어떤 생각이나 질문이든 나누어주시면 감사하겠습니다. 함께 더 의미 있는 가능성을 탐색할 기회를 기대합니다.”

확장력 있는 언어는 단순히 화려한 말을 사용하는 것이 아니라, 말을 통해 더 넓은 맥락, 더 깊은 의미, 더 큰 가능성을 보여주는 것이다. 이는 상대방에게 단순한 정보 교환을 넘어 영감과 연결의 경험을 제공한다.

확장적 언어의 진정한 힘

확장력 있는 언어의 진정한 힘은 단순히 더 잘 보이거나 더 많은 기회를 얻는 데 있지 않다. 그것은 우리가 세상을 바라보고, 우리 자신을 이해하고, 타인과 연결되는 방식을 근본적으로 변화시키는 데 있다.

우리의 언어가 확장될 때, 우리의 생각도 확장된다. 우리의 생각이 확장될 때, 우리가 볼 수 있는 가능성의 지평도 넓어진다. 그리고 가능성이 넓어질 때, 우리의 행동과 그 결과도 자연스럽게 확장된다.

오늘부터 자문해 보자: "내 언어는 나와 내 비즈니스의 진정한 가능성을 담아내고 있는가? 나의 말은 한계를 설정하고 있는가, 아니면 새로운 경계를 열고 있는가?"

확장력 있는 언어는 기술이자 습관이며, 무엇보다 세상을 바라보는 렌즈다. 그 렌즈를 통해 바라본 세상은 더 넓고, 더 연결되어 있으며, 더 많은 가능성으로 가득 차 있다.

당신의 다음 말 한마디가 어떤 확장의 시작이 될지, 누구도 알 수 없다.

11

확장은 말에서 시작된다
- 연결되는 말의 기술

"당신의 말이 당신의 세계를 만든다.
더 넓은 세계를 원한다면, 먼저 말의 범위를 넓혀라." - 루이스 하우스

운명을 바꾼 30초의 말

서울의 한 카페. 지영은 오랜 친구의 소개로 처음 만난 최 대표 앞에서 긴장했다. 최 대표는 국내 유명 패션 회사의 임원이었고, 지영은 막 시작한 작은 액세서리 디자인 스튜디오의 대표였다.

"어떤 일을 하시나요?" 최 대표가 물었다.

지영은 머릿속으로 수십 번 연습한 대답을 했다.

"저는 수공예 액세서리 디자이너입니다. 친환경 재료로 목걸이, 귀걸이, 반지 같은 액세서리를 만들고 있어요. 인스타그램에서 조금씩 판매하고 있습니다."

최 대표는 미소를 지으며 명함을 건넸다.

"멋지네요. 기회가 되면 제품 한번 구경해볼게요."

대화는 거기서 끝났다. 그리고 그 명함은 지영의 서랍 속 다른 명함들과 함께 잊혀졌다.

6개월 후, 지영은 같은 카페에서 또 다른 업계 인사인 박 대표를

만났다. 같은 질문을 받았지만, 이번에는 대답이 달랐다.

"저는 현대인이 일상에서 자연과 연결되는 감각을 되찾을 수 있도록 돕고 있어요. 도시 생활 속에서도 자연의 아름다움을 기억하게 하는 지속 가능한 액세서리를 디자인하고 있죠. 특히 바다 플라스틱을 재활용한 컬렉션을 통해 환경 보호에 동참하면서도 아름다움을 표현할 수 있는 방법을 제안하고 있습니다."

박 대표의 눈이 커졌다.

"정말 흥미로운 접근법이네요! 다음 달에 저희가 진행하는 '지속 가능한 패션' 팝업 스토어에 참여해 보실래요? 지영 님의 스토리와 제품이 우리 행사의 취지와 완벽하게 맞을 것 같아요."

지영의 삶은 그 30초의 말에서부터 변화하기 시작했다. 팝업 스토어 참여는 대형 백화점 입점으로 이어졌고, 1년 후 그녀는 직원 5명의 성장하는 브랜드 대표가 되었다.

달라진 것은 무엇이었을까? 그녀의 제품? 아니다. 기술? 역시 아니다. 달라진 것은 오직 그녀가 자신의 일을 설명하는 '말'뿐이었다.

확장의 언어와 제한의 언어

우리가 사용하는 언어는 단순한 소통 도구가 아니다. 그것은 세계를 인식하고, 관계를 형성하며, 가능성을 열거나 닫는 창이다. 확장을 만드는 언어와 제한을 만드는 언어의 차이를 이해하는 것이 중요하다.

확장 언어 vs 제한 언어의 특성

제한의 언어	확장의 언어
기능과 특징 중심	가치와 의미 중심
자기중심적	관계와 연결 중심

제한의 언어	확장의 언어
폐쇄적 질문과 표현	개방적 질문과 표현
단기적 시각	장기적 비전
개별 요소 강조	전체 맥락과 스토리 강조
정적이고 고정된 상태	동적이고 진화하는 과정
"나는 ~이다/한다."	"우리는 ~을 위해 ~한다."

제한의 언어 사례

비즈니스 소개: "저는 홍보대행사를 운영합니다. 지역 기업들의 언론 보도자료 작성과 미디어 관계 관리를 담당하고 있습니다."

제품 설명: "이 앱은 사용자가 식단을 기록하고, 칼로리를 계산하며, 운동 기록을 관리할 수 있는 기능을 제공합니다."

채용 공고: "3년 이상 경력의 마케팅 담당자를 찾습니다. 소셜미디어 관리, 콘텐츠 제작, 고객 응대 업무를 담당하게 됩니다."

확장의 언어 사례

비즈니스 소개: "우리는 가치 있는, 하지만 아직 충분히 알려지지 않은 지역 기업들의 스토리가 세상에 전해질 수 있도록 돕고 있습니다. 단순한 홍보를 넘어, 기업의 진정한 가치가 적합한 청중과 만나 의미 있는 관계로 발전할 수 있는 다리를 만들고 있죠."

제품 설명: "이 앱은 사람들이 음식과 신체의 관계를 재발견하고, 더 건강한 선택으로 일상의 에너지와 즐거움을 되찾을 수 있도록 설계되었습니다. 단순한 추적 도구가 아닌, 매일의 작은 선택이 장기적으로 어떤 변화를 만들어내는지 볼 수 있는 개인

건강 여정의 동반자입니다."

채용 공고: "우리는 디지털 공간에서 의미 있는 관계를 구축하고, 우리의 커뮤니티에 가치를 더할 새로운 스토리텔러를 찾고 있습니다. 함께 브랜드의 목소리를 발견하고, 청중과의 진정한 대화를 만들어갈 동료를 초대합니다."

확장을 만드는 연결의 5가지 언어 패턴

성공적인 확장은 단순히 '더 크게' 말하는 것이 아니라, 더 '연결되게' 말하는 것이다. 확장을 만들어내는 다섯 가지 핵심 언어 패턴을 살펴보자.

1. 의미 연결: 무엇에서 왜로

대부분의 사람들은 자신이 '무엇을' 하는지에 집중해서 말한다. 반면 확장적 언어는 '왜' 그것을 하는지, 그 이면의 목적과 의미에 초점을 맞춘다.

전환 템플릿:

"우리는 [무엇을] 합니다" → "우리는 [누구를] 위해 [어떤 의미 있는 결과]를 만들기 위해 [무엇을] 합니다"

의미 연결 워크시트

무엇을 하나요?	그것은 누구에게 어떤 변화를 가져오나요?	그 변화는 왜 중요한가요?	확장된 표현
웹사이트 개발	기업이 온라인에서 고객과 만날 수 있음	지역 기업도 글로벌 시장에 참여할 기회를 얻음	"우리는 지역 비즈니스가 디지털 세계에서 경계 없이 성장할 수 있도록 온라인 존재감을 구축합니다"

무엇을 하나요?	그것은 누구에게 어떤 변화를 가져오나요?	그 변화는 왜 중요한가요?	확장된 표현

2. 관계 연결: 나에서 우리로

제한적 언어는 화자나 그의 비즈니스에 초점을 맞춘다("나는…", "우리 회사는…"). 확장적 언어는 관계와 생태계를 강조한다("우리는 함께…", "고객, 파트너와 우리는…").

전환 템플릿:

"나는 [활동]을 합니다" → "우리는 [누구와] 함께 [공동의 목표]를 향해 [활동]합니다"

관계 연결 연습:

다음 표현을 관계 중심적 언어로 바꿔보세요:

1. "저는 마케팅 컨설팅을 제공합니다." → "저는 성장하는 기업들과 함께 그들만의 독특한 스토리를 시장과 연결하는 여정을 함께합니다."
2. "우리 회사는 유기농 식품을 판매합니다." → "우리는 건강을 중시하는 가족들과 책임감 있는 농부들 사이의 다리를 만들어, 모두에게 이로운 식품 생태계를 구축하고 있습니다."
3. "저는 프리랜서 번역가입니다." →
4. "우리 앱은 음악 스트리밍 서비스입니다." →

3. 가능성 연결: 현재에서 미래로

제한적 언어는 현재 상태와 사실에 초점을 맞춘다. 확장적 언어는 현재와 미래의 가능성 사이에 다리를 놓는다.

전환 템플릿:

"현재 우리는 [현황]입니다." → "현재 우리는 [현황]이며, 이를 통해 [미래 비전]을 향해 나아가고 있습니다."

가능성 연결 시나리오:

시나리오: 당신은 스타트업 창업자로, 아직 제품이 완성되지 않은 상태에서 투자자를 만났습니다.

제한적 대응: "현재 저희는 프로토타입 개발 중이고, 아직 고객은 없습니다. 6개월 내 베타 버전을 출시할 예정입니다."

확장적 대응: "현재 저희는 초기 사용자들의 피드백을 적극 반영하며 프로토타입을 발전시키고 있습니다. 이 과정은 저희가 출시 후가 아닌, 개발 단계에서부터 진정한 고객 문제를 해결하는 제품을 만들 수 있게 도와주고 있죠. 6개월 내 베타 출시를 통해 이미 기다리고 있는 얼리어답터들과 함께 새로운 시장 카테고리를 창출해 나갈 계획입니다."

4. 맥락 연결: 개별에서 전체로

제한적 언어는 개별 제품, 서비스 또는 기능에 초점을 맞춘다. 확장적 언어는 그것이 속한 더 넓은 맥락과 생태계를 보여준다.

전환 템플릿:

"이것은 [제품/서비스/기능]입니다" → "이것은 [더 큰 변화/트렌드/움직임] 속에서 [역할/의미]를 가진 [제품/서비스/기능]입니다"

맥락 연결 워크시트:

제품/서비스	관련된 더 큰 트렌드	그 안에서의 역할	확장된 표현
재사용 가능한 커피컵	제로 웨이스트 운동, 지속가능한 소비	일상의 작은 습관을 통한 환경 보호 참여 기회 제공	"이 컵은 일회용품 없는 미래를 향한 글로벌 운동에 매일 아침 커피 한 잔으로 동참할 수 있는 기회입니다."

5. 경험 연결: 기능에서 감정으로

제한적 언어는 제품이나 서비스의 기능적 특성을 나열한다. 확장적 언어는 그것이 가져올 경험과 감정적 변화를 그린다.

전환 템플릿:

"이것은 [기능적 특징]을 가진 [제품/서비스]입니다" → "이것은 [감정적 경험]을 가능하게 하는 [제품/서비스]입니다"

경험 연결 연습:

다음 표현을 경험 중심적 언어로 바꿔보세요:

1. "이 소파는 고밀도 폼과 천연 면 커버를 사용했습니다." → "이 소파는 하루의 피로를 풀고 가족과의 소중한 순간을 더 편안하게 즐길 수 있는 당신만의 안식처입니다."

2. "우리 앱은 하루 일정 관리, 할 일 목록 작성, 리마인더 설정 기능을 제공합니다." → "우리 앱은 복잡한 일상에서 마음의 평화를 찾고, 정말 중요한 일에 집중할 수 있는 여유를 선사합니

다."

3. "이 온라인 강의는 12개 모듈, 36개 비디오 강의로 구성되어
   있습니다." →

4. "우리 헬스장은 최신 운동 기구와 24시간 운영 시스템을 갖추
   고 있습니다." →

상황별 확장 언어 활용법

확장 언어는 다양한 비즈니스 상황에서 활용할 수 있다. 주요 상
황별 확장 언어 활용법을 살펴보자.

네트워킹에서의 자기소개

대부분의 네트워킹 자리에서 "무슨 일을 하세요?"라는 질문은
피할 수 없다. 이 질문에 어떻게 대답하느냐가 당신의 확장 가능성
을 결정한다.

제한적 자기소개: "저는 김지훈이라고 합니다. 디지털 마케팅 에
이전시에서 일하고 있어요."

확장적 자기소개: "저는 김지훈입니다. 저는 전통 산업 분야의 기
업들이 디지털 시대에 새로운 고객과 의미 있게 연결될 수 있
도록 돕고 있어요. 특히 오랜 역사와 가치를 가진 기업들이 그
들의 진정성을 유지하면서도 현대적인 방식으로 소통할 수 있
는 다리를 만드는 일에 집중하고 있죠."

자기소개 확장 템플릿:

"저는 [이름]입니다. 저는 [어떤 사람들/조직]이 [어떤 문제/도
전]에서 [어떤 긍정적 결과/변화]를 경험할 수 있도록 돕고 있습
니다."

제안서와 프레젠테이션

제안서나 프레젠테이션은 단순한 정보 전달이 아니라, 가능성의 세계로 청중을 초대하는 기회다.

제한적 제안서 시작: "저희 마케팅 에이전시는 10년의 경력을 가지고 있으며, 소셜미디어 관리, 콘텐츠 제작, 광고 집행 서비스를 제공합니다. 저희의 제안 내용은 다음과 같습니다…"

확장적 제안서 시작: "오늘날 소비자들은 그 어느 때보다 진정성 있는 브랜드 스토리에 목말라 있습니다. 귀사가 가진 독특한 가치와 비전이 적합한 청중과 만날 때, 단순한 거래를 넘어선 의미 있는 관계가 형성됩니다. 저희는 지난 10년간 100개이상의 브랜드와 함께 그런 의미 있는 연결을 만들어왔습니다. 오늘 저희가 제안해 드리는 것은 단순한 마케팅 캠페인이 아닌, 귀사의 진정한 가치가 빛날 수 있는 새로운 관계의 장을 여는 여정입니다…"

제안서 확장 체크리스트:

· [ ] 클라이언트의 더 큰 비전과 제안을 연결했는가?
· [ ] 업계의 더 넓은 트렌드와 맥락을 제시했는가?
· [ ] 기능적 결과뿐 아니라 감정적/전략적 결과도 설명했는가?
· [ ] 단기적 성과와 장기적 가능성을 모두 언급했는가?
· [ ] 협력 관계의 의미와 가치를 강조했는가?

제품/서비스 설명

제품이나 서비스를 설명할 때, 기능 나열이 아닌 가치와 의미를 전달하는 것이 확장을 만든다.

제한적 제품 설명: "저희 앱은 일일 명상 가이드, 수면을 위한 사운드, 스트레스 관리 기법을 제공합니다. 월 구독료는 9,900원입니다."

확장적 제품 설명: "현대인의 바쁜 일상 속에서, 마음의 평화를 찾고 내면의 목소리에 귀 기울일 시간을 만드는 것은 점점 더 어려워지고 있습니다. 저희 앱은 하루 5분부터 시작하는 마음의 여정을 통해, 당신이 외부의 소음 속에서도 내면의 균형을 유지할 수 있도록 돕습니다. 9,900원의 작은 투자로, 매일 스스로에게 선물하는 평화의 순간이자, 더 집중력 있고 균형 잡힌 삶을 향한 첫걸음입니다."

제품 설명 확장 프레임워크:

1. 현재 고객이 직면한 상황/문제 인정
2. 그 문제가 가진 더 깊은 의미나 영향 언급
3. 제품/서비스가 제공하는 변화와 가능성 설명
4. 기능보다 경험과 변화에 초점
5. 구매/사용 결정의 의미 재정의

피드백과 비판 대응

부정적 피드백이나 비판을 받을 때 확장 언어를 사용하면 방어나 갈등이 아닌 성장의 기회로 전환할 수 있다.

제한적 대응: "말씀하신 문제는 저희가 이미 인지하고 있으며, 다음 업데이트에서 수정할 예정입니다."

확장적 대응: "귀중한 피드백 감사합니다. 고객님의 관점은 저희가 미처 보지 못했던 중요한 측면을 이해하는 데 큰 도움이 됩

니다. 저희는 모든 피드백을 제품을 발전시키는 소중한 기회로 여기고 있으며, 말씀해 주신 부분은 다음 업데이트에 반영될 예정입니다. 더 나은 경험을 만들기 위한 여정에 함께해 주셔서 진심으로 감사드립니다."

피드백 대응 확장 템플릿:

1. 진심 어린 감사 표현
2. 피드백의 가치와 의미 인정
3. 더 큰 맥락에서 피드백의 중요성 설명
4. 구체적인 액션 플랜 공유
5. 지속적인、관계와 대화의 중요성 강조

확장 언어의 실천: 일상 루틴과 훈련

확장 언어는 하루아침에 습득되지 않는다. 일상적인 연습과 의식적인 노력이 필요하다. 다음 실천 방법을 통해 확장 언어를 자연스러운 습관으로 만들어보자.

1. 일일 확장 언어 일기

매일 5분 동안 당신의 비즈니스나 프로젝트에 대해 가장 확장적인 방식으로 설명하는 글을 작성하라. 다음 질문에 답하는 형식으로 진행할 수 있다:

· 내가 하는 일은 세상에 어떤 의미가 있는가?
· 내 제품/서비스는 사람들의 삶에 어떤 변화를 가져오는가?
· 내가 속한 분야는 어떤 더 큰 변화의 흐름 속에 있는가?
· 5년 후 내 일을 통해 어떤 세상을 만들고 싶은가?

2. 확장 언어 파트너 찾기

믿을 수 있는 동료나 친구와 확장 언어 파트너가 되어, 서로의 커뮤니케이션을 관찰하고 피드백을 주고받는다. 주 1회 15분간 다음 활동을 진행할 수 있다:

- 서로의 최근 비즈니스 설명이나 소개 내용 공유하기
- 각자의 표현 중 가장 제한적인 부분과 가장 확장적인 부분 찾기
- 더 확장적으로 바꿀 수 있는 구체적인 제안 주고받기

3. 확장 언어 스와이프 파일 만들기

영감을 주는 확장적 표현들을 모아두는 디지털 또는 물리적 파일을 만들어라. 다음 소스에서 좋은 표현들을 수집할 수 있다:

- 감명 깊은 TED 강연의 핵심 문구
- 영향력 있는 비즈니스 리더들의 인터뷰
- 성공적인 브랜드의 마케팅 메시지
- 영감을 주는 책이나 기사의 문장

매주 이 파일을 검토하고 자신의 커뮤니케이션에 적용할 수 있는 요소를 찾아보라.

4. 제한-확장 전환 연습

매일 당신이 자주 사용하는 표현 중 하나를 선택하여 제한적 언어에서 확장적 언어로 전환하는 연습을 하라. 다음 단계를 따를 수 있다:

1. 현재 사용하는 표현 적기
2. 그 표현에서 가장 제한적인 요소 식별하기
3. 5가지 확장 패턴(의미, 관계, 가능성, 맥락, 경험) 중 적용할 패턴 선택하기

4. 새로운 확장적 표현 만들기

5. 하루 동안 의식적으로 새 표현 사용하기

5. 확장 언어 30일 챌린지

30일 동안 매일 하나의 확장 언어 과제를 수행하는 챌린지를 시작하라. 예를 들면:

- 1일차: 자신의 직업을 가장 확장적으로 설명하기
- 2일차: 일상 제품 하나를 확장적 언어로 설명하기
- 3일차: 부정적 상황을 확장적 관점으로 재구성하기
- 4일차: 동료에게 확장적 피드백 주기
- 5일차: SNS 프로필을 확장적 언어로 업데이트하기
- …

사례 연구: 확장 언어로 비즈니스를 변화시킨 사람들

사례 이야기: 소규모 컨설팅 회사의 언어 혁명

서울의 작은 비즈니스 컨설팅 회사 '성장파트너스'의 이야기를 살펴보자. 김태호 대표는 10년간 중소기업 컨설팅을 해왔지만, 항상 대형 컨설팅 회사들과의 경쟁에서 어려움을 겪었다.

문제는 명확했다: 잠재 고객들은 종종 그의 회사를 "작은 컨설팅 회사" 또는 "저렴한 대안"으로 인식했다. 태호는 자신의 회사를 소개할 때 주로 이렇게 말했다:

"저희는 중소기업을 대상으로 경영 컨설팅 서비스를 제공합니다. 비즈니스 전략 수립, 프로세스 개선, 마케팅 전략 자문 등의 서비스를 제공하고 있습니다."

이렇게 소개하던 태호의 언어에는 확장성이 부족했다. 그의 회사

는 전문성과 열정이 있었지만, 그것을 표현하는 언어가 그 가치를 제대로 전달하지 못했던 것이다.

변화는 태호가 '확장 언어' 워크숍에 참여하면서 시작되었다. 그는 자신의 비즈니스를 설명하는 방식을 근본적으로 재구성했다.

새로운 소개는 이렇게 변했다:

"저희는 혁신의 씨앗을 품고 있지만 아직 그 잠재력을 완전히 발휘하지 못한 중소기업들과 함께합니다. 대기업처럼 풍부한 자원은 없지만, 오히려 그렇기에 더 창의적이고 민첩하게 움직일 수 있는 장점을 가진 기업들이죠. 저희는 이런 기업들이 자신만의 독특한 강점을 발견하고, 그것을 지속 가능한 성장 엔진으로 전환할 수 있도록 돕는 성장의 파트너입니다. 단순한 자문이 아닌, 함께 꿈꾸고 함께 실행하며 중소기업이 시장에서 독보적인 위치를 찾을 수 있도록 하는 여정을 함께합니다."

이 변화는 단순한 말의 변화를 넘어 태호와 그의 팀이 자신들의 일을 바라보는 관점 자체를 변화시켰다. 그들은 더 이상 "작은 컨설팅 회사"가 아니라 "중소기업의 잠재력을 발현시키는 전문가"로 스스로를 인식하기 시작했다.

결과는 놀라웠다:

1. 고객 인식의 변화: 잠재 고객들이 태호의 회사를 "저렴한 대안"이 아닌 "중소기업 특화 전문가"로 인식하기 시작했다.
2. 가격 프리미엄: 6개월 내 그들은 서비스 가격을 30% 인상할 수 있었고, 고객들은 그 가치를 기꺼이 인정했다.
3. 팀 의욕 고취: 팀원들은 자신들의 일에 더 큰 의미와 자부심을 느끼기 시작했다.
4. 네트워킹 효과: 업계 행사에서 태호의 소개를 들은 사람들이 자

발적으로 그를 다른 잠재 고객들에게 소개하기 시작했다.

5. 비즈니스 확장: 1년 후, 그들은 직원 수를 두 배로 늘리고, 새로운 서비스 라인을 추가할 수 있었다.

가장 놀라운 점은 이 모든 변화가 사업 모델이나 서비스 자체의 변화 없이, 오직 그것을 표현하는 '언어'의 변화만으로 시작되었다는 것이다.

확장 언어의 윤리와 진정성

확장 언어의 힘을 이해할 때, 그것을 윤리적이고 진정성 있게 사용하는 것이 중요하다. 확장 언어는 과장이나 기만이 아닌, 진실의 더 깊은 차원을 표현하는 도구다.

확장 언어의 윤리적 원칙

1. 진실성: 모든 확장적 표현은 검증 가능한 진실에 기반해야 한다.
2. 일관성: 말과 행동이 일치해야 한다.
3. 가치 중심: 단순한 마케팅 수단이 아닌, 진정한 가치와 비전을 전달해야 한다.
4. 상호 존중: 청중의 지성과 판단력을 존중해야 한다.
5. 지속적 발전: 확장 언어가 약속하는 비전을 향해 지속적으로 노력해야 한다.

말이 세상을 만든다

우리가 사용하는 언어는 단순한 소통 도구가 아니다. 그것은 우리가 인식하는 현실을 구성하고, 우리의 가능성을 정의하며, 다른 사람들과의 관계를 형성하는 강력한 창조 도구다.

확장은 항상 말에서 시작된다. 우리가 어떤 언어로 자신과 세상을 설명하느냐에 따라, 우리가 볼 수 있는 기회와 가능성의 범위가 결정된다.

오늘부터 당신의 언어가 스스로를 제한하는 울타리가 아닌, 새로운 세계로 연결되는 다리가 되게 하라. 당신이 하는 말 한마디가 당신의 비즈니스를 어떻게 확장시킬지, 어떤 새로운 관계를 만들어낼지, 어떤 전에 없던 가능성을 열어줄지 누구도 알 수 없다.

확장은 말에서 시작된다. 그리고 그 말은 당신에게서 시작된다.

12

관계는 많은데 확장이 안 되는 이유
- 연결과 확장의 차이

> "진정한 네트워크의 가치는 얼마나 많은 사람을 아는가가 아니라,
> 그 관계를 통해 얼마나 많은 가치를 창출하고 교환하는가에 있다." - 키스 페라지

명함 컬렉터의 난관

서른셋의 마케팅 전문가 정민수는 네트워킹의 달인이었다. 그의 스마트폰 연락처 목록에는 2,000명이 넘는 사람들의 정보가 저장되어 있었고, 명함 꽂이는 다양한 업계 사람들의 명함으로 가득했다. 그는 모든 업계 이벤트와 모임에 빠짐없이 참석했고, 매번 최소 5명 이상의 새로운 사람들과 명함을 교환했다.

그런데 문제가 있었다. 이 많은 '관계'에도 불구하고, 민수의 비즈니스는 정체되어 있었다. 새로운 클라이언트는 좀처럼 늘지 않았고, 협업 제안도 드물었으며, 소개를 통한 확장은 거의 일어나지 않았다.

어느 날 민수는, 같은 업계에서 일하는 유진을 우연히 만났다. 유진은 민수보다 연락처는 훨씬 적었지만, 그녀의 비즈니스는 꾸준히 성장하고 있었다. 새로운 기회가 자연스럽게 그녀에게 흘러들어왔고, 클라이언트들이 다른 클라이언트를 소개해 주는 일이 빈번했다.

"어떻게 그렇게 많은 기회를 얻는 거지?" 민수가 물었다.

유진의 대답은 간단했다. "나는 명함을 모으는 데 집중하지 않아. 관계를 키우는 데 집중하지."

이 대화는 민수에게 큰 깨달음을 주었다. 그는 '연결'과 '확장'이 전혀 다른 개념임을 이해하기 시작했다.

연결과 확장, 그 결정적 차이

많은 사람들이 '많은 사람을 아는 것'과 '확장되는 네트워크를 갖는 것'을 동일시한다. 그러나 이 둘 사이에는 근본적인 차이가 있다.

연결과 확장의 특성 비교

연결 (Connection)	확장 (Expansion)
양적 관계 (몇 명을 아는가)	질적 관계 (얼마나 깊은 관계인가)
정보 교환 중심	가치 교환 중심
단발성 만남과 접촉	지속적인 관계 구축과 발전
일방적 이익 추구	상호 성장과 기회 창출
'알고 있는 사람' 확보	'함께 성장하는 커뮤니티' 구축
표면적 접점	다층적 연결
명함 수집	관계 투자

사례 이야기: 두 프리랜서의 대조적인 접근법

프리랜서 디자이너로 일하는 서현과 지민의 이야기를 비교해 보자.

서현의 '연결' 중심 접근법: 서현은 많은 사람들과 연락처를 교환하는 데 집중했다. 그녀는 거의 모든 네트워킹 이벤트에 참석했고, 소셜미디어에서도 활발하게 활동하며 가능한 한 많은 '연결'을 만들려고 노력했다. 그러나 이런 관계들은 대부분 표면적이었다. 한 번 만난 후 후속 연락을 거의 하지 않았고, 관계를 깊게 발전시키기보다는 새로운 연락처를 추가하는 데 더 관심이 있었다.

지민의 '확장' 중심 접근법: 반면 지민은 매달 최대 2~3명의 새로운 사람들만 만났지만, 그 관계를 진정성 있게 발전시키는 데 집중했다. 그는 단순히 자신의 서비스를 홍보하는 것이 아니라, 상대방의 니즈와 도전 과제를 깊이 이해하려고 노력했다. 처음 만난 이후에도 가치 있는 정보나 리소스를 정기적으로 공유하며 관계를 유지했고, 직접적인 비즈니스 기회가 없더라도 상대방에게 도움이 될 수 있는 다른 연결을 만들어주었다.

1년 후의 결과: 서현은 500개 이상의 명함과 연락처를 모았지만, 실제 프로젝트로 이어진 것은 5개에 불과했다. 반면 지민은 30명 정도의 깊은 관계만 구축했지만, 15개의 새로운 프로젝트를 얻었고, 그중 10개는 소개를 통한 것이었다. 더 중요한 것은, 지민의 네트워크가 자발적으로 확장되기 시작했다는 점이다. 그의 클라이언트와 파트너들이 적극적으로 그를 다른 사람들에게 소개했고, 그가 직접 노력하지 않아도 새로운 기회가 계속 찾아왔다.

왜 많은 관계가 확장으로 이어지지 않는가?

많은 프로페셔널과 기업가들이 광범위한 네트워크를 구축하지만 진정한 확장을 경험하지 못하는 이유를 살펴보자.

1. 깊이 없는 관계에는 신뢰가 부족하다

단순한 연결은 일반적으로 표면적 수준에 머물러 있어 진정한 신뢰를 구축하기 어렵다. 신뢰 없이는 의미 있는 소개나 협업이 발생하기 어렵다.

신뢰 구축 자가 진단 체크리스트:

당신의 관계에서 신뢰 수준을 평가해 보세요:

- [ ] 내 연락처 목록에 있는 사람 중 내가 직업적 능력 외에 개인적 가치관이나 열정을 아는 사람의 비율은?
- [ ] 지난 6개월간 전문적 조언이나 피드백을 요청할 만큼 충분히 신뢰하는 사람은 몇 명인가?
- [ ] 내가 위기 상황에 처했을 때 기꺼이 도움을 제공할 것이라고 확신하는 연락처는 몇 개인가?
- [ ] 나의 추천이나 소개만으로 다른 사람에게 기회를 제공할 만큼 나를 신뢰하는 사람은 몇 명인가?
- [ ] 정기적으로 (최소 분기에 한 번) 의미 있는 대화를 나누는 비즈니스 관계는 몇 개인가?

2. 일방적 관계는 지속되지 않는다

많은 네트워킹 접근법은 "이 사람이 나에게 어떤 도움이 될까?"라는 질문에 집중한다. 이런 일방적 접근은 지속 가능한 관계로 발전하기 어렵다.

관계의 균형 평가 워크시트:

주요 비즈니스 관계 5개를 선택하고 다음 질문에 답해보세요:

관계	최근 6개월간 내가 제공한 가치	최근 6개월간 내가 받은 가치	균형 점수 (1~10)	개선 계획

3. 관계 유지와 발전에 투자하지 않는다

많은 사람들이 새로운 연결을 만드는 데는 열정적이지만, 기존 관계를 발전시키고 유지하는 데 필요한 시간과 에너지를 투자하지 않는다.

관계 투자 분석:

당신의, 관계 관리 시간을 분석해 보세요:
- 새로운 연락처를 만드는 데 쓰는 월간 시간: ___ 시간
- 기존 관계를 유지하고 발전시키는 데 쓰는 월간 시간: ___ 시간
- 이상적인 비율 (40:60, 새로운 연결 VS 관계 발전)
- 현재 나의 비율: _____
- 조정이 필요한 부분: _____

4. 관계의 다층적 측면을 무시한다

진정한 확장은 다층적인 관계에서 비롯된다. 단순히 비즈니스 측

면만 고려하는 것은 관계의 깊이와 지속성을 제한한다.

관계의 다층성 체크리스트:

핵심 비즈니스 관계 3개를 선택하고 다음 차원에서 연결 정도를 평가해보세요 (1-5점):

관계	전문적 연결	가치관적 연결	개인적 관심사 연결	공동 목표/ 비전 연결	감정적 연결	총점 (25점 만점)

5. 확장 가능한 가치 교환 시스템이 없다

확장은 지속적인 가치 교환이 있을 때 자연스럽게 일어난다. 많은 사람들이 일회성 가치 교환에만 집중하고, 장기적이고 확장 가능한 가치 교환 시스템을 구축하지 않는다.

가치 교환 시스템 설계 템플릿:

당신이 정기적으로 제공할 수 있는 가치의 유형을 정의하세요:
1. 정보적 가치: _____ (예: 업계 트렌드 분석, 전문 지식 공유)
2. 연결적 가치: _____ (예: 유용한 연락처 소개, 협업 기회 창출)
3. 자원적 가치: _____ (예: 도구, 템플릿, 방법론 공유)
4. 감정적 가치: _____ (예: 멘토링, 응

원, 공감)

5. 전략적 가치: _____ (예: 비전 수립 도움,
문제 해결 지원)

연결에서 확장으로: 관계의 질적 전환 프레임워크

이제 단순한 연결에서 진정한 확장으로 전환하기 위한 구체적인
프레임워크를 살펴보자.

1단계: 관계 포트폴리오 평가 및 재구성

모든 투자 포트폴리오와 마찬가지로, 관계 포트폴리오도 전략적
으로 관리해야 한다. 현재 관계의 질과 잠재력을 객관적으로 평가
하는 것부터 시작하자.

관계 포트폴리오 매트릭스:

주요 비즈니스 관계를 다음 두 가지 축으로 평가해 보세요:

· 수직축: 현재 관계의 깊이 (표면적 ↔ 깊은)

· 수평축: 미래 확장 잠재력 (제한적 ↔ 높은)

이를 통해 네 가지 카테고리의 관계를 식별할 수 있습니다:

1. 전환 관계 (표면적 + 높은 잠재력): 더 깊은 관계로 발전시킬
우선순위가 높은 관계

2. 핵심 관계 (깊은 + 높은 잠재력): 집중적으로 육성하고 확장해
야 할 가장 가치 있는 관계

3. 유지 관계 (깊은 + 제한적 잠재력): 현재 수준으로 유지하면서
가치를 교환하는 관계

4. 재평가 관계 (표면적 + 제한적 잠재력): 투자를 줄이거나 관계
의 성격을 재정의해야 할 관계

2단계: 관계의 깊이 구축하기

선별된 핵심 관계와 전환 관계에 대해, 단순한 '아는 사이'에서 '의미 있는 관계'로 발전시키는 전략을 구현하라.

관계 깊이 구축 전략:

1. 맥락적 관심 보이기: 단순한 인사나 근황 묻기를 넘어, 상대 방의 현재 프로젝트, 도전 과제, 성취에 대한 구체적인 관심 을 보이세요.

   예시 메시지:

   "안녕하세요, 지난번 미팅에서 언급하셨던 해외 시장 진출 프로젝트는 어떻게 진행되고 있나요? 특히 관심 있으셨던 동남아시아 시장 반응은 어떤가요?"

2. 가치 먼저 제공하기: 뭔가를 요청하기 전에, 먼저 상대방에 게 가치를 제공하는 습관을 들이세요.

   실천 아이디어:

   o 관련 있는 유용한 기사나 리포트 공유

   o 상대방의 관심사나 프로젝트와 연관된 연락처 소개

   o 상대방의 업무나 비즈니스에 도움이 될 수 있는 도구나 자원 추천

   o 소셜미디어에서 상대방의 콘텐츠를 의미 있게 공유하거 나 코멘트하기

3. 의미 있는 후속 소통 체계 만들기: 일회성 만남이 아닌, 지 속적인 관계로 발전시키기 위한 체계적인 후속 소통 계획을 세우세요.

후속 소통 템플릿:

- o 첫 만남 후 48시간 이내: 감사 메시지와 구체적인 인사이트 공유
- o 1주일 후: 가치 있는 리소스 공유와 함께 가벼운 근황 문의
- o 1개월 후: 특정 주제에 대한 인사이트나 생각을 요청하는 메시지
- o 분기별: 직접 만남이나 화상 커피챗으로 관계 깊이 구축
- o 반기별: 상대방의 중요한 이슈나 프로젝트에 대한 후속 점검

3단계: 상호 가치 창출 시스템 구축하기

진정한 확장은 단순한 주고받음이 아닌, 지속적으로 새로운 가치를 함께 창출할 때 발생한다. 이를 위한 의도적인 시스템을 설계하라.

가치 창출 루프 설계 워크시트:

1. 정기적 가치 교환 기회 만들기:
   - o 월간 인사이트 교환 세션
   - o 분기별 상호 피드백 나눔
   - o 반기별 협업 아이디어 브레인스토밍
2. 공동 관심사 프로젝트 발굴:
   - o 함께 해결하고 싶은 업계 문제:
   - o 공동으로 탐구하고 싶은 새로운 트렌드:
   - o 함께 기여할 수 있는 커뮤니티/이슈:
3. 상호 성장 지원 시스템:
   - o 서로의 성장 목표 공유 방법:
   - o 정기적 진전 체크인 일정:

o 서로에게 제공할 수 있는 자원과 지원:

4단계: 관계의 확장 촉진하기

강력한 관계가 구축되면, 그 관계가 자연스럽게 새로운 관계로 확장될 수 있도록 의도적인 전략을 구현하라.

관계 확장 촉진 전략:

1. 전략적 소개 시스템: 단순한 무작위 소개가 아닌, 양쪽 모두에게 명확한 가치가 있는 의도적인 소개를 설계하세요.

   전략적 소개 템플릿:

   [수신자 이름]님께,

   [소개하려는 사람] 님을 소개해 드리고 싶습니다. [구체적인 연결 이유와 양측에 어떤 가치가 있을지].

   [첫 번째 사람] 님은 [구체적인 강점과 배경]를 가지고 있으며, [두 번째 사람] 님은 [구체적인 강점과 배경]에 전문성이 있습니다.

   서로 이야기를 나누면 [구체적인 잠재적 결과나 협업 가능성]에 관해 의미 있는 대화가 이루어질 것이라 생각합니다.

   양쪽 모두 관심이 있다면, 함께 커피 한 잔 하는 자리를 마련해 드리겠습니다.

2. 공유 경험 창출하기: 관계 네트워크 내에서 의미 있는 공유 경험을 만들어 자연스러운 연결과 확장이 일어날 수 있는 환경을 조성하세요.

   실행 아이디어:

   o 소규모 마스터마인드 그룹 형성

   o 특정 주제에 관한 비공개 라운드테이블 토론 주최

o 공통 관심사를 가진 사람들을 위한 학습 모임 조직

o 함께 콘퍼런스나 워크숍 참석하기

3. 관계의 자산화: 구축한 관계를 단순한 개인적 연결이 아닌, 모두에게 가치를 제공하는 자산으로 발전시키세요.

실행 방법:

o 전문 지식을 공유하는 공동 콘텐츠 제작

o 정기적인 업계 인사이트 교환 포럼 구축

o 상호 학습을 위한 케이스 스터디 공유 시스템

o 집단 지성을 활용한 문제 해결 네트워크 구축

5단계: 관계 생태계의 자생적 성장 지원하기

진정한 확장은 당신이 직접 관리하지 않아도 자연스럽게 성장하는 관계 생태계를 만드는 것이다. 이를 위한 환경과 문화를 조성하라.

관계 생태계 조성 전략:

1. 관대함의 문화 심기: 소개, 도움, 지원을 주저 없이 제공하는 문화를 의도적으로 만들고 모델링하세요.

2. 집단적 풍요의 마인드셋 촉진: 제로섬 게임이 아닌, 모두가 함께 성장할 수 있다는 관점을 공유하고 강화하세요.

3. 자율적 연결 장려하기: 당신을 통하지 않고도 네트워크 내에서 자유롭게 새로운 연결이 형성될 수 있도록 권장하고 지원하세요.

4. 네트워크의 다양성 확보하기: 다양한 배경, 산업, 관점을 가진 사람들이 포함된 네트워크를 구축하여 창의적인 연결과 혁신이 일어날 수 있는 토양을 마련하세요.

5. 공유 목적 중심의 커뮤니티 형성: 단순한 개인적 이익을 넘어, 공동의 가치와 목적을 중심으로 한 커뮤니티 의식을 발전시키세요.

사례 연구: 관계를 확장으로 전환한 기업가

사례 이야기: '명함 수집가'에서 '관계 생태계 구축자'로의 변화

서울에서 작은 디자인 스튜디오를 운영하는 김성준의 이야기를 살펴보자. 성준은 처음에 전형적인 '명함 수집가'였다. 모든 네트워킹 이벤트에 참석하여 최대한 많은 명함을 모으는 것을 목표로 했다. 그의 연락처 목록은 인상적으로 많았지만, 실제로 그의 비즈니스는 정체되어 있었다.

변화의 계기:

어느 날 성준은 한 비즈니스 멘토링 세션에서 충격적인 질문을 받았다: "당신의 연락처 중에서 오늘 밤 11시에 도움을 요청해도 기꺼이 응해줄 사람은 몇 명이나 되나요?" 성준은 2,000개가 넘는 연락처를 가지고 있었지만, 그런 관계는 5명이 채 되지 않았다.

전환 과정:

이 깨달음 후, 성준은 자신의 네트워킹 접근법을 근본적으로 바꾸기로 결심했다. 그가 취한 단계는 다음과 같다:

1. 관계 포트폴리오 정리: 성준은 자신의 모든 연락처를 평가하여 진정한 관계로 발전시킬 가능성이 있는 50명을 선별했다. 나머지는 일단 관계 유지에 최소한의 노력만 투자하기로 했다.

2. 깊이 있는 관계 구축에 집중: 선별된 50명과의 관계를 깊게 발전시키기 위해, 성준은 매주 3~5명에게 가치 있는 정보나 리소스를 공유하는 개인화된 메시지를 보냈다. 그는 단순한 인사가

아닌, 그들의 현재 프로젝트나 관심사와 관련된 구체적인 내용을 담았다.

3. 정기적인 가치 제공 시스템 구축: 성준은 "월간 디자인 인사이트"라는 고품질 뉴스레터를 만들었다. 이것은 단순한 마케팅 도구가 아니라, 진정으로 가치 있는 업계 트렌드 분석과 창의적 영감을 제공했다. 그는 각 수신자에게 개인화된 노트를 추가하여 관련성을 높였다.

4. 소규모 가치 집중 모임 조직: 대규모 네트워킹 이벤트 참석 대신, 성준은 6~8명의 상호 보완적인 전문가들을 모아 격월로 "디자인 씽킹 저녁"이라는 모임을 주최했다. 이 모임에서는 업계 과제에 대한 깊이 있는 대화와 협업 가능성을 탐색했다.

5. 관계의 자산화: 성준은 자신의 네트워크를 활용하여 "디자인 생태계 보고서"라는 연간 프로젝트를 시작했다. 그는 다양한 전문가들의 인사이트를 모아 포괄적인 업계 동향 보고서를 만들었다. 이 프로젝트는 모든 참여자에게 가시성과 권위를 제공했다.

결과 :

18개월 후, 성준의 비즈니스와 네트워크는 완전히 달라졌다:

1. 자연스러운 확장: 그의 핵심 관계 네트워크는 50명에서 120명으로 성장했지만, 이는 그가 의도적으로 확장한 것이 아니라 기존 관계들을 통해 자연스럽게 이루어졌다.

2. 소개 기반 비즈니스: 신규 프로젝트의 70%가 소개를 통해 들어오게 되었습니다. 그는 더 이상 영업에 많은 시간을 쓸 필요가 없었다.

3. 협업 기회 증가: 깊은 관계를 통해 다양한 협업 프로젝트가 자연스럽게 발생했고, 이는 그의 비즈니스 영역을 확장시켰다.

4. 프리미엄 포지셔닝: 단순한 서비스 제공자가 아닌, 가치 있는 네트워크를 가진 전략적 파트너로 인식되면서, 그의 서비스 가격은 40% 상승했다.
5. 자생적 커뮤니티 형성: 그가 시작한 소규모 모임은 자체적인 동력을 얻어 그의 직접적인 관리 없이도 지속되고 확장되는 커뮤니티로 발전했다.

성준의 사례는 단순한 '연결'에서 진정한 '확장'으로 전환할 때 일어나는 근본적인 변화를 보여준다. 그는 더 많은 시간과 에너지를 투자하지 않고도, 오히려 더 효과적으로 집중함으로써 더 큰 결과를 얻었다.

관계를 확장으로 전환하기 위한 일상 실천법

확장을 만드는 관계 구축은 일상적인 습관과 루틴을 통해 이루어집니다. 다음 실천 방법을 통해 점진적으로 연결에서 확장으로 전환해보세요.

일일 실천법

1. 관계 투자 시간 확보하기: 하루 15~20분을 '관계 투자 시간'으로 지정하여 의미 있는 소통에 집중하세요.
2. 가치 노트 작성하기: 매일 한 명의 중요한 관계를 선택하여 그 사람에게 어떤 가치를 제공할 수 있을지 구체적으로 기록하세요.
3. 감사와 인정 표현하기: 매일 한 명에게 구체적인 감사와 인정의 메시지를 보내는 습관을 들이세요.

주간 실천법

1. '5:3:1' 관계 관리 시스템: 매주 5명에게 가치 있는 정보나 리소스 공유, 3명과 짧은 체크인 통화, 1명과 깊이 있는 만남을 가지세요.
2. 전략적 소개 계획: 매주 두 사람을 서로에게 도움이 될 수 있도록 의도적으로 연결해 주세요.
3. 관계 회고 세션: 매주 30분을 할애하여 관계 포트폴리오를 검토하고, 다음 주의 관계 발전 계획을 수립하세요.

월간 실천법

1. 깊이 있는 관계 집중 개발: 매월 1~2개의 핵심 관계를 선정하여 특별히 깊이 있게 발전시키는 데 집중하세요.
2. 가치 창출 콘텐츠 개발: 매월 네트워크에 진정한 가치를 제공할 수 있는 통찰력 있는 콘텐츠를 개발하세요.
3. 관계 생태계 분석: 매월 자신의 관계 생태계를 시각화하고 분석하여 패턴, 격차, 기회를 파악하세요.

연결 너머의 확장

많은 관계를 갖는 것은 끝이 아니라 시작에 불과하다. 진정한 확장은 단순히 많은 사람을 아는 것에서 오지 않고, 그 관계 속에서 어떤 의미와 가치를 창출하는가에서 온다.

확장은 단순한 숫자의 게임이 아니다. 그것은 질적 전환의 여정이다. 표면적 접촉에서 깊은 신뢰로, 일회성 거래에서 지속적인 가치 교환으로, 개인 네트워크에서 생태계로의 전환이다.

당신의 비즈니스 카드 홀더에 있는 명함의 숫자가 아니라, 당신이 진정으로 영향을 미치고 함께 성장하는 관계의 깊이가 당신의 진정한 네트워크 자산이다.

오늘부터 자문해 보자: "나는 단순히 연결을 모으고 있는가, 아니면 의미 있는 확장을 만들고 있는가?"

확장의 여정은 더 많은 관계를 추구하는 것이 아니라, 현재의 관계에 더 깊은 의미와 가치를 불어넣는 것에서 시작된다. 그리고 그 여정은 당신뿐만 아니라, 당신과 연결된 모든 사람을 함께 성장시키는 여정이 될 것이다.

제4장

비즈니스는 넓히는 구조다

성장은 개인의 힘, 확장은 구조의 힘

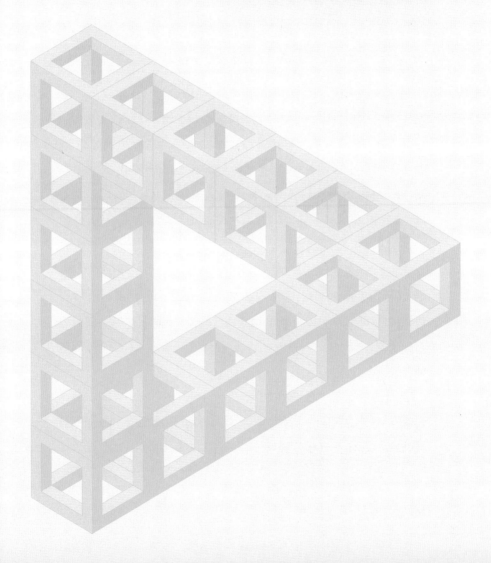

개인은 성장하지만, 구조는 확장된다

서울 강남의 한 거리에는 두 개의 카페가 나란히 자리하고 있었다.

왼쪽의 '커피장인'은 정원석 대표가 5년 전 오픈한 카페였다. 정 대표는 바리스타 대회 우승 경력이 있는 커피 전문가로, 최고급 원두만을 사용하여, 손님 한 명 한 명에게 정성을 담아 커피를 내렸다. 그의 커피는 입소문을 타고 유명해졌고, 주말이면 줄을 서서 기다리는 손님들로 북적였다.

오른쪽의 '콜렉티브 커피'는 이지현 대표가 3년 전에 오픈한 카페였다. 지현은 커피에 대한 깊은 지식은 없었지만, 비즈니스 감각이 뛰어났다. 그녀는 유능한 바리스타들을 고용하고, 매뉴얼화된 시스템을 구축했다. 지현의 카페도 금세 인기를 얻었고, 안정적인 매출을 올리고 있었다.

두 사람은 종종 서로의 카페를 방문하며 친구가 되었다. 그들은 커피에 대한 열정과 사업에 대한 의지를 공유했지만, 비즈니스를 바라보는 관점은 크게 달랐다.

위기의 순간

어느 봄날, 두 카페 모두에게 위기가 찾아왔다. 코로나19의 여파로 매장을 찾는 손님이 급감했고, 임대료와 인건비는 여전히 부담으로 남아있었다.

정원석은 이 위기를 극복하기 위해 더 열심히 일했다. 그는 영업시간을 늘리고, 더 다양한 메뉴를 개발했으며, 심지어 직접 배달까지 나섰다. 그의 헌신적인 노력 덕분에 '커피장인'은 간신히 버틸수 있었다.

반면, 이지현은 완전히 다른 접근법을 취했다. 그녀는 매장 운영을 잠시 축소하는 대신, 시스템을 재구성하는 데 집중했다. 온라인 주문 시스템을 구축하고, 구독 모델을 도입했으며, 간단히 만들 수있는 드립백 커피를 출시했다.

3개월 후, '콜렉티브 커피'는 코로나 이전보다 더 많은 매출을 올리기 시작했다. 반면 '커피장인'은 여전히 생존을 위해 고군분투하고 있었다.

성장과 확장의 갈림길

어느 날 저녁, 두 사람은 영업을 마치고 와인 한 잔을 나누며 이야기를 나눴다.

"어떻게 이 위기 속에서 오히려 성장할 수 있었어?" 정원석이 물었다.

이지현은 미소를 지었다. "나는 성장이 아니라 확장에 집중했어."

"그게 무슨 차이지?"

"성장은 개인의 힘이야. 더 열심히 일하고, 더 많은 시간을 투자하고, 더 많은 기술을 습득하는 거지. 반면 확장은 구조의 힘이야.

시스템과 프로세스를 만들어내 존재 없이도 비즈니스가 돌아가게 하는 거야.”

정원석은 잠시 생각에 잠겼다. 그는 '커피장인'의 모든 것이었다. 그가 없으면 카페는 문을 열 수 없었다. 반면, '콜렉티브 커피'는 이지현이 휴가를 가도 문제 없이 운영되었다.

“내가 정작 매장에 없어도 비즈니스가 돌아가는 구조를 만들었기 때문에, 나는 새로운 기회를 탐색하고 시스템을 개선하는 데 시간을 쓸 수 있었어.” 이지현이 설명했다.

구조의 힘

이 대화 이후, 정원석은 자신의 비즈니스 모델을 재고하기 시작했다. 그는 바리스타로서의 자신의 기술과 지식을 매뉴얼화하고, 다른 직원들에게 전수하기 시작했다.

처음에는 쉽지 않았다. 그는 커피를 내리는 각 단계를 세분화하고, 누구나 따라 할 수 있도록 표준화해야 했다. 그리고 가장 어려운 부분은 완벽주의를 내려놓는 것이었다.

“100% 내 손으로 만든 커피의 품질을 유지할 수는 없겠지만, 90%의 품질로 10배 더 많은 사람들에게 커피를 제공할 수 있다면 어떨까?” 그는 자문했다.

6개월 후, '커피장인'은 완전히 달라져 있었다. 정원석은 더 이상 매일 매장에 있지 않았지만, 카페는 그의 철학과 기준에 따라 원활하게 운영되고 있었다. 그는 이제 새로운 메뉴 개발과 바리스타 교육에 집중할 수 있었다.

한편, 이지현의 '콜렉티브 커피'는 두 번째 매장을 오픈했다. 첫 번째 매장에서 구축한 시스템을 그대로 복제하여, 동일한 경험과 품질을 제공할 수 있었다.

구조가 만드는 기회

1년 후, 두 사람은 다시 만났다. 이번에는 '커피장인'의 새로운 로스팅 공장에서였다.

"와, 이제 직접 원두까지 로스팅하는구나!" 이지현이 감탄했다.

정원석은 미소를 지었다. "네 조언을 따른 덕분이야. 매장 운영을 시스템화하니, 내가 정말 하고 싶었던 일에 집중할 시간이 생겼어. 이제 우리는 카페뿐 아니라, 다른 카페에 원두를 공급하는 사업까지 시작했어."

"그게 바로 구조의 힘이야." 이지현이 말했다. "개인의 성장은 한계가 있어. 아무리 열심히 일해도, 하루는 24시간이고, 한 사람이 할 수 있는 일에는 제한이 있지. 하지만 구조는 무한히 확장될 수 있어."

정원석은 고개를 끄덕였다. "맞아. 그리고 가장 놀라운 점은, 내가 더 이상 매일 커피를 내리지 않게 되면서 오히려 커피에 대한 열정이 더 커졌다는 거야. 번아웃 없이 내가 진정으로 가치를 더할 수 있는 부분에 집중할 수 있게 됐어."

이지현은 자신의 이야기도 나눴다. "우리는 이제 5개의 매장을 운영하고 있어. 각 매장은 동일한 시스템으로 운영되지만, 지역 특성에 맞게 약간씩 조정했어. 그리고 최근에는 커피 구독 서비스가 전체 매출의 30%를 차지하고 있어."

확장의 예술

그로부터 2년 후, '커피장인'과 '콜렉티브 커피'는 국내 최고의 커피 브랜드로 성장했다.

정원석의 '커피장인'은 고급 원두 공급과 바리스타 교육으로 유명해졌다. 그는 전국의 커피 애호가들을 위한 마스터클래스를 진행했고, 그의 원두는 최고급 레스토랑과 호텔에서 사용되었다.

이지현의 '콜렉티브 커피'는 20개의 직영점과 50개의 가맹점을 보유한 프랜차이즈로 발전했다. 그녀는 또한 편의점에서 판매되는 RTD(Ready to Drink) 커피 라인을 출시했고, 이는 큰 성공을 거두었다.

두 사람은 서로 다른 길을 걸었지만, 둘 다 '비즈니스는 넓히는 구조'라는 철학을 자신만의 방식으로 구현했다.

한 산업 콘퍼런스에서 연사로 초청받은 자리에서, 정원석은 자신의 여정을 이렇게 요약했다:

"처음에 나는 내가 바리스타이기 때문에 커피 비즈니스를 한다고 생각했어요. 하지만 이제 나는 커피에 대한 나의 열정과 지식을 더 많은 사람들과 나누기 위해 비즈니스 구조를 만든다는 것을 깨달았습니다. 성장은 개인의 힘으로 이루어지지만, 확장은 구조의 힘으로 이루어집니다."

같은 콘퍼런스에서 이지현은 이렇게 덧붙였다:

"비즈니스의 진정한 성공은 창업자 없이도 작동할 수 있을 때 이루어집니다. 개인은 성장하지만, 시스템은 확장됩니다. 우리가 만든 구조가 우리의 비전을 계속해서 실현할 때, 그것이 바로 확장의 아름다움입니다."

확장의 원리

정원석과 이지현의 이야기는 성장과 확장의 차이를 명확히 보여준다. 성장이 개인의 노력과 능력에 의존한다면, 확장은 시스템과 구조에 의존한다.

그들의 경험에서 우리는 비즈니스 확장을 위한 몇 가지 핵심 원칙을 배울 수 있다:

1. 자동화와 체계화: 반복적인 작업은 시스템화하라. 당신의 지식과 경험을 매뉴얼과 프로세스로 전환하라.
2. 위임과 신뢰: 모든 것을 직접 하려고 하지 말고, 다른 사람들에게 권한을 부여하라. 완벽한 통제보다 확장 가능한 위임이 중요하다.
3. 핵심 역량에 집중: 당신이 진정으로 가치를 더할 수 있는 영역에 시간과 에너지를 집중하라. 나머지는 시스템이 처리하도록 하라.
4. 유연성과 적응력: 시장 변화에 빠르게 대응할 수 있는 구조를 만들어라. 위기는 종종 혁신의 기회가 된다.
5. 장기적 비전: 당장의 매출보다 지속 가능한 확장에 초점을 맞추어라. 구조를 구축하는 것은 시간이 걸리지만, 그 보상은 훨씬 크다.

성장만으로는 한계가 있다. 아무리 열심히 일해도, 하루는 24시간이고, 개인의 체력과 능력에는 한계가 있다. 하지만 확장은 그 한계를 넘어설 수 있게 해준다. 잘 설계된 구조는 당신의 비전과 가치를 당신 없이도 전달할 수 있다.

결국, 진정한 비즈니스의 성공은 창업자나 리더가 없어도 작동하는 시스템을 구축하는 것이다. 그것이 바로 '비즈니스는 넓히는 구조'라는 말의 본질이다. 개인은 성장하지만, 구조는 확장된다.

당신의 비즈니스는 어떤가? 당신의 존재에 의존하는 성장 모델인가, 아니면 당신 없이도 작동하는 확장 구조인가? 이 질문에 대한 답이 당신의 비즈니스 미래를 결정할 것이다.

13

작지만 멀리 가는 브랜드의 비밀
– 확장 설계의 힘

"규모가 크다고 영향력이 큰 것은 아니다. 올바른 설계가 있다면,
작은 배도 대양을 건널 수 있다." – 시모네 화이트

동네 빵집에서 글로벌 브랜드로

서울 연남동의 작은 골목에 위치한 '오븐홈'은 처음에는 단지 10평 남짓한 소박한 동네 빵집에 불과했다. 오너 베이커 김하나는 그저 자신이 좋아하는 천연 발효 빵을 만들고 싶어 가게를 열었다. 처음 몇 달간은 손님이 거의 없어 문을 닫을 위기에 처하기도 했다.

5년이 지난 지금, '오븐홈'은 여전히 같은 위치의 작은 가게를 유지하고 있지만, 상황은 완전히 달라졌다. 하나의 직원은 단지 7명에 불과하지만, 그녀의 브랜드는 전 세계 26개국에서 알려져 있다. 그녀의 천연 발효 베이킹 클래스는 온라인으로 전 세계 7,000명 이상의 수강생을 보유하고 있으며, 그녀가 개발한 베이킹 도구는 글로벌 셰프들 사이에서 필수 아이템으로 자리 잡았다. 또한 그녀의 첫 책은 8개 언어로 번역되었고, 인스타그램 팔로워는 50만 명을 넘어섰다.

놀라운 것은, 이 모든 확장이 불과 7명의 작은 팀으로 이루어졌

다는 점이다. 김하나는 애초에 가게를 크게 키우는 것보다, 자신의 철학과 가치가 멀리 퍼져나갈 수 있는 '확장 가능한 구조'를 설계하는 데 집중했다.

그녀의 비밀은 무엇이었을까? 어떻게 이렇게 작은 팀으로 전 세계적인 영향력을 만들어낼 수 있었을까?

크기와 확장의 근본적 차이

많은 사람들은 '큰 브랜드'와 '확장된 브랜드'를 동일시한다. 그러나 이 둘은 근본적으로 다른 개념이다.

큰 브랜드 vs 확장된 브랜드

큰 브랜드	확장된 브랜드
직원 수, 매장 수, 매출액으로 측정	영향력, 도달 범위, 가치 전파로 측정
수직적 확대 (더 많은 리소스 투입)	수평적 확장 (더 효율적인 시스템 설계)
통제 중심 (모든 요소 직접 관리)	영향력 중심 (핵심 요소에 집중)
단일 비즈니스 모델에 집중	다양한 확장 경로 구축
내부 역량 확대 추구	외부 네트워크 활용
선형적 성장 (투입 = 산출)	지수적 확장 (시스템이 성장 주도)

사례 비교: 두 베이커리의 다른 접근법

A 베이커리 (규모 중심):

· 10년간 30개 지점으로 확장
· 직원 300명 고용
· 중앙 공장에서 생산 후 각 지점에 배송
· 표준화된 제품만 제공
· 직영 매장 운영에 집중

B 베이커리 (확장 중심):

- 본점 1개 매장 유지
- 핵심 팀 12명 운영
- 레시피 콘텐츠와 온라인 교육 플랫폼 구축
- 시그니처 베이킹 키트 개발 및 글로벌 배송
- 프랜차이즈 대신 '베이킹 마스터' 인증 프로그램 운영
- 팬 커뮤니티를 통한 레시피 공유 및 확산

같은 10년이 지난 후, A 베이커리는 연 매출 100억 원의 지역 체인으로 성장했지만, B 베이커리는 매출 80억 원에 직원은 12명뿐이지만 전 세계 22개국에서 인정받는 브랜드가 되었다.

확장 설계의 5가지 핵심 원칙

작지만 멀리 가는 브랜드들은 특별한 '확장 설계'를 가지고 있다. 이러한 브랜드들이 공통으로 적용하는 5가지 핵심 원칙을 살펴보자.

1. 핵심 철학의 명확한 코드화

확장되는 브랜드는 자신만의 철학과 접근법을 명확하고 전달 가능한 '코드'로 정의한다. 이것은 브랜드의 DNA로, 어디로 확장하든 일관성을 유지하게 해준다.

실행 방법:

철학 코드화 워크시트:

요소	질문	당신의 답변
핵심 믿음	당신 브랜드의 근본적인 믿음은 무엇인가?	
차별화 원칙	어떤 원칙이 당신을 경쟁자와 구분하는가?	

요소	질문	당신의 답변
타협 불가 요소	절대 타협하지 않을 핵심 가치는?	
독특한 접근법	다른 방식으로 접근하는 특별한 방법은?	
정의하는 특성	당신의 브랜드를 한 문장으로 정의한다면?	

사례 이야기:

오븐홈의 김하나는 '자연이 만든 맛을 인간이 재해석한다'는 자신의 철학을 모든 제품과 콘텐츠에 일관되게 적용했다. 그녀는 이 철학을 3가지 명확한 원칙으로 코드화했다:

1. 모든 재료는 최소한의 가공만 거친 자연 그대로의 것
2. 발효는 최소 18시간 이상, 인공 첨가물 없이
3. 맛의 복잡성과 풍미를 최우선으로 추구

이 세 가지 원칙은 그녀의 빵 레시피, 온라인 클래스, 도구 디자인, 책 내용 등 모든 확장 영역에 일관되게, 반복적으로 적용되었다. 이 일관성이 그녀의 작은 브랜드가 멀리 전파될 수 있는 기반이 되었다.

2. 지식 자산의 체계적 구축

작지만 확장되는 브랜드는 자신만의 고유한 지식, 방법론, 통찰을 체계적으로 정리하여 다양한 형태로 전달 가능한 '지식 자산'을 구축한다.

실행 방법:
지식 자산화 프레임워크:

1. 지식 인벤토리 작성:
   o 당신이 가진 독특한 노하우 목록화

o 고객들이 가장 자주 묻는 질문 수집

o 경쟁자와 차별화되는 특별한 접근법 정리

2. 지식 모듈화:

o 큰 주제를 작은 모듈로 분해

o 각 모듈을 독립적으로 활용 가능하게 구성

o 난이도별, 주제별로 체계화

3. 다양한 형식으로 변환:

o 같은 지식을 다양한 형식으로 변환 (글, 영상, 오디오, 워크숍 등)

o 각 형식에 맞게 최적화

o 다양한 학습 스타일을 고려한 설계

지식 자산화 체크리스트:

- [ ] 핵심 노하우를 문서화했는가?
- [ ] 암묵지를 형식지로 전환했는가?
- [ ] 단계별, 모듈별로 구조화했는가?
- [ ] 다양한 형식(텍스트, 영상, 도구 등)으로 변환했는가?
- [ ] 다른 사람들이 쉽게 이해하고 적용할 수 있도록 설계했는가?
- [ ] 정기적으로 업데이트하는 시스템이 있는가?

사례 이야기:

패션 디자이너 이지민은 처음에는 자신의 소규모 스튜디오에서 한정된 고객만을 위한 맞춤 의상을 제작했다. 그러나 그녀는 자신만의 독특한 패턴 제작 방식이 다른 디자이너들에게도 가치가 있다는 것을 깨달았다. 그녀는 자신의 방법론을 체계적으로 정리해

'지민식 입체 패턴' 시스템으로 개발했다. 이 지식을 온라인 코스, 디지털 패턴 템플릿, 워크숍, 책으로 변환하면서, 그녀의 영향력은 전 세계적으로 확장되었다. 그녀는 여전히 4명의 작은 팀으로 운영하지만, 그녀의 방법론은 25개국의 패션 학생들과 디자이너들에게 영향을 미치고 있다.

3. 레버리지 포인트 식별과 활용

확장되는 브랜드는 최소한의 노력으로 최대한의 영향력을 만들어내는 '레버리지 포인트(지렛대 원리를 활용할 수 있는 지점)'를 찾아 집중적으로 활용한다.

실행 방법:

레버리지 포인트 발견 프로세스:

1. 가치 흐름 매핑:
   o 고객의 여정과 경험 전체를 시각화
   o 각 단계별 가치 창출 요소 식별
   o 가장 큰 가치가 발생하는 지점 표시
2. 영향력 분석:
   o 각 활동이 미치는 영향력 범위 평가
   o 시간/자원 투입 대비 효과 계산
   o 장기적 영향력 잠재력 고려
3. 확장성 평가:
   o 각 요소의 복제/확장 용이성 분석
   o 규모 확대 시 품질 유지 가능성 검토
   o 자동화/시스템화 가능성 평가

레버리지 포인트 식별 매트릭스:

활동/제품/서비스	투입 자원	창출 가치	확장 용이성	레버리지 점수	우선순위

레버리지 점수 = (창출 가치 × 확장 용이성) ÷ 투입 자원

사례 이야기:

홍대 인근의 작은 음악 스튜디오를 운영하던 박진우는 처음에는 단순히 더 많은 연습실을 만들어 규모를 키우는 것을 고민했다. 그러나 그는 자신의 비즈니스에서 가장 큰 레버리지 포인트가 '아티스트 커뮤니티'라는 것을 발견했다. 그는 물리적 확장 대신, 자신의 스튜디오에서 정기적인 음악가 워크숍과 협업 세션을 조직하기 시작했다. 이 세션들은 녹음되어 온라인 플랫폼에 공유되었고, 이는 독창적인 음악 교육 콘텐츠로 발전했다. 진우는 여전히 같은 작은 공간을 유지하고 있지만, 그의 '언더그라운드 세션' 브랜드는 전 세계 독립 음악가들 사이에서 유명해졌고, 온라인 교육과 커뮤니티 플랫폼을 통해 그의 영향력은 물리적 공간을 훨씬 넘어섰다.

4. 접근 가능한 진입점 설계

확장되는 브랜드는 다양한 유형의 고객이 각자 적합한 지점에서 브랜드를 경험할 수 있는 다층적 진입점을 설계한다.

실행 방법:

진입점 설계 프레임워크:

1. 진입 장벽 분석:
   o 현재 제품/서비스의 주요 진입 장벽 식별 (가격, 지식, 접근성 등)
   o 잠재 고객이 경험하는 주요 장애물 목록화
   o 각 장벽이 배제하는 잠재 고객층 추정
2. 다층적 진입점 개발:
   o 다양한 가격대의 제품/서비스 개발
   o 다양한 참여 수준을 허용하는 옵션 마련
   o 무료 → 저가 → 프리미엄으로 이어지는 여정 설계
3. 가치 사다리 구축:
   o 각 진입점에서 다음 단계로 자연스럽게 이동할 수 있는 경로 설계
   o 고객 성장에 따른 진화 경로 제시
   o 각 단계별 명확한 가치 제안 정의

진입점 매핑 차트:

진입점	목표 고객층	가격대	참여 수준	핵심 가치 제안	다음 단계 연결

사례 이야기:

건강식품 브랜드 '클린이팅'을 운영하는 최수진은 처음에는 고가의 건강식 정기배송 서비스만 제공했다. 그러나 이 방식으로는 제

한된 고객층에만 도달할 수 있었다. 그녀는 브랜드 확장을 위해 다층적 진입점 전략을 구상했다:

- 무료 진입점: 건강식 레시피와 영양 정보를 담은 뉴스레터와 SNS 콘텐츠
- 저가 진입점: 디지털 건강식 가이드북과 밀키트 한 끼 체험 패키지
- 중간 가격대: 주 2회 건강식 배송 및 영양 상담 서비스
- 프리미엄: 완전 맞춤형 일일 식단 정기배송 및 전담 영양사 서비스

이 접근법으로 수진의 브랜드는 훨씬 더 넓은 고객층에 도달할 수 있게 되었고, 많은 고객이 무료 콘텐츠나 저가 상품을 통해 브랜드를 접한 후 점차 상위 서비스로 이동하는 패턴을 보였다. 직원 8명의 작은 회사였지만, 그녀의 영향력은 수만 명에게 미치게 되었다.

5. 네트워크 효과 설계

확장되는 브랜드는 성장이 더 많은 성장을 낳는 '네트워크 효과'를 의도적으로 설계한다. 즉, 브랜드의 확장이 자동화되는 시스템을 구축한다.

실행 방법:

네트워크 효과 구축 전략:

1. 커뮤니티 기반 구축:
    o 고객들이 서로 연결되고 가치를 교환할 수 있는 플랫폼 제공
    o 사용자 생성 콘텐츠 촉진 및 활성화
    o 멤버십 소속감과 정체성 강화

2. 바이럴 루프 설계:
   o 사용자의 자연스러운 행동이 더 많은 사용자를 유입시키는 구조 설계
   o 공유 및 추천을 촉진하는 인센티브 시스템 구축
   o 사용자 여정에 자연스러운 공유 포인트 삽입
3. 보완적 생태계 조성:
   o 파트너십과 협업을 통한, 가치 확장
   o 타 브랜드/서비스와의 시너지 지점 발굴
   o API 또는 오픈 플랫폼을 통한 확장 가능성 모색

네트워크 효과 설계 체크리스트:

- [ ] 사용자가 많아질수록 제품/서비스의 가치가 증가하는가?
- [ ] 고객들이 서로 연결되고 가치를 교환하는 구조가 있는가?
- [ ] 기존 고객이 자연스럽게 신규 고객을 유입시키는 메커니즘이 있는가?
- [ ] 사용자 생성 콘텐츠가 브랜드 가치를 확장하는가?
- [ ] 파트너십을 통한 시너지 효과를 창출하고 있는가?
- [ ] 브랜드 확장이 일부분 자동화되어 있는가?

사례 이야기:

홈트레이닝 콘텐츠 스타트업 '피트앳홈'의 정민우 대표는 처음에는 단순히 홈트레이닝 동영상 구독 서비스를 운영했다. 구독자는 꾸준히 늘었지만, 성장 속도는 그가 콘텐츠를 생산하는 속도에 제한되었다. 그는 브랜드 확장을 위해 네트워크 효과를 설계하기로 했다:

1. 구독자들이 자신의 운동 진행 상황과 성과를 공유할 수 있는

커뮤니티 플랫폼 구축

2. "30일 챌린지" 프로그램을 통해 구독자들이 친구를 초대하고 함께 운동하도록 장려

3. 유명 트레이너들이 자신의 특별 프로그램을 플랫폼에 올릴 수 있는 파트너 시스템 개발

4. 사용자들이 자신만의 운동 루틴을 만들고 공유할 수 있는 "크리에이터 모드" 출시

이러한 변화 후, 정민우의 콘텐츠 생산 역량은 같지만, '피트앳홈' 플랫폼의 콘텐츠와 사용자는 기하급수적으로 증가했다. 그의 5명 팀이 직접 만드는 콘텐츠는 전체 플랫폼 콘텐츠의 15%에 불과하게 되었지만, 그의 브랜드 영향력은 훨씬 더 커졌다.

확장 설계 마스터플랜: 실행 프레임워크

이제 당신의 브랜드를 작지만 멀리 가게 하기 위한 종합적인 실행 프레임워크를 살펴보자.

1단계: 확장 가능성 진단

먼저 현재 당신의 브랜드가 얼마나 확장 가능한 상태인지 진단해 보자.

확장 가능성 진단 체크리스트:

영역	평가 질문	점수 (1-5)	개선 기회
핵심 철학 코드화	당신의 브랜드 철학이 명확하게 정의되고 코드화되어 있는가?		
지식 자산 구축	당신의 핵심 노하우가 체계적으로 정리되고 자산화되어 있는가?		
레버리지 포인트	최소 노력으로 최대 영향을 미칠 수 있는 지점이 식별되었는가?		
진입점 다양성	다양한 고객이 적합한 지점에서 브랜드를 경험할 수 있는가?		

영역	평가 질문	점수 (1-5)	개선 기회
네트워크 효과	브랜드 성장이 더 많은 성장을 자동적으로 만들어내는가?		

2단계: 확장 설계 청사진 개발

확장 진단 결과를 바탕으로, 브랜드 확장을 위한 전략적 청사진을 개발하자.

확장 청사진 워크시트:

1. 확장 비전 정의:
   o 3년 후 당신의 브랜드가 미치길 원하는 영향력은?
   o 물리적 규모를 키우지 않고 어떤 방식으로 확장하고 싶은가?
   o 이상적인 확장 모델은 어떤 모습인가?

2. 핵심 차별화 요소 명확화:
   o 당신의 브랜드만이 가진 독특한 강점은?
   o 이 강점을 어떻게 다양한 맥락과 형식으로 전달할 수 있는가?
   o 확장 과정에서 절대 타협하지 않을 핵심 요소는?

3. 확장 경로 매핑:
   o 제품/서비스 라인 확장: _____
   o 지식/콘텐츠 확장: _____
   o 커뮤니티/네트워크 확장: _____
   o 파트너십/협업 확장: _____
   o 지리적/문화적 확장: _____

4. 자원 배분 계획:

o 확장을 위해 집중적으로 투자할 핵심 영역:

o 최소화하거나 아웃소싱할 영역:

o 자동화/시스템화할 프로세스:

3단계: 확장 인프라 구축

청사진을 실현하기 위한 구체적인 인프라와 시스템을 구축하자.

확장 인프라 구축 계획:

1. 지식 체계화 시스템:

   o 핵심 노하우 문서화 방법: _____

   o 콘텐츠 제작 및 배포 시스템: _____

   o 지식 업데이트 및 버전 관리 프로세스: _____

2. 다층적 제품/서비스 설계:

   o 무료 가치 제공 채널: _____

   o 진입 수준 제품/서비스: _____

   o 중간 단계 제품/서비스: _____

   o 프리미엄 제품/서비스: _____

3. 커뮤니티 및 네트워크 인프라:

   o 커뮤니티 플랫폼 및 운영 방식: _____

   o 사용자 참여 및 기여 촉진 메커니즘: _____

   o 사용자 성장 및 발전 경로: _____

4. 파트너십 확장 시스템:

   o 이상적 파트너 프로필 및 선정 기준: _____

   o 파트너십 가치 제안 및 구조: _____

   o 파트너십 관리 및 성과 측정 방법: _____

확장이 일회성 이벤트가 아닌 지속적인 과정이 되도록 일상적인 확장 루틴을 개발하자.

일일 확장 루틴:
- 핵심 철학과 가치를 표현하는 콘텐츠 15분 생성
- 커뮤니티 참여 및 피드백 검토 20분
- 지식 자산 문서화 30분

주간 확장 루틴:
- 레버리지 포인트 검토 및 자원 재배치
- 새로운 진입점 또는 제품/서비스 아이디어 브레인스토밍
- 파트너십 기회 모색 및 커뮤니케이션

월간 확장 루틴:
- 확장 지표 검토 및 전략 조정
- 지식 자산 업데이트 및 개선
- 커뮤니티 건강도 진단 및 활성화 계획 수립

분기별 확장 루틴:
- 확장 청사진 검토 및 필요한 조정 실행
- 핵심 레버리지 포인트의 성과 평가 및 최적화
- 자원 배분 전략 재검토 및 조정
- 새로운 확장 기회 탐색 및 파일럿 테스트 계획

실제 확장 사례 분석: 소규모에서 글로벌 영향력으로
작지만 멀리 가는 브랜드의 실제 사례를 통해 확장 설계의 원칙이 어떻게 적용되는지 살펴보자.

사례 이야기: 수공예 문구 브랜드 '모노노트'의 확장 여정

서울 이태원의 작은 공방에서 시작된 '모노노트'는 처음에는 이수민 대표 혼자 만드는 수제 노트와 다이어리를 판매하는 작은 브랜드였다. 초기에는 월 100만 원 정도의 매출로 근근이 유지되었다.

핵심 철학 코드화:

이수민은 '아날로그의 따뜻함으로 디지털 세상에 균형을 만든다'는 자신의 철학을 명확히 정의했다. 이를 세 가지 원칙으로 코드화했다:

1. 손의 온기가 느껴지는 제작 과정
2. 시간이 지날수록 더 아름다워지는 재료와 디자인
3. 일상의 순간을 소중히 기록하는 문화 창조

지식 자산 구축:

이수민은 자신만의 제본 기술과 종이 선택 노하우를 체계적으로 정리했다. 이 지식을 '모노노트 메이킹 가이드'로 문서화했고, 나중에는 이를 온라인 워크숍, 전자책, 영상 시리즈로 확장했다.

레버리지 포인트 식별:

그녀는 자신의 비즈니스에서 가장 큰 레버리지 포인트가 '기록 문화 커뮤니티'라는 것을 발견했다. 물리적 제품 생산보다 '기록하는 삶'이라는 문화적 가치에 집중하기로 결정했다.

다층적 진입점 설계:

모노노트는 다음과 같은 다층적 진입점을 만들었다:

· 무료 진입점: 기록 방법과 팁을 공유하는 뉴스레터와 SNS 콘텐츠
· 저가 진입점: 디지털 기록 템플릿과 가이드
· 중간 가격대: 수제 노트와 다이어리 제품
· 프리미엄: 맞춤형 워크숍과 기업 컬래버레이션

네트워크 효과 설계:

이수민은 '데일리 라이터스 클럽'이라는 글쓰기 커뮤니티를 만들었다. 이 플랫폼에서 사용자들은 자신의 기록을 공유하고, 서로 영감을 주고받았다. 또한 '모노노트 앰배서더' 프로그램을 통해 열정적인 사용자들이 자신의 네트워크에 브랜드를 소개할 수 있는 구조를 만들었다.

4년 후의 결과:

- 직원 수: 이수민 포함 5명 (생산은 협력 공방 네트워크로 확장)
- 월 매출: 4,500만 원 (초기 대비 45배 성장)
- 글로벌 영향력: 18개국에 배송, 8개 언어로 번역된 기록 가이드
- 커뮤니티: 전 세계 32,000명의 '데일리 라이터스 클럽' 회원
- 브랜드 확장: 수제 노트에서 시작해 기록 워크숍, 앱, 출판, 기업 컨설팅으로 확장

이수민의 작은 브랜드가 글로벌 영향력을 가진 문화 운동으로 확장된 비결은 바로 철저한 '확장 설계'였다. 그녀는 단순히 더 많은 제품을 만들거나 더 큰 공간으로 이전하는 대신, 자신의 철학과 가치가 멀리 전파될 수 있는 구조를 의도적으로 설계했다.

확장 설계의 함정과 극복 방법

확장 설계 과정에서 흔히 발생하는 함정과 이를 극복하는 방법을 알아보자.

함정 1: 핵심 가치 희석

확장 과정에서 브랜드의 핵심 가치와 정체성이 희석되는 경우가 많다.

극복 방법:
- 확장 전 핵심 가치와 타협 불가 요소를 명확히 문서화
- 모든 확장 결정을 핵심 가치에 비추어 평가하는 '가치 필터' 시스템 구축
- 정기적인 '브랜드 정렬' 세션을 통해 모든 확장 영역이 핵심 가치를 표현하는지 검토

함정 2: 과도한 복잡성

너무 많은 방향으로 동시에 확장하면서 시스템이 복잡해지고 관리하기 어려워질 수 있다.

극복 방법:
- '하나씩 확장' 원칙 적용: 한 번에 하나의 확장 영역에 집중
- 각 확장이 안정화된 후에만 다음 단계로 진행
- 확장 우선순위 매트릭스를 활용해 최대 임팩트 영역부터 접근
- 정기적으로 불필요한 복잡성을 제거하고 시스템을 단순화하는 '간소화 의식' 실행

함정 3: 품질 관리 약화

확장 과정에서 직접 통제력이 줄어들면서 품질이 저하될 수 있다.

극복 방법:
- 명확한 품질 기준과 체크포인트 문서화
- 확장 파트너와 협력자를 위한 상세한 가이드라인 개발
- 샘플링 방식의 품질 모니터링 시스템 구축
- 커뮤니티 피드백을 활용한 지속적 품질 개선 루프 설계

함정 4: 확장 속도 조절 실패

성공적인 초기 확장 후 너무 빠르게 확장하려다 실패하는 경우가 많다.

극복 방법:
· 단계적 확장 로드맵 설계 (3개월, 6개월, 1년, 3년)
· 각 단계별 명확한 안정화 기준 설정
· '깊이 우선' 원칙: 넓게 확장하기 전에 각 영역을 깊게 발전시키기
· 정기적인 '확장 속도 체크' 세션 실행

구조가 확장을 만든다

많은 사람들이 '더 크게'를 추구하며 자원을 쏟아붓지만, 작지만 멀리 가는 브랜드들은 '더 스마트하게'를 추구하며 확장 가능한 구조를 설계한다.

진정한 확장은 규모의 문제가 아니라 설계의 문제다. 올바른 설계가 있다면, 작은 배도 대양을 건널 수 있고, 작은 브랜드도 세계적인 영향력을 가질 수 있다.

오늘부터 자문해 보라: "내 브랜드가 나의 직접적인 노력과 관여 없이도 확장될 수 있는 구조를 가지고 있는가?"

만약 그렇지 않다면, 지금이 확장 설계를 시작할 때다. 당신이 할 수 있는 일의 양은 제한되어 있지만, 당신이 만든 시스템의 확장 가능성은 무한하다.

작게 시작하되, 처음부터 멀리 가는 구조를 설계하라. 그것이 바로 작지만 멀리 가는 브랜드의 비밀이다.

14

나를 따라 하지 말고, 구조를 복제하라

- 콘텐츠 시스템화

> "성공은 재현 가능해야 한다. 당신의 콘텐츠가 당신 없이도 만들어질 수 있을 때
> 진정한 확장이 시작된다." - 앤 핸들리

콘텐츠의 무한 굴레

서울 강남의 한 카페에서 유튜브 영상을 편집하던 김유진은 한숨을 쉬었다. 15만 구독자를 보유한 그녀의 채널 '유진의 뷰티 랩'은 꽤 성공적이었지만, 그녀는 점점 더 지쳐가고 있었다.

"이번 주도 영상 두 개를 촬영하고 편집해야 해. 그런데 아이디어는 바닥나고, 혼자서 모든 걸 하려니 너무 벅차."

유진의 고민은 많은 콘텐츠 크리에이터들이 직면하는 문제였다. 채널이 성장할수록 더 많은 콘텐츠를 생산해야 했고, 그녀의 개인적인 제작 능력이 곧 채널 성장의 천장이 되어버렸다.

같은 시간, 강남 건너편 사무실에서는 '뷰티 인사이트'의 대표 박서현이 여유롭게 차를 마시고 있었다. 그녀의 뷰티 콘텐츠 기업은 주 15개의 영상을 출시하며, 구독자는 50만 명을 넘었다. 놀라운 것은 박서현이 직접 콘텐츠 제작에 관여하는 시간은 주 4시간에 불과하다는 점이었다.

차이는 무엇일까? 유진은 '개인 크리에이터'로 모든 것을 스스로 해결하려 했지만, 서현은 '콘텐츠 시스템'을 구축했다. 유진이 자신의 창의성과 재능에 의존했다면, 서현은 재현 가능한 구조를 만든 것이다.

개인에 의존하는 콘텐츠 vs 시스템화된 콘텐츠

많은 크리에이터와 기업들이 콘텐츠 제작에서 똑같은 실수를 반복한다. 그들은 '천재적인 아이디어'나 '특별한 재능'에 의존하는 콘텐츠 모델을 만든다. 이런 접근법은 초기에는 효과적일 수 있지만, 규모를 확장하기 매우 어렵다.

개인 중심 vs 시스템 중심 콘텐츠 비교

개인 중심 콘텐츠	시스템 중심 콘텐츠
개인의 창의성과 영감에 의존	명확한 프레임워크와 프로세스에 기반
비정기적이고 예측 불가능한 생산	일관되고 예측 가능한 생산 주기
재현하기 어려운 '마법' 같은 요소	단계별로 문서화된 제작 방식
핵심 인물 없이는 품질 유지 불가능	적절한 훈련으로 누구나 비슷한 품질 달성 가능
성장 한계가 분명함	무한 확장 잠재력
독특하지만 지속 불가능	안정적이고 확장 가능

사례 이야기: '소울 푸드' 요리 콘텐츠의 두 접근법

개인 중심 접근법 (요리사 정민수): 정민수는 뛰어난 감각과 창의력을 가진 요리사로, 그의 한식 퓨전 요리 영상은 독특한 스타일과 개성으로 팔로워들에게 큰 인기를 끌었다. 하지만 그의 콘텐츠 제작 방식은 완전히 그의 영감과 직관에 의존했다. 레시피는 그때그때 즉흥적으로 만들어졌고, 촬영 스타일도 그의 기분에 따라 달라졌다. 결과적으로, 그의 팀원들은 그가 어떤 콘텐츠를 만들지 예측할 수 없었고, 그의 부재 시 비슷한 콘텐츠를 만들어내는 것은 불가능했다.

시스템 중심 접근법 (푸드 스튜디오 '테이블리'): 같은 분야의 푸드 콘텐츠 스튜디오 '테이블리'는 완전히 다른 접근법을 취했다. 그들은 모든 요리 콘텐츠를 3가지 핵심 카테고리(일상 한식, 특별한 날 한식, 한식 퓨전)로 나누고, 각 카테고리별로 명확한 제작 가이드라인을 만들었다. 레시피 개발, 촬영, 편집에 이르는 전체 과정이 단계별로 문서화되었고, 신규 팀원도 빠르게 시스템을 익힐 수 있었다. 심지어 새로운 요리사가 합류해도 '테이블리'만의 일관된 스타일과 품질을 유지할 수 있었다.

2년 후, 정민수는 여전히 주 1~2개의 영상을 힘겹게 제작하며 번아웃을 경험하고 있었지만, '테이블리'는 10명의 요리사와 함께 주 15개의 콘텐츠를 안정적으로 생산하며 국제적인 팔로워를 확보했다.

콘텐츠 시스템화의 5가지 핵심 원칙

어떻게 하면 개인 의존적 콘텐츠에서 시스템 기반 콘텐츠로 전환할 수 있을까? 다음 5가지 핵심 원칙을 적용해 보자.

1. 명확한 콘텐츠 아키텍처 설계

시스템화의 첫 단계는 당신의 콘텐츠 세계를 체계적으로 구조화하는 것이다. 이는 콘텐츠의 유형, 주제, 포맷을 명확하게 분류하고 체계화하는 과정이다.

실행 방법:

콘텐츠 아키텍처 워크시트:

1. 콘텐츠 주제 맵핑:
   o 핵심 주제 영역 3-5개 정의
   o 각 주제 영역 내 하위 주제 목록화
   o 주제 간 연관성과 관계 시각화
2. 콘텐츠 유형 분류:
   o 교육형 (How-to, 가이드, 튜토리얼)
   o 영감형 (사례 연구, 성공 스토리)
   o 오피니언형 (분석, 논평, 예측)
   o 엔터테인먼트형 (재미, 호기심, 감성)
3. 콘텐츠 포맷 정의:
   o 장문형 (가이드, 심층 분석)
   o 중문형 (팁, 리스트, 사례)
   o 단문형 (인사이트, 인용구, 통계)
   o 비주얼형 (이미지, 인포그래픽)
   o 비디오형 (길이, 스타일별 분류)

콘텐츠 아키텍처 매트릭스:

주제	교육형	영감형	오피니언형	엔터테인먼트형
주제 1	포맷 목록	포맷 목록	포맷 목록	포맷 목록
주제 2	포맷 목록	포맷 목록	포맷 목록	포맷 목록
주제 3	포맷 목록	포맷 목록	포맷 목록	포맷 목록

사례 이야기:

디지털 마케팅 에이전시 '그로스해커스'는 처음에는 무작위로 콘텐츠를 생산했지만, 확장을 위해 명확한 콘텐츠 아키텍처를 구축했다. 그들은 콘텐츠를 SEO, 소셜미디어, 이메일 마케팅, 콘텐츠 마케팅, 데이터 분석이라는 5개 핵심 주제로 나누고, 각 주제별로 초보자, 중급자, 전문가 수준의 콘텐츠를 제작했다. 또한 모든 주제는 가이드, 체크리스트, 사례 연구, 인터뷰, 툴 리뷰라는 5가지 일관된 포맷으로 제작되었다. 이 구조 덕분에 그들은 콘텐츠 제작팀을 쉽게 확장할 수 있었고, 신규 팀원도 빠르게 적응할 수 있었다.

2. 콘텐츠 템플릿과 프레임워크 개발

시스템화된 콘텐츠의 핵심은 재현 가능한 템플릿과 프레임워크다. 이는 매번 백지상태에서 시작하는 대신, 검증된 구조를 활용해 일관된 품질의 콘텐츠를 만들 수 있게 해준다.

실행 방법:
콘텐츠 템플릿 개발 프로세스:

1. 성공적인 콘텐츠 분석:
   o 가장 성과가 좋았던 콘텐츠 10~15개 선정
   o 공통된 구조적 요소 식별
   o 효과적인 패턴과 흐름 분석
2. 템플릿 요소 정의:
   o 시작/후크 유형 (질문, 도전, 놀라운 사실 등)
   o 섹션 구조와 순서
   o 정보 제시 방식 (단계별, 비교 분석, 문제-해결 등)
   o 마무리와 행동 유도 방식

3. 적용 가능한 변형 설계:
   o 다양한 상황에 맞는 템플릿 변형 개발
   o 핵심 구조는 유지하되 유연성 확보
   o 템플릿 사용 가이드라인 제작

콘텐츠 템플릿 예시: 'How-To 가이드' 템플릿

1. 도입부 (예상 분량: 전체의 10%)
   o 해결할 문제/달성할 목표 명확히 제시
   o 이 가이드를 통해 얻을 수 있는 3가지 핵심 이점 나열
   o 필요한 사전 지식이나 준비물 안내

2. 배경 정보 (예상 분량: 전체의 15%)
   o 주제의 중요성과 맥락 설명
   o 일반적인 오해나 실수 지적
   o 성공적인 접근법의 원칙 소개

3. 단계별 지침 (예상 분량: 전체의 50%)
   o 5~7개의 명확한 단계로 프로세스 분해
   o 각 단계별 구체적 행동 지침
   o 시각적 자료(이미지, 다이어그램)로 보강
   o 예상되는 어려움과 해결책 제시

4. 적용 사례 (예상 분량: 전체의 15%)
   o 실제 적용 사례 1-2개 소개
   o 얻은 결과와 교훈 공유

5. 마무리 (예상 분량: 전체의 10%)
   o 핵심 단계 요약
   o 다음 단계 제안
   o 관련 리소스 연결

건강 및 피트니스 코치 박지훈은 처음에는 자신의 직관과 그날의 영감에 의존해 운동 영상을 만들었다. 하지만 그는 콘텐츠 확장의 필요성을 느끼고 자신의 가장 인기 있는 영상 20개를 분석하여 패턴을 찾았다. 그 결과, 모든 효과적인 운동 가이드 영상에는 (1)운동의 , 이점 설명, (2)일반적인 실수 지적, (3)정확한 폼 시연, (4)난이도별 변형 동작, (5)일상 적용 팁이라는 다섯 가지 요소가 포함되어 있음을 발견했다. 이를 바탕으로 템플릿을 만들었고, 이 템플릿은 나중에 세 명의 추가 트레이너가 동일한 품질의 콘텐츠를 제작할 수 있게 했다. 결과적으로 콘텐츠 생산량은 4배로 증가했지만, 지훈의 직접적인 관여 시간은 오히려 줄었다.

3. 콘텐츠 제작 프로세스 표준화

시스템화된 콘텐츠는 명확하고 반복 가능한 제작 프로세스를 필요로 한다. 이는 아이디어 발굴부터 최종 출시까지 모든 단계를 표준화하는 것을 의미한다.

실행 방법:
콘텐츠 제작 프로세스 문서화:

1. 아이디어 발굴 및 선정 프로세스:
   o 아이디어 소스 정의 (트렌드 모니터링, 고객 질문, 경쟁사 분석 등)
   o 아이디어 평가 기준 설정 (관련성, 차별성, 실행 가능성 등)
   o 정기적인 콘텐츠 계획 미팅 구조화
2. 콘텐츠 개발 워크플로우:

o 리서치 방법론과 신뢰할 수 있는 정보 소스 목록

o 아웃라인/초안 작성 가이드라인

o 내부 리뷰 및 피드백 프로세스

3. 품질 관리 체크리스트:

o 사실 확인 프로토콜

o 브랜드 톤/스타일 일관성 검토

o 기술적 정확성 확인

o SEO 및 사용자 경험 최적화

4. 배포 및 프로모션 표준화:

o 채널별 최적화 가이드라인

o 소셜미디어 공유 템플릿

o 이메일 뉴스레터 통합 방법

콘텐츠 제작 책임 매트릭스 (RACI 차트):

단계	팀원 A	팀원 B	팀원 C	팀원 D
아이디어 발굴	R	A	C	I
리서치	C	R	A	I
초안 작성	I	C	R	A
편집/리뷰	A	I	C	R
디자인 요소	I	R	A	C
출판/배포	C	A	I	R

R=책임자(Responsible), A=승인자(Accountable), C=협의자(Consulted), I=정보수신자(Informed)

사례 이야기:

B2B 마케팅 컨설팅 회사 '비즈인사이트'는 초기에는 콘텐츠 제작이 몇몇 핵심 인물에게 전적으로 의존했다. 상황을 개선하기 위해 그들은 전체 콘텐츠 제작 과정을 문서화하고 표준화했다. 모든 콘텐츠는 이제 (1)주간 트렌드 분석에 기반한 아이디어 발굴, (2)고객 페르소나 맞춤 브리핑 문서 작성, (3)산업 데이터 기반 리서치, (4)표준화된 템플릿에 따른 초안 작성, (5)2단계 편집 및 사실 확인, (6)SEO 최적화, (7)배포 전략 수립이라는 7단계 프로세스를 거친다. 이 프로세스 덕분에 콘텐츠 팀의 규모가 2명에서 8명으로 확장되었을 때도 일관된 품질과 스타일을 유지할 수 있었다.

4. 확장 가능한 콘텐츠 캘린더 시스템 구축

지속 가능한 콘텐츠 시스템은 예측 가능하고 균형 잡힌 콘텐츠 일정이 필요하다. 이는 즉흥적인 제작이 아닌, 전략적으로 계획된 콘텐츠 캘린더를 의미한다.

실행 방법:
콘텐츠 캘린더 구조화 프레임워크:

1. 콘텐츠 균형 설계:
   o 주제별 배분 비율 설정 (예: 주제 A 40%, 주제 B 30%, 주제 C 30%)
   o 콘텐츠 유형 다양성 확보 (예: 교육형 50%, 영감형 30%, 엔터테인먼트형 20%)
   o 제작 난이도 균형 (예: 고복잡성 20%, 중복잡성 50%, 저복잡성 30%)

2. 콘텐츠 리듬 확립:

   o 채널별 최적 게시 빈도 결정

   o 반복되는 시리즈/코너 설정

   o 계절/이벤트 기반 콘텐츠 계획

3. 리소스 배분 최적화:

   o 제작팀 역량 고려한 현실적 일정

   o 콘텐츠 유형별 필요 리소스 명확화

   o 주요 자원 병목 현상 방지 설계

콘텐츠 캘린더 템플릿 예시: 월간 확장형

주차	월요일	수요일	금요일
1주차	[주제A] 심층 가이드 (고복잡성)	[주제B] 사례 연구 (중복잡성)	[주제C] 빠른 팁 (저복잡성)
2주차	[주제B] 인터뷰 (중복잡성)	[주제A] 트렌드 분석 (중복잡성)	[주제반복] 주간 요약 (저복잡성)
3주차	[주제C] 비교 분석 (고복잡성)	[주제A] 하우투 (중복잡성)	[주제B] 리소스 모음 (저복잡성)
4주차	[주제A] Q&A (중복잡성)	[주제C] 통계 분석 (중복잡성)	[주제반복] 월간 베스트(저복잡성)

사례 이야기:

재테크 교육 플랫폼 '머니스마트'는 초기에 비정기적이고 즉흥적인 콘텐츠 제작으로 인해 팀의 번아웃과 품질 저하 문제를 겪었다. 이를 해결하기 위해 그들은 체계적인 콘텐츠 캘린더 시스템을 구축했다. 매주 월요일에는 초보자를 위한 기본 개념 가이드, 수요일에는 중급자를 위한 전략 분석, 금요일에는 모든 수준을 위한 시장 업데이트와 뉴스 해석을 제공하는 패턴을 확립했다. 또한 매월 첫째 주는 저축, 둘째 주는 투자, 셋째 주는 세금 계획, 넷째 주는 은퇴 계획에 집중하는 주제 사이클을 만들었다. 이 구조화된 접근법 덕분에 콘텐츠 팀은 앞서 계획하고 일관된 품질을 유지할 수 있게 되었으며, 구독자들은 정기적인 콘텐츠 일정을 통해 더 높은 참여도를 보였다.

5. 콘텐츠 확장 파이프라인 구축

진정한 콘텐츠 시스템화의 최종 단계는 하나의 콘텐츠에서 여러 형태의 콘텐츠를 효율적으로 만들어내는 확장 파이프라인을 구축하는 것이다.

실행 방법:

콘텐츠 확장 파이프라인 설계:

1. 핵심 콘텐츠 식별:
    o 심층적이고 포괄적인 '기둥 콘텐츠(pillar content)' 정의
    o 리소스를 집중 투입할 가치 있는 주제 선정
    o 장기적 가치를 가진 에버그린 콘텐츠 우선 순위화
2. 변환 워크플로우 설계:
    o 하나의 핵심 콘텐츠에서 파생될 수 있는 모든 형태 매핑
    o 형식별 변환 프로세스 표준화
    o 재사용 가능한 요소(시각 자료, 데이터 등) 식별
3. 자동화 기회 탐색:
    o 텍스트에서 이미지 또는 비디오 자동 생성
    o 콘텐츠 분할 및 리포맷팅 자동화
    o 일정에 따른 콘텐츠 배포 자동화

콘텐츠 확장 매트릭스:

핵심콘텐츠	1차 확장	2차 확장	소셜/프로모션 조각
심층 블로그 포스트	• 팟캐스트 에피소드 • 비디오 튜토리얼 • 슬라이드 프레젠테이션	• 이메일 시리즈 • 인포그래픽 • 짧은 하우투 가이드	• 인용구 이미지 • 통계 카드 • 팁 시리즈 • 체크리스트
연구 보고서	• 웨비나 • 분석 블로그 포스트 • 케이스 스터디	• 인터뷰 시리즈 • 업계 트렌드 요약 • 데이터 시각화	• 핵심 통계 이미지 • 예측 인용구 • 비교 차트
고객 인터뷰	• 성공 사례 • 팟캐스트 에피소드 • 비디오 증언	• 팁 모음 • 최선의 실천 가이드 • FAQ 자료	• 인용구 이미지 • 짧은 증언 클립 • 성과 스냅샷

사례 이야기:

생산성 코칭 브랜드 '타임마스터'의 창립자 정희경은 처음에는 모든 콘텐츠를 처음부터 새로 만들며 엄청난 시간을 소비했다. 그녀는 지속 가능한 방법이 필요함을 깨닫고 콘텐츠 확장 파이프라인을 구축했다. 이제 그녀는 매월 하나의 심층 가이드(약 5,000단어)에 집중 투자한 후, 이를 체계적으로 다양한 형태로 변환한다. 하나의 심층 가이드는 4개의 블로그 포스트, 8개의 소셜미디어 게시물, 1개의 이메일 시리즈, 1개의 팟캐스트 에피소드, 그리고 1개의 슬라이드 프레젠테이션으로 확장된다. 이 접근법으로 희경은 콘텐츠 생산량을 5배 늘렸지만, 실제 콘텐츠 제작 시간은 30% 감소시켰다.

콘텐츠 시스템화 마스터플랜: 단계별 실행 가이드

시스템화된 콘텐츠 제작으로 전환하는 것은 하루아침에 이루어지지 않는다. 체계적인 접근법으로 단계적으로 진행해야 한다. 다음은 콘텐츠 시스템화를 위한 실행 가이드다.

1단계: 현재 콘텐츠 프로세스 감사

먼저 현재 콘텐츠 제작 방식의 강점과 약점을 객관적으로 분석한다.

콘텐츠 감사 체크리스트:

· 가장 성공적인 콘텐츠 5개와 가장 성과가 좋지 않았던 콘텐츠 5개 식별
· 콘텐츠 제작에 걸리는 평균 시간 측정
· 콘텐츠 제작 과정의 주요 병목 지점 파악
· 콘텐츠 품질이 의존하는 핵심 개인 역량 목록화
· 콘텐츠 제작 과정 중 이미 표준화된 부분과 아직 개인 의존적인 부분 구분
· 현재 콘텐츠 제작에서 가장 많은 시간이 소요되는 단계 파악

2단계: 핵심 콘텐츠 유형 정의 및 템플릿화

감사 결과를 바탕으로 가장 가치 있는 콘텐츠 유형을 식별하고 템플릿화한다.

콘텐츠 템플릿화 실행 계획:

1. 가장 중요한 콘텐츠 유형 3~5개 선정
   ㅇ 성과 데이터 기반 선정 (참여도, 전환율, 공유율 등)

o 제작 빈도와 비즈니스 가치 고려

2. 선정된 콘텐츠 유형별 성공 요소 분석

   o 성공적인 예시 5-10개 심층 분석

   o 구조, 길이, 스타일, 핵심 요소 패턴 파악

3. 세부 템플릿 개발

   o 섹션별 가이드라인과 설명 포함

   o 실제 예시와 모범 사례 첨부

   o 보조 자료 (체크리스트, 양식 등) 개발

3단계: 콘텐츠 제작 프로세스 문서화

템플릿과 함께 전체 콘텐츠 제작 프로세스를 명확히 문서화한다.

프로세스 문서화 단계:

1. 현재 프로세스 시각화

   o 아이디어 발굴부터 배포까지 모든 단계 매핑

   o 각 단계별 투입 시간과 리소스 측정

2. 최적화된 프로세스 설계

   o 불필요한 단계 제거 및 병합

   o 표준화 및 자동화 가능 지점 식별

   o 의사결정 포인트와 기준 명확

3. 단계별 상세 지침 개발

   o 각 단계별 구체적 실행 방법

   o 필요한 도구와 리소스 목록

   o 품질 기준과 체크포인트

프로세스 문서화 예시: 블로그 포스트 제작 프로세스

1. 아이디어 발굴 (소요 시간: 60분)
   o 고객 질문, 경쟁사 분석, 키워드 리서치 통합
   o 콘텐츠 브리핑 양식 작성
   o 편집장 승인 획득

2. 리서치 (소요 시간: 90분)
   o 신뢰할 수 있는 소스 3~5개 참조
   o 주요 통계, 인용구, 예시 수집
   o 경쟁 콘텐츠 갭 분석

3. 아웃라인 작성 (소요 시간: 45분)
   o 선택된 템플릿에 따른 구조 설계
   o 핵심 섹션과 하위 섹션 정의
   o 포함할 시각 자료 계획

4. 초안 작성 (소요 시간: 120분)
   o 템플릿 구조 따라 섹션별 작성
   o 브랜드 톤오브보이스 가이드라인 적용
   o 시각 자료 명세 작성

5. 편집 및 검토 (소요 시간: 60분)
   o 사실 확인 및 문법 검토
   o SEO 최적화 (메타 설명, 키워드 배치 등)
   o 내부 링크 및 참조 추가

6. 시각 자료 제작 (소요 시간: 90분)
   o 헤더 이미지, 인포그래픽, 다이어그램 제작
   o 브랜드 디자인 가이드라인 적용
   o 대체 텍스트 및 캡션 작성

7. 출판 및 배포 (소요 시간: 45분)

- o CMS 업로드 및 포맷팅
- o 소셜미디어 게시물 준비
- o 뉴스레터 및 기타 채널 배포 계획 실행

4단계: 콘텐츠 제작팀 트레이닝 및 온보딩

시스템화된 접근법을 팀원들이 내재화할 수 있도록 체계적인 교육과 온보딩을 진행한다.

트레이닝 프로그램 구성:

1. 기본 원칙 이해
   - o 콘텐츠 시스템화의 이유와 이점
   - o 브랜드 핵심 가치와 콘텐츠 철학
2. 실무 훈련
   - o 템플릿별 작성 실습
   - o 프로세스 단계별 시뮬레이션
   - o 실제 사례로 피드백 세션
3. 지속적 학습 구조
   - o 참고 자료 및 리소스 라이브러리
   - o 정기적인 스킬 향상 세션
   - o 동료 피드백 및 멘토링 시스템

신규 팀원 온보딩 로드맵:

단계	기간	활동	평가 방법
오리엔테이션	1일	• 브랜드/콘텐츠 철학 소개 • 핵심 시스템 개요 • 주요 리소스 안내	기본 이해도 체크

단계	기간	활동	평가 방법
관찰 학습	3일	• 기존 팀원 섀도잉 • 과거 콘텐츠 분석 • 프로세스 관찰	관찰 노트 리뷰
지도 실습	5일	• 멘토 지도 하에 콘텐츠 제작 • 단계별 피드백 수령 • 템플릿 활용 연습	멘토 평가
독립 시범	5일	• 독립적 콘텐츠 1-2개 제작 • 전체 프로세스 실행 • 자기 평가 진행	작업물 품질 평가
완전 통합	지속	• 정규 콘텐츠 제작 참여 • 지속적 피드백 수령 • 시스템 개선 제안	정기 성과 검토

5단계: 측정, 분석 및 최적화 시스템 구축

콘텐츠 시스템의 효과를 지속적으로 측정하고 개선하기 위한 체계를 마련합니다.

성과 측정 프레임워크:

1. 핵심 지표 설정
   o 시스템 효율성 지표 (제작 시간, 리소스 활용 등)
   o 콘텐츠 효과 지표 (참여도, 전환율, 도달률 등)
   o 품질 일관성 지표 (브랜드 정렬도, 오류율 등)
2. 데이터 수집 및 분석 루틴
   o 주간/월간 성과 대시보드 구축
   o A/B 테스트 프레임워크 개발
   o 사용자 피드백 수집 메커니즘
3. 지속적 개선 사이클
   o 분기별 시스템 검토 세션

o 템플릿 및 프로세스 업데이트 일정

o 새로운 콘텐츠 유형 통합 방법론

최적화 피드백 루프 예시:

· 주간 리뷰: 콘텐츠 성과 데이터 분석 및 즉각적 조정
· 월간 회고: 프로세스 효율성 검토 및 단기적 개선
· 분기별 감사: 전체 시스템 평가 및 중장기적 최적화
· 연간 혁신: 새로운 트렌드 및 기술 통합 계획

사례 연구: 콘텐츠 시스템화 성공 스토리

사례 이야기: '디지털 마케팅 스쿨'의 콘텐츠 혁신

교육 스타트업 '디지털 마케팅 스쿨'은 창업자 이민호의 개인적 전문성과 카리스마에 의존하는 콘텐츠 제작 방식으로 시작했다. 모든 강의, 블로그 포스트, 소셜미디어 콘텐츠를 직접 제작했고, 독특한 통찰력과 설명 방식은 초기 팬층을 확보하는 데 큰 역할을 했다.

도전 상황:

6개월 후, '디지털 마케팅 스쿨'은 성장 한계에 직면했습니다. 주 3개의 콘텐츠가 한계였고, 민호는 이미 주 60시간 이상 일하고 있었다. 새로운 주제를 다루려면 몇 개월을 기다려야 했고, 민호가 아플 때는 콘텐츠 제작이 완전히 중단되었다. 그는 깨달았다: "내가 시스템이 되어버렸다. 하지만 확장하려면 시스템을 만들어야 한다."

시스템화 여정:

1단계: 핵심 콘텐츠 패턴 분석 민호는 가장 성공적인 콘텐츠 20개를 분석하여 공통 패턴을 찾았다. 그는 자신의 교육 콘텐츠가 다음 구조를 따른다는 것을 발견했다:

- '왜' 시작: 주제의 중요성 설명 (현실 문제 + 놓치는 기회)
- '무엇' 명확화: 핵심 개념 정의와 흔한 오해 해소
- '어떻게' 설명: 3~5단계 실행 프레임워크 제시
- 사례 연구: 성공/실패 예시와 교훈
- 실행 가이드: 즉시 적용 가능한 액션 플랜

2단계: 콘텐츠 템플릿 라이브러리 구축 민호는 주요 콘텐츠 유형별 템플릿을 개발했다:

- 기초 개념 가이드 템플릿
- 전략 분석 템플릿
- 도구 리뷰 템플릿
- 사례 연구 템플릿
- 트렌드 분석 템플릿

각 템플릿에는 섹션별 가이드라인, 예상 길이, 필수 요소, 예시가 포함되었다.

3단계: 전문 영역 모듈화 민호는 디지털 마케팅을 6개 핵심 모듈로 나누었다:

- SEO와 콘텐츠 마케팅
- 소셜미디어 전략
- 유료 광고
- 이메일 마케팅
- 전환율 최적화
- 데이터 분석

각 모듈에 대해 핵심 원칙, 중요 개념, 최신 트렌드, 추천 도구, 모범 사례를 문서화했다.

4단계: 팀 구축 및 트레이닝 민호는 각 모듈의 전문가 2명을 채용하여 총 12명의 콘텐츠 팀을 구성했습니다. 각 전문가는 철

저한 온보딩 프로그램을 거쳤다:

- 2주간의 집중 템플릿 및 프로세스 교육
- 민호의 콘텐츠 제작 과정 관찰
- 민호의 감독하에 콘텐츠 3개 제작
- 독립적 콘텐츠 제작 후 피드백 수령

5단계: 콘텐츠 확장 파이프라인 구축 팀은 '콘텐츠 멀티플라이어' 시스템을 개발했다:

- 주 1회 심층 마스터클래스 영상 제작 (90분)
- 이를 3~4개의 블로그 포스트로 변환
- 각 포스트에서 5~7개의 소셜미디어 게시물 추출
- 중요 개념을 인포그래픽으로 변환
- 핵심 내용을 이메일 뉴스레터로 재구성

결과: 1

8개월 후, '디지털 마케팅 스쿨'의 변화는 극적이었다:

- 콘텐츠 생산량: 주 3개에서 주 25개로 증가 (733% 증가)
- 민호의 직접 제작 비율: 100%에서 15%로 감소
- 브랜드 도달률: 월 5,000명에서 월 78,000명으로 증가
- 수익: 520% 증가
- 팀 규모: 1명에서 16명으로 확장
- 민호의 역할: 콘텐츠 제작자에서 전략적 리더로 전환

가장 놀라운 점은 민호가 2주간의 휴가를 다녀온 후 이런 말을 할 수 있게 된 것이다: "내가 없는 동안 콘텐츠 품질이 오히려 향상되었어. 내가 만든 시스템이 나보다 더 똑똑해졌다."

콘텐츠 시스템화의 일상 실천법

콘텐츠 시스템화는 큰 프로젝트이지만, 다음과 같은 일상적인 습

관으로 점진적으로 구현할 수 있다.

일일 실천법

1. 시스템 시간 확보하기: 매일 30분을 '콘텐츠 시스템 구축 시간'으로 배정하여 템플릿 개발, 프로세스 문서화 등에 투자한다.
2. 패턴 인식 훈련하기: 매일 하나의 콘텐츠를 분석하여 성공 요소와 구조적 패턴을 파악하는 습관을 들인다.
3. 미니 템플릿 만들기: 자주 반복되는 작은 콘텐츠 요소(소개, 결론, 설명 구조 등)의 템플릿을 하나씩 만들어 본다.

주간 실천법

1. 콘텐츠 리믹스 세션: 주 1회, 기존 콘텐츠를 다른 형식으로 변환하는 연습을 통해 확장 사고를 훈련한다.
2. 시스템 개선 시간: 주 1회, 1시간을 할애하여 콘텐츠 프로세스의 한 부분을 개선하거나 자동화하낟.
3. 콘텐츠 일관성 검토: 주간 콘텐츠를 검토하며 일관성, 품질, 브랜드 정렬도를 평가하고 개선점을 기록한다.

월간 실천법

1. 템플릿 라이브러리 확장: 매월 하나의 새로운 콘텐츠 유형에 대한 템플릿을 개발한다.
2. 미니 시스템 구축: 매월 하나의 콘텐츠 영역(아이디어 발굴, 리서치, 배포 등)을 완전히 시스템화한다.
3. 콘텐츠 감사 및 최적화: 월 1회, 전체 콘텐츠 포트폴리오를 검토하고 패턴, 격차, 개선 기회를 파악한다.

당신의 유산은 당신이 아닌 당신이 만든 시스템이다

많은 크리에이터와 기업가들은 자신의 독특한 재능, 통찰력, 스타일을 콘텐츠의 핵심 가치로 여긴다. 그들은 "나만의 특별함"이 성공의 비결이라고 믿는다. 그러나 이러한 접근법은 근본적인 한계를 가지고 있다: 그것은 확장될 수 없다.

진정한 콘텐츠 레거시(유산)는 당신이 아닌, 당신이 만든 시스템에 있다. 당신의 통찰력, 경험, 방법론을 재현 가능한 구조로 변환할 때, 그것은 당신을 넘어 확장되고 영향력을 미치게 된다.

콘텐츠 시스템화는 단순히 효율성을 높이는 것이 아니다. 그것은 당신의 가치와 비전을 지속 가능하고 확장 가능한 방식으로 세상에 전달하는 것이다. 그것은 당신이 만든 콘텐츠가 아닌, 콘텐츠를 만드는 방식 자체를 당신의 핵심 자산으로 만드는 것이다.

오늘부터 자문해 보자: "내가 2주간 완전히 떠나 있어도 내 콘텐츠의 가치와 품질이 유지될 수 있을까?"

만약 그렇지 않다면, 지금이 콘텐츠 시스템화를 시작할 때다. 당신을 따라 하게 하지 말고, 당신의 구조를 복제하게 하라. 그것이 진정한 콘텐츠 확장의 비밀이다.

15

내 콘텐츠는 왜 퍼지지 않을까
- 확산되는 콘텐츠의 조건

> "콘텐츠가 성공하는 것은 단순히 좋은 것을 만드는 것이 아니라,
> 공유하고 싶게 만드는 것이다." - 콘래드 핀드

빠르게 스쳐 지나가는 콘텐츠의 세계

김 작가는 콘텐츠 크리에이터로 3년째 활동 중이었다. 시작했을 때는 '좋은 콘텐츠만 만들면 사람들이 알아볼 거야'라는 믿음이 있었다. 처음에는 조회수 100회가 넘으면 기뻤고, 댓글 하나에도 감사했다. 그런데 시간이 지나도 상황은 크게 나아지지 않았다.

그러던 어느 날, 별다른 기대 없이 올린 글 하나가 갑자기 1만 회 이상의 조회수를 기록했다. 댓글과 공유도 평소의 10배 이상 증가했다.

"왜 이럴까? 내가 더 공들여 만든 콘텐츠는 묻히고, 오히려 간단히 작성한 글이 폭발적으로 퍼졌다."

이것이 바로 '콘텐츠 확산의 역설'이다.

확산되는 콘텐츠와 사라지는 콘텐츠의 차이

많은 사람들이 양질의 콘텐츠를 만들면 자연스럽게 퍼질 것이라고 생각한다. 하지만 실제로는 훌륭한 콘텐츠도 주목받지 못하고

사라지는 경우가 많다. 이런 현상이 발생하는 이유를 살펴보자.

1. 감정적 자극의 부재

확산되는 콘텐츠의 가장 핵심적인 특징은 감정적 자극이다. 사람들은 논리보다 감정에 반응한다. 기쁨, 분노, 놀라움, 공포 같은 강한 감정을 유발하는 콘텐츠는 '이것을 다른 사람과 나눠야겠다'는 충동을 불러일으킨다.

당신의 콘텐츠가 정보는 풍부하지만 감정적 연결이 부족하다면, 그것은 마치 영양가는 높지만 맛이 없는 음식과 같다. 아무리 건강에 좋아도 다른 사람에게 추천하고 싶은 마음이 들지 않는다.

2. 공감대 형성 실패

공유되는 콘텐츠는 '나만 그런 게 아니었어!'라는 공감을 끌어낸다. 많은 사람들이 경험했지만 명확히 표현하지 못했던 생각이나 감정을 콘텐츠가 대신 표현해 줄 때, 사람들은 자신의 경험이 타당함을 확인받는 기분으로 적극적으로 공유한다.

3. 너무 일반적이거나 너무 독특한 주제

너무 많은 사람들이 이미 다룬 일반적인 주제는 주목받기 어렵다. 반대로 너무 특정 분야에 국한된 전문적인 내용도 제한된 청중만 끌어들인다. 확산되는 콘텐츠는 독특하되 보편적인 접점을 가진 주제를 다룬다.

4. 시의성과 트렌드 연결성 부족

현재 사람들이 관심을 갖는 주제나 트렌드와 연결되지 않은 콘텐츠는 확산되기 어렵다. 뉴스 사이클이나 시즌성 이벤트, 사회적 이슈 등과의 연결성은 콘텐츠가 더 많은 관심을 받는 데 중요한 역할을 한다.

최근 전 세계적으로 화제가 된 영화가 개봉했을 때, 그 영화와 연관된 콘텐츠는 그렇지 않은 콘텐츠보다 훨씬 더 많은 주목을 받을 가능성이 높다. 실제로 영화 '오펜하이머' 개봉 후 핵물리학 관련 콘텐츠 소비가 급증한 사례가 있다.

5. 시각적 매력과 형식의 문제

내용이 아무리 훌륭해도 시각적으로 매력적이지 않거나, 소비하기 어려운 형태의 콘텐츠는 확산되기 어렵다. 오늘날의 디지털 환경에서는 첫인상이 콘텐츠의 성패를 좌우한다.

긴 텍스트 블록보다는 적절한 시각 요소와 여백이 있는 콘텐츠, 10분 영상보다는 핵심을 담은 1분 영상이 더 많이 공유되는 경향이 있다. 사람들은 짧은 시간에 가치를 얻을 수 있는 콘텐츠에 끌린다.

사례 연구: 두 크리에이터의 접근법

사례 1: 박 디자이너의 기술 중심 접근

박 디자이너는 UX 디자인에 관한 콘텐츠를 만들었다. 그는 최신 디자인 이론과 도구에 대한 심도 있는 분석과 튜토리얼을 제공했다. 기술적으로 완벽했지만, 조회수는 항상 300~500회에 머물렀다.

어느 날 그는 "디자이너가 클라이언트에게 들었던 가장 황당한 피드백 10가지"라는 가벼운 글을 올렸다. 그리고 이 글은 5만 회 이상의 조회수를 기록했다.

"사람들은 내 전문성보다 내 경험에 더 공감했던 거죠."

이 블로거는 같은 디자인 분야에서 다른 접근법을 택했다. 그녀는 디자인 이론 대신 "밤새워 작업하다 실수한 웃픈 경험들", "클라이언트와 나누는 대화의 속뜻 해석하기" 같은 주제로 글을 썼다.

그녀의 글은 기술적 깊이는 부족했지만, 모든 디자이너가 겪는 공통 경험을 유머러스하게 포착했다. 결과적으로 그녀의 콘텐츠는 디자인 커뮤니티 내에서 바이럴 현상을 일으켰고, 이를 기반으로 나중에 더 심층적인 콘텐츠도 주목받을 수 있었다.

"먼저 마음의 문을 열게 하고, 그다음에 지식을 전달하는 전략이었어요."

사례 3: 정 유튜버의 타이밍 승부

정 유튜버는 게임 리뷰 채널을 운영하고 있었다. 그는 항상 신작 게임이 출시된 바로 그날, 밤을 새워 게임을 플레이하고 리뷰 영상을 만들었다. 완벽하게 편집된 영상은 아니었지만, 출시 당일에 올라오는 신속한 리뷰라는 점이 그의 최대 강점이었다.

"사람들이 궁금해할 때 가장 먼저 답을 주는 사람이 이긴다는 걸 깨달았어요. 완벽한 분석보다 적절한 타이밍이 더 중요했죠."

그의 채널은 2년 만에 구독자 50만 명을 돌파했다.

확산되는 콘텐츠의 7가지 조건

다음 체크리스트를 통해 당신의 콘텐츠가 확산될 가능성이 얼마나 높은지 진단해 보자:

· [ ] 강한 감정적 반응(기쁨, 분노, 놀라움 등)을 유발하는가?

- [ ] 대부분의 사람이 공감할 수 있는 경험을 다루는가?
- [ ] 유용한 정보나 즉시 적용 가능한 통찰을 제공하는가?
- [ ] 간결하고 명확하게 핵심을 전달하는가?
- [ ] 시각적으로 매력적이거나 독특한 표현 방식을 사용하는가?
- [ ] 현재 트렌드나 이슈와 연결점이 있는가?
- [ ] 공유했을 때 공유자의 이미지나 정체성을 긍정적으로 반영하는가?

5개 이상 체크되었다면, 당신의 콘텐츠는 확산될 가능성이 높다.

콘텐츠 확산을 위한 실전 전략

확산되는 콘텐츠를 만들기 위한 구체적인 전략을 알아보자.

1. 감정적 곡선 설계하기

모든 성공적인 콘텐츠에는 감정적 곡선이 있다. 호기심으로 시작해 공감, 놀라움, 그리고 깨달음으로 이어지는 감정의 여정을 설계하라.

감정 곡선 설계 워크시트

콘텐츠 단계	목표 감정	구체적인 장치
도입부	호기심	의외성 있는 질문이나 통계로 시작하기
전개	공감/인정	독자의 경험과 연결되는 사례 제시
클라이맥스	놀라움/깨달음	기존 관점을 뒤집는 새로운 시각 제공
결론	영감/동기부여	실천 가능한 다음 단계 제시하기

각 단계에서 독자/시청자에게 불러일으키고 싶은 감정과 그것을 달성하기 위한 구체적인 방법을 작성하라.

2. 공유 가치 극대화하기

사람들이 콘텐츠를 공유하는 이유는 대부분 자신의 정체성과 연결되어 있다. "이것을 공유함으로써 나는 어떤 사람으로 보일까?"라는 질문에 긍정적인 답을 줄 수 있는 콘텐츠를 만들어라.

공유 동기	콘텐츠에 반영하는 방법
지식인으로 보이고 싶음	독특한 시각이나 심층적 분석이 담긴 콘텐츠 제작
유머 감각이 있다고 인정받고 싶음	공감대 있는 상황을 위트 있게 표현한 콘텐츠
트렌드를 선도한다고 여겨지고 싶음	새로운 트렌드를 남들보다 빨리 소개하는 콘텐츠
배려심 있는 사람으로 인식되고 싶음	다른 사람에게 도움이 될 실용적 정보 제공
특별한 인사이트가 있다고 생각되고 싶음	일상적인 현상에 대한 새로운 해석 제시

3. 플랫폼별 최적화 전략

각 플랫폼마다 확산되는 콘텐츠의 특성이 다르다. 플랫폼의 특성에 맞게 콘텐츠를 조정하는 것이 중요하다.

플랫폼별 최적화 전략 가이드

플랫폼	최적 형식	주요 확산 요인	피해야 할 것
인스타그램	시각적으로 매력적인 이미지 또는 짧은 릴스	심미적 가치, 영감, 라이프스타일	너무 많은 텍스트, 낮은 품질의 이미지
유튜브	첫 15초가 강력한 5-15분 영상	교육적 가치, 오락성, 문제 해결	느린 도입부, 불명확한 섬네일
페이스북	감정을 자극하는 스토리와 영상	감동적 스토리, 논란거리, 정체성 확인	너무 판매적인 콘텐츠, 개인적이지 않은 내용
트위터/X	위트있고 시의적절한 짧은 텍스트	시사성, 기발함, 논쟁적 요소	긴 설명, 진부한 표현

플랫폼	최적 형식	주요 확산 요인	피해야 할 것
틱톡	15-60초의 매력적인 영상	트렌드 참여, 놀라움 요소, 창의적 편집	복잡한 설명, 느린 전개
링크드인	전문성을 보여주는 인사이트	실용적 조언, 성공 사례, 업계 동향	너무 개인적인 내용, 논쟁적 정치 주제

4. 알고리즘 친화적 콘텐츠 설계

각 플랫폼의 알고리즘은 특정 패턴의 콘텐츠를 선호한다. 이를 이해하고 활용하는 것이 중요하다.

알고리즘 친화적 콘텐츠 설계 가이드

플랫폼	알고리즘이 선호하는 요소	실천 전략
유튜브	시청 시간, 참여도	영상 내내 '다음에 나올 내용' 예고하기, 댓글 유도 질문 포함
인스타그램	초기 참여율, 저장 수	첫 1시간 내 참여 유도, 저장할 만한 정보성 콘텐츠
페이스북	댓글 상호작용, 체류 시간	질문으로 시작해 댓글 유도, 카루셀 형식으로 체류 시간 늘리기
틱톡	완주율, 재생 반복	15초 이내 핵심 흥미 요소 배치, 자연스러운 루프 설계

5. 바이럴 구조 활용하기

특정 콘텐츠 구조는 다른 구조보다 더 쉽게 확산되는 경향이 있다. 이런 검증된 바이럴 구조를 활용하라.

검증된 바이럴 구조 템플릿

1. 비교/대조 구조: "X를 하는 5가지 방법 vs 하지 말아야 할 3가지 방법"

2. 숫자형 리스트: "성공한 사람들의 7가지 아침 습관"
3. 도전/해결 서사: "나는 어떻게 30일 만에 불가능해 보이는 X 를 달성했는가"
4. 내부자 폭로: "업계 전문가가 밝히는 소비자가 모르는 5가지 진실"
5. 반전 구조: "모두가 X라고 생각하지만, 실제로는 Y가 진실 이다"
6. 스토리텔링 공식: "절망적 상황 → 전환점 → 교훈 → 성공"

불안을 넘어 창의적 확산으로

확산에 대한 집착은 오히려 창의성을 저해할 수 있다. 다음과 같은 마인드셋 전환이 필요하다:

오래된 믿음: "많은 사람들이 보게 만들어야 한다"
새로운 관점: "먼저 한 사람의 마음을 깊이 움직이는 데 집중하자"

오래된 믿음: "모든 콘텐츠가 바이럴이 되어야 성공이다"
새로운 관점: "바이럴은 결과일 뿐, 과정에서의 진정성과 가치가 더 중요하다"

오래된 믿음: "트렌드를 쫓아야 주목받는다"
새로운 관점: "때로는 트렌드를 거스르는 진정성이 더 큰 주목을 받는다"

오래된 믿음: "완벽한 콘텐츠를 만들어야 공유된다"

새로운 관점: "진정성 있는 불완전함이 오히려 더 많은 공감을 얻을 수 있다"

오래된 믿음: "남들이 좋아할 내용을 만들어야 한다"
새로운 관점: "내가 진심으로 전하고 싶은 메시지가 있는 콘텐츠가 결국 더 멀리 간다"

오늘부터 실천할 수 있는 콘텐츠 확산 루틴

1. 아침 루틴: 하루를 시작하기 전, 10분간 "오늘 나는 어떤 감정적 경험을 나누고 싶은가?"라는 질문에 집중한다.
2. 주간 공감 수집: 일주일 동안 주변에서 들은 공감되는 말이나 상황을 메모장에 기록하고, 이를 콘텐츠 소재로 활용한다.
3. 월간 확산 분석: 매월 가장 많이 공유된 콘텐츠 3개를 분석하고, 공통된 패턴을 찾아 다음 달 콘텐츠 계획에 반영한다.
4. 분기별 콘텐츠 실험: 3개월마다 완전히 새로운 형식이나 주제의 콘텐츠를 시도하고, 반응을 측정한다.
5. 일일 트렌드 체크: 하루 10분씩 각 플랫폼의 트렌딩 주제를 확인하고, 자신의 전문 분야와 연결할 수 있는 접점을 찾는다.
6. 주간 인사이트 깊이 파기: 일주일에 한 번, 1시간을 투자해 자신의 분야에서 남들이 놓치고 있는 깊은 인사이트를 발굴한다.
7. 참여 유도 전략 수립: 모든 콘텐츠에 "다음에 무엇을 볼지", "어떤 행동을 취할지"에 대한, 명확한 다음 단계를 제시한다.

성공 사례: 분야별 히트 콘텐츠 분석

1. 교육 분야: "10분 만에 이해하는 OO 개념"

강사 이 씨는 복잡한 경제 개념을 10분 이내의 영상으로 설명하는 시리즈를 시작했다. 그는 추상적인 개념을 일상생활의 예시로 풀어내고, 시각적 메타포를 활용했다. 특히 "인플레이션을 피자로 설명하기" 영상은 50만 뷰를 기록했으며, 많은 경제학 교사가 수업 자료로 활용했다.

성공 요인:

복잡한 개념의 단순화, 강한 시각적 메타포, 명확한 실용적 가치, 공유하기 쉬운 짧은 길이

2. 건강 분야: "나를 구한 5분 스트레칭"

물리치료사 박 씨는 거북목으로 고생하다 자신이 개발한 5분 스트레칭 루틴으로 증상을 완화한 경험을 공유했다. 그녀는 자신의 비포/애프터 사진과 함께, 누구나 따라 할 수 있는 간단한 동작 5가지를 소개했다. 이 콘텐츠는 특히 30~40대 직장인들 사이에서 폭발적으로 공유되었다.

성공 요인:

개인적 서사, 명확한 문제 해결, 즉시 실천 가능한 간결함, 시각적 증거

3. 비즈니스 분야: "실패에서 배운 스타트업 교훈"

실패한 스타트업의 전 CEO 김 씨는 자신의 실패 경험을 솔직하게 공유하는 글을 올렸다. 그는 투자금 10억을 소진하고 사업을 접은 과정에서 배운 구체적인 교훈 7가지를 진솔하게 서술했다. 이 글은 스타트업 커뮤니티에서 광범위하게 공유되었고, 그에게 컨설

팅과 강연 기회를 가져다주었다.

성공 요인:

취약점 공개를 통한 진정성, 구체적인 실수와 교훈, 다른 창업자
들에게 제공하는 실질적 가치

확산은 콘텐츠의 결과가 아니라 관계의 산물이다

콘텐츠가 퍼지지 않는다고 좌절하고 있다면, 그것은 새로운 접근법을 시도할 기회가 왔다는 신호다. 콘텐츠 확산의 본질은 기술이나 알고리즘이 아니라 인간적 연결에 있다.

진정한 확산은 많은 사람들에게 얕게 닿는 것이 아니라, 한 사람의 마음을 깊이 움직여 그 사람이 자발적으로 다른 이에게 그 경험을 나누고 싶게 만드는 것에서 시작된다. 당신의 콘텐츠가 누군가에게 "이걸 꼭 친구에게 보여줘야겠다"는 생각이 들게 했다면, 그것이 바로 확산의 시작점이다.

기억하라: 알고리즘은 계속 변하지만, 인간의 감정과 공유 심리는 변하지 않는다. 조회수와 좋아요에 집착하기보다, 한 명의 독자라도 깊이 감동시킬 수 있는 콘텐츠를 만드는 데 집중하라. 그것이 결국 천 명, 만 명에게 닿는 지름길이다.

오늘, 콘텐츠 제작의 목표를 '바이럴'에서 '공감'으로 전환해보라. 성공은 조회수나 좋아요의 숫자가 아니라, 당신의 콘텐츠가 만들어낸 공감과 연결의 깊이에 있다.

확산은 목표가 아니라 진정성의 자연스러운 결과물이다.

당신의 콘텐츠는 어떤 감정을 전달하고 있는가?

제5장

당장 실천하는 확장의 기술

전략보다 먼저 필요한 건, 오늘 당장 움직일 실천 루틴

당장 실천하는 확장의 기술:
전략보다 먼저 필요한 일상의 루틴

큰 계획과 작은 현실 사이에서

장현우는 이른 아침 조용한 카페에 앉아 두꺼운 비즈니스 플랜 문서를 살펴보고 있었다. 그의 디지털 마케팅 에이전시 '디지털 웨이브'는 설립 3년 차로, 이제 다음 단계로 도약해야 할 시점이었다. 화려한 그래프와 표로 가득한 이 문서는 향후 5년간의 확장 전략을 담고 있었다.

"드디어 완성했군." 그가 중얼거렸다. 6개월간 주말까지 반납하며 작업한 마스터플랜이었다.

바로 그때, 오랜 멘토인 김태식 대표가 카페에 들어섰다. 태식은 20년 차 사업가로, 여러 성공적인 비즈니스를 일군 베테랑이었다.

"오, 태식 형! 제가 지난 6개월간 작업한 확장 전략이에요. 한번 봐주세요." 현우가 자랑스럽게 문서를 건넸다.

태식은 문서를 대충 훑어보더니 미소를 지었다. "인상적인 계획이군. 근데, 이걸 실현하기 위해 오늘 뭘 할 거야?"

현우는 당황했다. "음… 일단 팀에 공유하고, 첫 번째 단계를 준비하려고요. 하지만 본격적인 실행은 다음 분기부터⋯"

태식은 고개를 저었다. "현우야, 내가 지난 20년간 배운 가장 중요한 교훈을 하나 알려줄게. 비즈니스 확장에서 가장 중요한 것은 화려한 전략이 아니라, 매일 실천하는 작은 루틴이야. 전략은 방향을 제시하지만, 실제로 그곳에 도달하게 하는 건 매일의 습관이지."

현우는 의아한 표정을 지었다. "하지만 큰 그림 없이 어떻게 확장이 가능하죠?"

"큰 그림은 필요해. 하지만 그것만으로는 충분하지 않아." 태식이 설명했다. "내일 시간 있니? 내 사무실로 와. 내가 진짜 확장의 기술을 보여줄게."

확장의 비밀은 캘린더에 있다

다음 날, 현우는 태식의 사무실을 방문했다. 그는 태식이 거대한 전략 보드나 복잡한 비즈니스 모델을 보여줄 것이라 예상했다. 하지만 태식이 보여준 것은 의외로 단순했다 - 그의 주간 캘린더였다.

"이게 뭐예요?" 현우가 물었다.

"이게 바로 내 비즈니스가 매년 30%씩 성장한 비결이야." 태식이 웃으며 말했다. "내 일정표를 보면, 월요일부터 금요일까지 매일 아침 8시부터 10시까지 '확장 시간'으로 블록되어 있지?"

현우는 고개를 끄덕였다.

"이 두 시간 동안, 나는 오직 비즈니스를 확장하는 활동만 한다. 이메일 체크 금지, 운영 문제 해결 금지, 긴급하지 않은 전화 금지. 오직 비즈니스를 키우는 활동만."

"구체적으로 어떤 활동을 하세요?" 현우가 궁금해했다.

"월요일은 잠재 파트너십 구축하기. 화요일은 주요 고객 직접 컨택하기. 수요일은 신규 서비스 개발하기. 목요일은 팀 역량 강화하기. 금요일은 데이터 분석과 다음 주 계획하기. 이 루틴을 5년간 거의 종교적으로 지켜왔어."

현우는 놀라움을 감추지 못했다. "그게 다예요? 그렇게 단순한 거였어요?"

태식은 웃었다. "성공의 비결은 대개 단순해. 하지만 실천하기는 어렵지. 큰 전략을 세우는 것보다, 작은 행동을 매일 실천하는 게 훨씬 어려워."

실천 루틴의 마법

태식의 조언을 받아들인 현우는 자신만의 '확장 루틴'을 설계하기로 했다. 그는 매일 아침 9시부터 11시까지를 확장 활동에 전념하기로 결정했다.

첫 주는 힘들었다. 익숙한 이메일 체크와 일상적인 운영 업무의 유혹이 컸다. 그러나 현우는 의지력을 발휘해 새로운 루틴을 고수했다.

두 번째 주, 흥미로운 일이 일어났다. 현우가 월요일 아침에 콜드 이메일을 보낸 잠재 클라이언트로부터 미팅 요청이 왔다. 화요일에 그가 직접 연락한 주요 고객이 프로젝트 확장을 제안했다. 수요일에 그가 구상한 새로운 서비스 아이디어에 팀이 열광했다.

한 달 후, 현우는 놀라운 변화를 느꼈다. 그의 에이전시는 두 개의 새로운 대형 계약을 체결했고, 신규 서비스 라인의 베타 테스트를 시작했으며, 유망한 파트너십 논의가 세 건 진행 중이었다.

"신기해요." 현우가 태식에게 말했다. "저는 항상 성장이 대대적인 캠페인이나 대규모 투자에서 온다고 생각했어요. 하지만 이렇게 작은 일상적인 활동들이 모여서…"

태식은 웃었다. "복리의 마법이지. 1%의 개선이 매일 계속되면, 1

년 후에는 37배 더 나아진 결과를 얻어. 반대로 아무리 훌륭한 전략도 실행되지 않으면 종이에 불과해.”

루틴이 만드는 기회의 눈덩이

3개월 후, 현우의 ‘디지털 웨이브’는 놀라운 변화를 겪고 있었다. 그의 일상적인 확장 루틴이 예상치 못한 방식으로 시너지를 창출하기 시작했다.

화요일마다 진행한 주요 고객과의 대화는 그들의 미충족 니즈를 발견하게 해주었고, 이는 수요일의 서비스 개발 시간에 새로운 상품 라인으로 진화했다. 목요일의 팀 역량 강화는 직원들의 자발적인 혁신 제안으로 이어졌고, 이는 다시 월요일의 파트너십 구축에 활용되었다.

“이게 바로 루틴의 마법이야.” 태식이 설명했다. “개별 활동들이 고립된 것이 아니라, 서로 연결되어 선순환을 만들기 시작해.”

특히 주목할 만한 변화는 현우 자신의 마인드셋이었다. 그는 더 이상 확장을 막연한 미래의 목표로 생각하지 않고, 매일 실천하는 구체적인 활동으로 인식하게 되었다. 이러한 사고방식의 변화는 그의 전체 팀에게도 영향을 미쳤다.

“우리가 하는 일이 단순히 일상적인 업무가 아니라, 회사의 미래를 만드는 과정이라는 인식이 팀 전체에 퍼지기 시작했어요.” 현우가 말했다.

태식은 고개를 끄덕였다. “그것이 바로 확장 루틴의 가장 큰 가치야. 비즈니스 확장이 특별한 이벤트가 아니라, 일상의 일부가 되는 거지.”

위기 속에서 빛나는 루틴의 힘

6개월이 지난 어느 날, 디지털 마케팅 업계에 큰 위기가 닥쳤다. 주요 소셜미디어 플랫폼의 정책 변화로 많은 에이전시들이 타격을 입었고, 몇몇은 문을 닫기까지 했다.

현우도 당연히 불안했다. 하지만 그는 자신의 확장 루틴을 고수했다.

"지금같이 어려운 시기에 확장을 생각할 여유가 있나요?" 그의 운영 책임자가 물었다. "생존에 집중해야 하지 않을까요?"

현우는 잠시 생각했다. "위기 때문에 더욱 확장 활동이 중요해졌어. 다만, 확장의 방향을 조금 조정할 필요는 있겠지."

그는 자신의 확장 루틴을 유지하되, 내용을 조정했다. 더 많은 시간을 기존 고객 관계 강화와 플랫폼 독립적인 서비스 개발에 할애했다. 그리고 위기 동안 경쟁사들이 축소하는 동안, 그는 오히려 인재 영입의 기회를 포착했다.

놀랍게도, 이 위기는 '디지털 웨이브'에게 기회가 되었다. 많은 경쟁사들이 줄어든 시장에서 생존에 급급할 때, 현우의 회사는 오히려 시장 점유율을 확대했다.

"위기 때 대부분의 기업들은 확장 활동을 제일 먼저 중단해." 태식이 설명했다. "그게 자연스러운 반응이지만, 장기적으로는 실수야. 확장 루틴을 유지한 덕분에, 너는 다른 이들이 보지 못한 기회를 포착할 수 있었던 거야."

루틴이 만드는 확장의 문화

1년 후, '디지털 웨이브'는 크게 성장했다. 직원 수는 3배로 늘었고, 매출은 2배 이상 증가했다. 하지만 가장 큰 변화는 눈에 보이지 않는 곳에서 일어났다.

어느 날, 현우는 자신도 모르게 팀 전체가 확장 루틴을 실천하고 있음을 발견했다. 각 팀 리더들이 자신만의 확장 시간을 설정했고, 팀원들도 각자의 영역에서 확장을 위한 작은 루틴을 만들어가고 있었다.

"놀라운 일이 일어났어요." 현우가 태식에게 말했다. "확장이 더 이상 제 개인적인 루틴이 아니라, 회사 문화가 되었어요."

태식은 미소를 지었다. "그것이 바로 진정한 비즈니스 확장의 모습이야. 한 사람의 비전이 아니라, 모든 구성원이 함께 실천하는 문화가 되는 거지."

현우는 자신의 화려한 5년 확장 전략 문서를 떠올렸다. 그것은 여전히 그의 책상 서랍에 있었지만, 실제 회사의 확장은 그 문서가 아닌 일상의 작은 루틴들을 통해 이루어지고 있었다.

"전략도 중요하지만, 실천이 없으면 그저 꿈에 불과해." 태식이 말했다. "반면, 매일의 실천은 전략 없이도 놀라운 결과를 만들어낼 수 있어."

작은 루틴이 만드는 큰 기회

2년 후, 현우는 태식과 함께 골프를 치며 지난 시간을 돌아보고 있었다.

"형이 확장 루틴에 대해 조언해 주셨을 때, 솔직히 반신반의했어요." 현우가 고백했다. "너무 단순해 보였거든요. 하지만 지금 돌이켜보면, 그것이 제 비즈니스를 완전히 바꿨어요."

'디지털 웨이브'는 이제 업계 선두 주자 중 하나가 되었고, 최근에는 해외 지사까지 열었다.

"내가 가장 놀라운 건, 우리가 계획하지 않았던 기회들이 루틴 덕분에 열렸다는 거예요." 현우가 계속했다. "매일 확장 활동에 시간을 투자하다 보니, 우연한 발견과 연결이 생겼고, 그것들이 가장 큰 성장 동력이 되었어요."

태식은 고개를 끄덕였다. "그것이 바로 루틴의 마법이야. 의도적인 실천이 우연한 행운을 만나게 해주지. 행운은 준비된 자에게 찾아온다는 말이 있잖아."

현우는 깊이 공감했다. 일상의 루틴이 만들어낸 '행운'의 순간들이 떠올랐다. 공항 라운지에서 우연히 만난 해외 기업가와의 대화가 국제적 파트너십으로 이어졌고, 호기심에 참석한 테크 콘퍼런스에서 발견한 신기술이 그들의 서비스를 혁신했다.

"전략은 우리가 알고 있는 기회를 추구하게 해주지만, 루틴은 우리가 몰랐던 기회를 발견하게 해주는 것 같아요." 현우가 깨달음을 나눴다.

당장 실천하는 확장의 기술

5년 후, 현우는 이제 후배 사업가들의 멘토가 되었다. 한 스타트업 창업자가 그에게 물었다.

"성공적인 비즈니스 확장을 위한 가장 중요한 조언이 무엇인가요?"

현우는 미소를 지었다. "거창한 전략보다 먼저 필요한 것은, 오늘 당장 실천할 수 있는 루틴이에요. 확장은 미래의 사건이 아니라 현재의 행동이니까요."

그는 자신의 경험을 바탕으로, 비즈니스 확장을 위한 실천 루틴의 핵심 원칙을 정리했다:

1. 일관성이 결과를 만든다: 화려하지 않더라도 매일 꾸준히 실천하는 것이 핵심이다. 작은 행동이라도 매일 반복하면 시간이

지남에 따라 놀라운 결과를 만들어낸다.

2. 시간을 지키는 것이 성공의 열쇠: 확장 활동을 위한 시간을 신성하게 지켜라. 긴급한 일이 중요한 일을 대체하지 않게 하라.

3. 작은 실험, 빠른 학습: 완벽한 계획을 기다리지 말고, 작은 실험을 매일 실행하라. 실패로부터 빠르게 배우고 방향을 조정하라.

4. 계량화된 습관: 측정할 수 없으면 개선할 수 없다. 확장 루틴의 성과를 추적하고, 데이터를 기반으로 지속적으로 개선하라.

5. 문화가 되는 루틴: 개인의 습관을 팀의 문화로 확장하라. 진정한 비즈니스 확장은 모든 구성원이 함께할 때 가능하다.

현우의 이야기는 비즈니스 확장이 대담한 전략이나 거창한 계획만으로 이루어지지 않음을 보여준다. 진정한 확장은 매일의 작은 실천, 일관된 루틴, 그리고 이를 통해 형성되는 확장 지향적 문화에서 비롯된다.

전략은 방향을 제시하지만, 실천 루틴이 실제로 그곳에 도달하게 한다. 당신의 비즈니스 확장을 위해 오늘 시작할 수 있는 작은 루틴은 무엇인가? 그 답이 당신의 비즈니스 미래를 결정할 것이다.

16

소문이 마케팅이 되는 순간
– 확장되는 사람들의 습관

"최고의 마케팅은 제품에 내장되어 있다." - 세스 고딘

소문의 힘을 깨달은 카페 사장

이사장은 동네 카페 '모닝글로리'를 5년째 운영하고 있었다. 경쟁이 치열한 카페 시장에서 그녀는 초반에 광고와 프로모션에 많은 돈을 썼지만, 투자 대비 효과는 미미했다. 홍보 예산은 점점 늘어가는데 매출 증가는 더뎠다.

그러던 어느 날, 그녀는 우연히 중요한 사실을 발견했다. 매장을 찾은 단골손님이 "인스타그램에서 이 카페의 창가 자리 사진을 보고 친구를 데리고 왔어요"라고 말한 것이다. 이사장은 깨달았다. 비용을 들여 만든 광고보다, 고객들이 자발적으로 퍼뜨리는 소문이 훨씬 더 강력하다는 것을.

"내가 홍보하는 것보다, 고객이 자발적으로 소문내게 만드는 것이 더 효과적이구나."

이것이 바로 '소문 마케팅의 역설'이다.

소문이 마케팅보다 강력한 이유

많은 사업자가 마케팅에 돈을 쓰면 손님이 늘 것이라 믿는다. 하지만 실제로는 고객들이 자발적으로 퍼뜨리는 소문이 훨씬 더 강력한 성장 동력이 된다. 이런 현상이 발생하는 이유를 살펴보자.

1. 신뢰의 차이

기업이 전달하는 마케팅 메시지보다, 지인의 추천은 훨씬 더 높은 신뢰를 얻는다. 닐슨의 조사에 따르면, 소비자의 92%는 광고보다 가족이나 친구의 추천을 더 신뢰한다. 당신의 제품이나 서비스가 아무리 좋다고 광고해도, 친구의 "여기 진짜 좋더라" 한마디만 못하다.

2. 비용 대비 효과의 차이

전통적인 마케팅은 비용이 많이 든다. 하지만 소문은 자발적으로 퍼지므로 직접적인 비용이 들지 않는다. 마케팅 캠페인은 예산이 소진되면 효과도 사라지지만, 소문은 예산과 무관하게 계속 확산된다.

3. 타깃팅의 정확성

마케팅은 타깃 고객층을 예측하여 접근하지만, 소문은 자연스럽게 관심 있는 사람들 사이에서 퍼진다. 소문을 통해 제품 정보를 접한 사람은 이미 어느 정도 관심이 있는 상태이므로 전환율이 높다.

4. 지속성의 차이

마케팅 캠페인은 시작과 끝이 있지만, 좋은 소문은 오랫동안 지속된다. 몇 년 전에 먹었던 맛집에 대한 기억과 추천은 지금도 유효하다.

5. 감정적 연결의 힘

마케팅이 전달하는 메시지는 종종 이성적 판단에 호소하지만, 소문은 감정적 경험을 전달한다. "이 제품의 스펙이 좋아"보다 "이거 써봤는데 진짜 좋더라"는 말이 훨씬 강력한 이유다.

사례 연구: 세 기업가의 선택

사례 1: 김사장의 전통적 마케팅 접근

김 사장은 새로운 베이커리를 오픈하면서 지역 신문 광고, 전단, 오픈 프로모션에 초기 자금의 상당 부분을 투자했다. 초기에는 프로모션 효과로 손님이 많았지만, 광고 예산을 줄이자 손님도 함께 줄어들었다.

6개월 후, 그는 지속적인 광고 없이는 가게를 유지하기 어렵다는 결론에 도달했다. 결국 마케팅은 비용 센터가 되었고, 수익성에 계속 부담을 주었다.

"마케팅 비용은 끝없는 블랙홀 같았어요. 줄이면 손님이 줄고, 늘리면 수익이 줄고…"

사례 2: 박사장의 소문 중심 접근

반면 같은 동네에 비슷한 시기에 오픈한 박 사장의 베이커리는 다른 전략을 취했다. 그녀는 광고보다 '소문이 날 만한 포인트'를 만드는 데 집중했다.

먼저, 매장 한쪽 벽을 이색적인 포토존으로 꾸몄다. 그리고 지역 특산물을 활용한 시그니처 빵을 개발했다. 또한 모든 고객에게 작은 깜짝 선물(미니 쿠키나 샘플)을 제공했다.

그녀는 오픈 초기 약간의 광고를 했지만, 이후에는 거의 마케팅 비용을 들이지 않았다. 대신 '이야깃거리'와 '공유하고 싶은 경험'을 만드는 데 집중했다.

6개월 후, 그녀의 가게는 입소문만으로 주말에는 줄을 서서 기다려야 할 정도로 성장했다.

"우리 가게를 방문하는 것이 단순히 빵을 사는 행위가 아니라, 공유하고 싶은 경험이 되도록 했어요."

사례 3: 정 대표의 하이브리드 접근

세 번째 사례는 온라인 쇼핑몰을 운영하는 정 대표다. 그는 초기에 디지털 마케팅에 많은 예산을 투자했지만, 고객 획득 비용이 계속 상승하는 문제에 직면했다.

그는 전략을 수정하여 '소문이 나는 순간'을 만드는 데 집중했다. 모든 주문에 손글씨 감사 카드를 넣고, 기대 이상의 배송 속도를 제공했으며, 불만 사항에 대해서는 과도할 정도로 보상했다.

특히 그는 '언박싱(unboxing)' 경험에 투자했다. 평범한 택배 상자 대신, 개봉하는 순간 감탄이 나오는 패키징을 디자인했다. 그 결과, 많은 고객이 자발적으로 SNS에 언박싱 과정을 공유하기 시작했다.

1년 후, 그의 마케팅 예산은 절반으로 줄었지만 매출은 3배 증가했다.

"마케팅은 고객을 얻는 데 돈을 쓰는 것이 아니라, 고객이 당신을 위해 마케팅을 해주게 만드는 것이었습니다."

소문이 나는 비즈니스의 7가지 특징

다음 체크리스트를 통해 당신의 비즈니스가 얼마나 소문이 날 수 있는지 진단해 보자:

- [ ] 당신의 제품/서비스에는 사람들이 자발적으로 이야기하고 싶은 '퍼플 카우'(특이점)가 있는가?
- [ ] 고객 경험 중 특별히 기억에 남거나 공유하고 싶은 순간이 있는가?
- [ ] 사람들이 SNS에 올리고 싶어 할 만한 시각적 요소가 있는가?
- [ ] 예상을 뛰어넘는 '와우' 요소가 제공되는가?
- [ ] 고객이 다른 사람에게 쉽게 설명할 수 있는 명확한 차별점이 있는가?
- [ ] 고객이 친구를 데려오거나 추천하도록 자연스럽게 유도되는가?
- [ ] 경쟁사와 확연히 구분되는 독특한 스토리나 철학을 가지고 있는가?

3개 이하만 체크되었다면, 당신의 비즈니스는 소문이 나기 어려운 구조를 가지고 있을 수 있다.

소문이 퍼지는 비즈니스 만들기: 실전 전략

어떻게 하면 당신의 비즈니스가 자연스럽게 소문이 나도록 만들 수 있을까? 구체적인 전략을 알아보자.

1. 공유 가치 설계하기

사람들이 공유하는 이유는 대개 자신의 정체성과 관련이 있다. 당신의 제품이나 서비스를 공유함으로써 고객이 어떤 자아상을 표현할 수 있는지 생각해 보라.

274

공유 가치 설계 워크시트

고객 유형	공유 시 표현되는 정체성	강화할 요소
트렌드 세터	"나는 새로운 것을 발견하는 사람이다"	독특함, 희소성, 선구자적 요소
가치 소비자	"나는 현명하게 소비하는 사람이다"	가성비, 실용적 혜택 강조
사회적 기여자	"나는 좋은 가치에 기여하는 사람이다"	사회적/환경적 임팩트
커뮤니티 빌더	"나는 좋은 정보를 나누는 사람이다"	유용한 정보, 팁, 노하우
미학적 감상가	"나는 아름다움을 발견하는 사람이다"	시각적 매력, 디자인, 심미성

2. 소문의 촉발점 만들기

모든 소문에는 시작점이 있다. 고객 여정의 어느 지점에서 "이거 친구에게 말해야겠다"는 순간을 만들 수 있을지 고민하라.

소문 촉발점 설계 워크시트

고객 여정 단계	현재 경험	소문 촉발점으로 강화할 방법
첫 접촉		
구매 과정		
제품/서비스 경험		
사후 관리		
재구매/추천		

3. 이야기할 거리 심기

사람들은 평범한 것이 아닌, 특별한 것에 대해 이야기한다. 당신의 비즈니스에 '이야기할 거리'를 전략적으로 심어라.

이야기할 거리 개발 아이디어

1. 예상 깨기: 고객이 기대하지 않은 순간에 기쁜 놀라움 제공하기
   o 케이크 가게가 생일자에게 깜짝 미니 케이크를 추가로 선물하기
   o 온라인 주문 시 예상 배송일보다 하루빨리 배송되도록 설정하기
2. 이름 붙이기: 독특한 이름으로 평범한 것을 특별하게 만들기
   o 일반 '아메리카노' 대신 '새벽을 깨우는 한 잔'으로 명명하기
   o 고객 서비스팀을 '행복 수호자'로 부르기
3. 스토리텔링 요소: 제품/서비스에 이야기 요소 추가하기
   o 각 메뉴의 영감이 된 여행 이야기 공유하기
   o 제품 개발 과정의 실패와 성공 스토리 전달하기
4. 시각적 공유 요소: SNS에 올리고 싶은 시각적 요소 제공하기
   o 음식점 천장에 특별한 설치 미술 전시하기
   o 제품 패키지에 인용구나 재미있는 메시지 숨겨놓기
5. 참여 유도: 고객이 경험의 일부가 되도록 하기
   o 고객이 직접 자신의 음료를 디자인할 수 있는 옵션 제공하기
   o 제품 개발 과정에 고객 의견 반영하고 이름 크레딧 주기

4. 추천의 자연스러운 경로 만들기

고객이 자연스럽게 다른 사람을 데려오거나 추천하도록 경험을 설계하라.

자연스러운 추천 경로 설계

1. 그룹 경험화: 혼자보다 여럿이 경험할 때 더 좋아지는 요소 추가하기
   - o "친구 3명과 함께 오면 특별 메뉴 제공"
   - o 2인 이상 예약 시 더 좋은 좌석 배정
2. 선물 요소: 다른 사람에게 선물하고 싶어지게 만들기
   - o 세련된 선물 포장 옵션 무료 제공
   - o 선물용 개인화 메시지 카드 추가
3. 공유 인센티브: 추천을 자연스럽게 유도하는 혜택 설계하기
   - o 추천한 고객과 새 고객 모두에게 혜택 제공
   - o 누적 추천 시 특별한 VIP 혜택 제공
4. 추천의 간소화: 추천 과정을 최대한 쉽게 만들기
   - o 한 번의 클릭으로 추천 메시지 보내기
   - o QR코드로 간편하게 친구 초대하기

실제 비즈니스 적용: 업종별 소문 전략

1. 카페/레스토랑 소문 전략
   - 인스타그래머블 포인트: 매장 내 최소 3곳의 사진 찍기 좋은 포인트 만들기
   - 시그니처 프레젠테이션: 예상을 뛰어넘는 독특한 음식 플레이팅
   - 이름의 힘: 메뉴 이름에 스토리나 재미있는 요소 담기
   - 시크릿 메뉴: 아는 사람만 주문할 수 있는 '숨겨진 메뉴' 운영
   - 커뮤니티 이벤트: 정기적인 테마 이벤트로 소속감 제공
2. 리테일 매장 소문 전략

- 언박싱 경험: 패키징을 공유하고 싶은 예술 작품으로 만들기
- 큐레이션 철학: 제품 선정 배경에 명확한 스토리와 가치 담기
- 직원 전문성: 직원들을 제품 카테고리의 진정한 전문가로 양성
- 맞춤화 요소: 고객별 맞춤형 추천이나 개인화 옵션 제공
- 지역 연결: 지역 커뮤니티와의 의미 있는 협업 프로젝트

3. 서비스 비즈니스 소문 전략

- 과정의 투명성: 서비스 제공 과정을 흥미롭게 공개하기
- 결과의 드라마틱함: 비포/애프터 효과를 극대화하여 보여주기
- 지식 공유: 고객이 다른 이에게 전달하고 싶은 인사이트 제공
- 기대 이상의 서비스: 계약된 것보다 항상 10% 더 제공하기
- 이야기할 거리: 서비스 경험 중 특별한 '챕터'나 이벤트 만들기

4. 온라인 비즈니스 소문 전략

- 배송의 드라마: 택배 박스를 열 때마다 특별한 경험 제공
- 개인화 터치: 손글씨 메모나 고객 이름을 활용한 개인화 요소
- 커뮤니티 소속감: 구매자들이 소속감을 느끼는 브랜드 커뮤니티 구축
- 콘텐츠 가치: 제품 이상의 가치 있는 콘텐츠 정기 제공
- 고객 스토리: 고객 경험담을 적극적으로 수집하고 공유하기

일상에 적용하는 소문 마케팅 루틴

이론보다 중요한 것은 실천이다. 오늘부터 시작할 수 있는 소문 마케팅 루틴을 만들어보자.

1. 일일 소문 점검

매일 아침 10분, 다음 질문에 답하며 하루를 시작하라:

· "오늘 고객에게 어떤 예상 밖의 기쁨을 줄 수 있을까?"
· "오늘 우리 비즈니스의 어떤 면을 고객이 사진 찍고 싶어 할까?"
· "오늘 만나는 고객이 내일 친구에게 가장 먼저 이야기하고 싶은 경험은?"

2. 주간 소문 수집 시간

매주 금요일, 30분간 다음 활동을 해보라:

· 고객들이 남긴 리뷰, 피드백, SNS 언급을 분석하기
· "사람들이 우리에 대해 어떤 이야기를 하고 있는가?"를 파악하기
· 소문의 패턴을 발견하고 강화할 요소 찾기

3. 월간 소문 실험

매월 하나의 '소문 실험'을 계획하고 실행하라:

· 새로운 고객 경험 요소 시도하기
· 기존 서비스/제품의 프레젠테이션 방식 변경해 보기
· 고객이 공유하고 싶어 할 만한 새로운 스토리 요소 개발하기

4. 분기별 소문 전략 검토

3개월마다 소문 전략의 효과를 측정하고 조정하라:

· 어떤 요소가 가장 많은 자발적 언급을 끌어냈는지 분석
· 소문을 통해 유입된 고객 비율 측정
· 다음 분기의 소문 전략 우선순위 재설정

마인드셋의 전환: 소문이 나는 비즈니스 만들기

소문이 나는 비즈니스를 만들기 위해서는 근본적인 마인드셋 전환이 필요하다:

오래된 믿음: "좋은 제품/서비스를 만들면 성공한다."
새로운 관점: "공유하고 싶은 경험을 만들어야 성공한다."

오래된 믿음: "마케팅은 알리는 것이다."
새로운 관점: "마케팅은 이야기할 거리를 만드는 것이다."

오래된 믿음: "고객 만족이 목표다."
새로운 관점: "고객 만족은 기본, 고객 감동과 공유 욕구 자극이 목표다."

오래된 믿음: "실용적 가치가 중요하다."
새로운 관점: "실용적 가치와 함께 감성적, 사회적 가치가 중요하다."

소문은 설계할 수 있다

소문이 자연스럽게 나는 것 같지만, 사실 전략적으로 설계할 수 있는 비즈니스 요소다. 소문이 나는 비즈니스를 만드는 것은 운이 아니라 의도적인 경험 설계의 결과다.

가장 효과적인 마케팅은 마케팅처럼 보이지 않는다. 그것은 고객이 자발적으로 이야기하고 싶어지는 경험에 내장되어 있다. 당신의 고객이 친구에게 "이거 한 번 가봐, 진짜 특별해"라고 말하게 만드는 그 순간이 진정한 마케팅의 승리다.

오늘부터, 당신의 제품이나 서비스에서 '이야기하고 싶은 순간'을 찾아내고 강화하라. 광고와 홍보에 쓰는 예산의 일부를 '공유하고 싶은 경험'을 설계하는 데 투자하라. 그것이 바로 소문이 마케팅이 되는 순간이다.

당신의 비즈니스는 어떤 소문을 만들고 있는가?

17

고객을 넘어 파트너를 만드는 브랜딩

- 함께 가는 브랜드 전략

"사람들은 좋은 제품을 구매하지만, 위대한 브랜드에는 충성한다." - 사이먼 시넥

단순 소비자에서 브랜드 파트너로

정 대표는 친환경 의류 브랜드 '그린스텝'을 5년째 운영하고 있었다. 처음에는 모든 마케팅이 제품의 품질과 친환경성에 초점을 맞추었다. 경쟁사와 차별화되는 제품력이 성공의 열쇠라고 생각했기 때문이다.

매출은 꾸준히 상승했지만, 그는 무언가 부족하다고 느꼈다. 고객들은 제품을 구매했지만, 브랜드와 감정적 연결을 형성하지는 못했다. 재구매율은 30%에 머물렀고, 소셜미디어 참여도는 기대에 미치지 못했다.

그러던 어느 날, 한 고객으로부터 받은 이메일이 그의 관점을 바꾸었다.

"그린스텝의 옷을 입을 때마다 저는 단순히 패션이 아닌 환경 운동에 동참하고 있다는 기분이 듭니다. 우리가 함께 만들어가는 미래가 기대됩니다."

정 대표는 깨달았다. 진정한 브랜드의 힘은 제품을 넘어, 고객을 단순한 소비자가 아닌 브랜드의 여정에 함께하는 파트너로 만드는 데 있다는 것을.

"고객을 브랜드의 수동적 소비자가 아닌, 능동적 참여자로 보기 시작했을 때 모든 것이 변했습니다."

이것이 바로 '파트너십 브랜딩의 혁명'이다.

소비자와 파트너의 결정적 차이

많은 기업이 고객을 단순히 자사 제품을 소비하는 대상으로만 본다. 하지만 진정한 브랜드 로열티는 고객이 브랜드와 감정적, 철학적으로 연결되어 파트너가 되었을 때 형성된다. 이 두 관계의 근본적 차이를 살펴보자.

1. 거래 vs 관계

소비자와의 관계는 거래에 기반한다. 돈을 주고 제품이나 서비스를 받는 단순한 교환이다. 반면 파트너와의 관계는 지속적이고 상호적이다. 단순한 구매를 넘어 브랜드의 성장과 방향성에 함께 참여한다.

2. 단기적 만족 vs 장기적 여정

소비자는 즉각적인 필요와 욕구의 충족을 중요시한다. 파트너는 브랜드의 장기적 비전과 여정에 동참한다. 일시적 만족보다 지속적인 가치와 의미를 추구한다.

3. 가격 민감성 vs 가치 지향성

소비자는 종종 가격에 민감하게 반응한다. 더 저렴한 대안이 나타나면 쉽게 이탈할 수 있다. 파트너는 가격을 넘어선 가치, 즉 브랜드가 제공하는 의미와 경험, 소속감에 더 큰 가치를 둔다.

4. 수동적 수용 vs 능동적 참여

소비자는 브랜드가 제공하는 것을 수동적으로 받아들인다. 파트너는 피드백을 제공하고, 브랜드 스토리를 공유하며, 때로는 제품 개발에도 참여하는 등 능동적으로 브랜드와 상호 작용한다.

5. 기능적 충성도 vs 감정적 충성도

소비자의 충성도는 주로 기능적 만족에 기반한다. 제품이 기대치를 충족시키는 한 계속 구매한다. 파트너의 충성도는 감정적 연결에 기반한다. 브랜드의 가치와 자신의 정체성이 일치한다고 느끼기 때문에 충성을 유지한다.

사례 연구: 세 브랜드의 접근법

사례 1: 김회장의 제품 중심 브랜딩

김 회장은 프리미엄 가전제품 회사를 운영하며 최고 품질의 제품을 만드는 데 모든 자원을 집중했다. 마케팅 메시지는 항상 제품의 우수한 기능과 디자인에 초점을 맞추었다.

처음에는 성공적이었지만, 경쟁사들이 유사한 품질의 제품을 더 저렴하게 출시하면서 어려움을 겪기 시작했다. 고객들은 쉽게 다른 브랜드로 이동했고, 가격 인하 압력이 지속적으로 증가했다.

"우리는 최고의 제품을 만들었지만, 고객들은 그저 더 나은 거래를 찾아 떠났습니다."

사례 2: 이 디렉터의 커뮤니티 중심 브랜딩

이 디렉터는 러닝화 브랜드를 이끌며 다른 접근법을 택했다. 제품 자체도 중요했지만, 그녀는 '러너들의 커뮤니티'를 만드는 데 더 집중했다. 그녀는 주간 러닝 모임을 조직하고, 고객들이 자신의 러닝 여정을 공유할 수 있는 플랫폼을 만들었다. 제품 개발 과정에 열성 고객들을 초대하고, 그들의 피드백을 적극 반영했다.

결과적으로 그녀의 브랜드는 단순한 신발 회사가 아닌 '러닝 문화의 중심지'가 되었다. 고객들은 제품을 구매할 뿐만 아니라 브랜드가 만든 커뮤니티와 문화의 일부가 되었다.

"우리는 신발을 팔지 않습니다. 우리는 러너들이 서로 연결되고 성장하는 플랫폼을 제공합니다."

사례 3: 박 대표의 가치 중심 브랜딩

박 대표는 친환경 생활용품 브랜드를 운영하며 환경 보호라는 명확한 가치를 중심에 두었다. 그는 제품 품질에도 신경 썼지만, 브랜드의 핵심은 환경 보호 미션이었다.

그는 단순히 친환경 제품을 판매하는 것을 넘어, 고객들이 환경 보호 활동에 직접 참여할 수 있는 기회를 제공했다. 구매액의 일부가 해양 정화 프로젝트에 기부되었고, 고객들은 정화 활동에 직접 참여할 수도 있었다.

그 결과, 고객들은 단순히 제품을 구매하는 것이 아니라 환경 보호라는 더 큰 미션에 동참하는 파트너가 되었다. 재구매율은 80%를 넘었고, 고객들은 자발적으로 브랜드를 주변에 추천했다.

"우리 고객들은 더 이상 단순한 소비자가 아닙니다. 그들은 우리와 함께 더 나은 미래를 만들어가는 파트너입니다."

파트너십 브랜딩의 7가지 핵심 요소

다음 체크리스트를 통해 당신의 브랜드가 파트너십 브랜딩을 얼마나 실천하고 있는지 진단해보자:

- [ ] 명확한 브랜드 목적(WHY)이 제품이나 서비스를 넘어 더 큰 가치를 담고 있는가?
- [ ] 고객들이 브랜드의 의사결정이나 제품 개발에 참여할 수 있는 체계가 있는가?
- [ ] 고객들이 서로 연결되고 경험을 공유할 수 있는 커뮤니티가 형성되어 있는가?
- [ ] 브랜드 스토리를 고객들이 자신의 이야기로 재해석하고 공유하고 있는가?
- [ ] 고객의 피드백이 단순 수집을 넘어 실제 변화로 이어지고, 그 과정이 투명하게 공유되는가?
- [ ] 고객들이 브랜드를 통해 자신의 정체성을 표현한다고 느끼는가?
- [ ] 구매 이후에도 지속적인 가치와 경험을 제공하는 접점이 있는가?

3개 이하만 체크되었다면, 당신의 브랜드는 여전히 소비자 중심 모델에 머물러 있을 가능성이 높다.

파트너십 브랜딩 구축을 위한 실전 전략

어떻게 하면 고객을 브랜드의 파트너로 발전시킬 수 있을까? 구체적인 전략을 알아보자.

1. 목적 중심 브랜드 정의하기

사람들은 무엇(WHAT)이 아닌 이유(WHY)에 공감하고 동참한다. 당신의 브랜드가 궁극적으로 추구하는 더 큰 목적을 명확히 정의하라.

브랜드 목적 정의 워크시트

질문	현재 상태	파트너십 관점에서의 재정의
우리는 무엇을 판매하는가? (WHAT)		
우리는 어떻게 그것을 제공하는가? (HOW)		
우리는 왜 존재하는가? (WHY)		
우리가 없다면 세상에 어떤 손실이 있는가?		
우리 고객들은 우리를 통해 어떤 이상적인 자아를 표현하는가?		

2. 고객 참여 구조 설계하기

고객이 단순한 피드백을 넘어 브랜드의 진화에 실질적으로 참여할 수 있는 구조를 만들어라.

고객 참여 구조 설계 아이디어

1. 공동 창작 플랫폼: 고객이 제품 개발이나 개선에 참여할 수 있는 공간 마련
   o 신제품 아이디어 제안 및 투표 시스템
   o 베타 테스터 그룹 운영 및 피드백 반영 과정 공유
2. 의사결정 참여: 브랜드의 중요한 결정에 고객이 참여하도록 하기
   o 신제품 출시 방향이나 디자인에 대한 투표

o 사회공헌 활동의 방향성 결정에 고객 참여

3. 스토리 공동 창작: 브랜드 스토리를 고객과 함께 만들어가기

   o 고객의 사용 경험을 브랜드 스토리의 일부로 통합

   o 고객이 직접 제작한 콘텐츠를 브랜드 채널에서 조명

4. 피드백의 가시화: 고객 피드백이 실제로 반영되는 과정을 투명하게 보여주기

   o "고객 의견으로 개선된 5가지" 정기적 공유

   o 피드백 제공자 이름을 딴 제품이나 기능 출시

3. 커뮤니티 구축 전략

브랜드를 중심으로 고객들이 서로 연결되고 의미 있는 관계를 형성할 수 있는 커뮤니티를 구축하라.

커뮤니티 구축 전략 가이드

커뮤니티 요소	온라인 실행 방안	오프라인 실행 방안
공통의 관심사 공유	전문 콘텐츠 제공 플랫폼, 토론 포럼	워크숍, 클래스, 강연회
멤버 간 연결	멤버 프로필, 관심사 기반 매칭	정기 모임, 네트워킹 이벤트
지식과 경험 교환	Q&A 섹션, 사용자 가이드 공유	멘토링 프로그램, 스킬 공유 세션
소속감과 정체성	멤버십 레벨, 배지, 특별 엑세스	브랜드 상징물, 커뮤니티 리추얼
공동의 미션	온라인 캠페인, 챌린지	자원봉사, 지역사회 활동

4. 브랜드-고객 접점의 재설계

모든 고객 접점을 단순한 거래가 아닌, 파트너십을 강화하는 기회로 재설계하라.

브랜드-고객 접점 재설계 프레임워크

고객 여정 단계	현재 접점	파트너십 강화 방안
인지		
고려		
구매		
경험		
로열티		
옹호		

5. 가치 공유 시스템 구축

브랜드가 창출하는 가치를 고객과 공유하는 시스템을 설계하라. 이는 금전적 가치뿐만 아니라 사회적, 감정적, 지적 가치를 포함한다.

가치 공유 시스템 아이디어

1. 임팩트 공유: 고객 구매가 만드는 사회적/환경적 영향력 가시화
   o 구매액의 일정 비율이 기부되는 시스템
   o 구매를 통해 절감된 탄소 발자국 정보 제공
2. 성장 기회 공유: 브랜드를 통한 고객의 성장 기회 제공
   o 전문 지식이나 스킬을 배울 수 있는 독점 콘텐츠
   o 업계 전문가와의 멘토링 기회
3. 네트워크 가치 공유: 브랜드가 보유한 네트워크 접근성 제공
   o VIP 고객을 위한 업계 네트워킹 이벤트
   o 관련 분야 전문가와의 연결 기회

4. 경제적 가치 공유: 브랜드의 성공을 고객과 나누기

　　o 고객 추천 보상 프로그램

　　o 장기 고객을 위한 지분 옵션이나 특별 혜택

실제 비즈니스 적용: 업종별 파트너십 브랜딩 전략

1. 식품/음료 브랜드의 파트너십 전략

- 소싱 스토리 공유: 재료 생산자와 고객 간의 직접적 연결 제공
- 레시피 공동 개발: 고객 제안 레시피로 신제품 출시
- 푸드 커뮤니티 구축: 음식을 매개로 한 고객 간 연결과 경험 공유
- 지속가능성 미션: 음식물 쓰레기 줄이기나 지속 가능한 농업 지원 등의 공동 미션
- 맞춤형 큐레이션: 고객 취향과 가치관에 맞는 제품 추천 시스템

2. 패션 브랜드의 파트너십 전략

- 디자인 참여: 고객이 디자인 과정에 참여하는 공동 창작 컬렉션
- 스타일 커뮤니티: 고객들이 스타일 팁과 코디를 공유하는 플랫폼
- 지속 가능 미션: 패스트 패션 문제 해결을 위한 공동 노력
- 가치사슬 투명성: 제품 생산 과정의 완전한 공개와 윤리적 생산 보장
- 개인화 서비스: 고객별 맞춤 스타일링 서비스와 퍼스널 쇼퍼 연결

3. 기술 제품 브랜드의 파트너십 전략

- 오픈 이노베이션: 사용자가 참여하는 제품 개선 및 개발 프로

세스
- 사용자 커뮤니티: 사용 팁과 해결책을 공유하는 강력한 사용자 포럼
- 교육 프로그램: 제품을 통한 새로운 스킬 습득 기회 제공
- 데이터 투명성: 사용자 데이터 활용에 대한 완전한 투명성과 통제권
- 다음 세대 개발: 차세대 제품의 방향성을 결정하는 사용자 투표 시스템

4. 서비스 기업의 파트너십 전략
- 공동 디자인: 서비스 개선 과정에 고객 직접 참여
- 전문가 네트워크: 서비스 이용 고객 간의 지식과 경험 교환 플랫폼
- 임팩트 측정: 서비스를 통해 창출된 가치나 변화의 투명한 측정과 공유
- 지식 공유: 업계 인사이트와 전문 지식의 관대한 공유
- 고객 성공 스토리: 서비스를 통해 성공한 고객 사례의 적극적 조명

일상에 적용하는 파트너십 브랜딩 루틴

파트너십 브랜딩은 하나의 캠페인이나 프로젝트가 아닌, 지속적인 실천이 필요한 마음가짐이다. 다음은 일상에서 실천할 수 있는 구체적인 루틴이다.

1. 일일 커뮤니케이션 점검

매일 아침 10분, 다음 질문을 생각하며 그날의 커뮤니케이션을 계획하라:

- "오늘 우리는 제품이 아닌 목적을 어떻게 전달할 것인가?"
- "오늘 고객의 목소리를 어떻게 더 경청할 것인가?"
- "오늘 한 명의 고객과 어떻게 더 깊은 관계를 형성할 수 있을까?"

2. 주간 고객 스토리 시간

매주 금요일, 팀과 함께 30분간 다음 활동을 해보라:
- 한 주 동안 수집된 인상적인 고객 이야기나 피드백 공유하기
- 고객의 관점에서 브랜드 경험을 다시 생각해 보기
- 다음 주 실천할 '고객 파트너십 강화' 아이디어 한 가지 선정하기

3. 월간 파트너십 심화 프로젝트

매월 하나의 '파트너십 심화 프로젝트'를 실행하라:
- 고객 자문단과의 심층 미팅
- 고객이 제안한 아이디어의 프로토타입 개발
- 고객과 함께하는 사회적 임팩트 프로젝트
- 고객 스토리 중심의 콘텐츠 시리즈 제작

4. 분기별 파트너십 평가

3개월마다 파트너십 브랜딩의 효과를 측정하고 방향을 재설정하라:
- 고객 참여도, NPS(순추천지수), 커뮤니티 활성도 등 정량적 지표 검토
- 고객 인터뷰를 통한 정성적 피드백 수집
- 파트너십 강화를 위한 다음 분기 계획 수립

마인드셋의 전환: 함께 성장하는 브랜드 만들기

파트너십 브랜딩을 실천하기 위해서는 근본적인 마인드셋 전환이 필요하다:

오래된 믿음: "브랜드는 기업이 만들고 소비자는 소비한다."
새로운 관점: "브랜드는 기업과 고객이 함께 공동 창작하는 진화하는 유기체다."

오래된 믿음: "고객 만족이 최종 목표다."
새로운 관점: "고객 역량 강화(empowerment)와 변화 창출이 목표다."

오래된 믿음: "브랜드는 제품을 차별화하는 도구다."
새로운 관점: "브랜드는 공통의 목적을 중심으로 사람들을 연결하는 플랫폼이다."

오래된 믿음: "성공적인 브랜드는 일관된 메시지를 전달한다."
새로운 관점: "성공적인 브랜드는 진화하는 대화를 촉진한다."

브랜드는 초대다

오늘날의 브랜드는 더 이상 기업이 소비자에게 일방적으로 전달하는 메시지나 약속이 아니다. 진정한 브랜드는 고객을 더 큰 목적과 의미 있는 경험으로 초대하는 플랫폼이다.

파트너십 브랜딩의 핵심은 고객을 단순한 '구매자'에서 '공동 창작자'로, '소비자'에서 '기여자'로, '수용자'에서 '참여자'로 전환시키는 것이다. 이것은 단순한 마케팅 전술이 아니라, 브랜드와 고객의 관계에 대한 근본적인 재정의다.

가장 성공적인 브랜드는 제품이나 서비스를 판매하는 것을 넘어, 고객들이 함께 만들어가는 의미 있는 이야기의 일부가 되도록 초대한다. 이런 브랜드는 "우리의 제품을 사세요"가 아니라 "함께 더 나은 세상을 만들어가요"라고 말한다.

오늘부터, 당신의 브랜드가 고객에게 어떤 초대장을 건네고 있는지 다시 생각해 보라. 그것은 단순한 거래의 초대인가, 아니면 의미 있는 여정과 변화에 대한 초대인가?

당신의 브랜드는 고객에게 어떤 역할을 제안하고 있는가?

18

확장을 위해 버려야 할 것들
– 비움이 넓힘이 된다

"성장이란 더하는 것이 아니라, 버리는 것이다." - 헨리 데이비드 소로우

채움에서 비움으로 - 역설적 성장의 시작

이 대표는 디지털 마케팅 에이전시를 창업한 지 4년 차, 매출 5억의 작지만 안정적인 회사를 운영하고 있었다. 그는 더 큰 성장을 원했고, 그 방법은 '더하기'라고 믿었다. 더 많은 서비스, 더 많은 고객, 더 많은 직원. 그래서 그는 계속해서 새로운 서비스 라인을 추가하고, 가능한 모든 고객을 유치하려 노력했다.

하지만 이상한 일이 벌어졌다. 더할수록 회사는 오히려 더 복잡해지고, 효율성은 떨어졌으며, 팀은 지쳐갔다. 6개월간의 확장 노력 후, 매출은 소폭 상승했지만 수익은 오히려 감소했다.

그러던 어느 날, 오랜 멘토와의 대화에서 그는 중요한 질문을 받았다.

"진정한 성장을 위해 당신이 버려야 할 것은 무엇인가요?"

이 질문은 그에게 충격이었다. 성장이 '더하기'가 아니라 '빼기'일 수 있다는 발상의 전환이었다.

"처음에는 받아들이기 어려웠어요. 더 많은 것을 얻어야 성공한다고 항상 생각해 왔으니까요. 하지만 우리를 진정으로 성장시킨 것은 '더함'이 아니라 '비움'이었습니다."

이것이 바로 '비움의 역설'이다.

더하기보다 빼기가 성장을 가속화하는 이유

많은 기업가와 리더들이 성장은 더 많은 것을 추가하는 과정이라고 생각한다. 더 많은 제품, 더 많은 기능, 더 많은 서비스, 더 많은 직원. 하지만 진정한 성장은 종종 '빼기'에서 시작된다. 이런 현상이 발생하는 이유를 살펴보자.

1. 집중의 힘

모든 것을 조금씩 하는 것보다 몇 가지를 탁월하게 하는 것이 더 효과적이다. 비즈니스에서 '모든 사람을 위한 모든 것'이 되려는 시도는 종종 '아무도 원하지 않는 평범한 것'이 되는 결과를 낳는다. 불필요한 것을 제거함으로써 핵심에 더 집중할 수 있고, 이는 차별화와 경쟁력으로 이어진다.

2. 의사결정의 단순화

옵션이 많을수록 의사결정은 복잡해지고 느려진다. 이것은 '선택의 역설'이라 불리는데, 너무 많은 선택지가 오히려 결정을 어렵게 만들고 만족도를 떨어뜨린다는 개념이다. 비즈니스 옵션을 줄이면 의사결정이 빨라지고 시장 변화에 더 민첩하게 대응할 수 있다.

3. 리소스의 효율적 배분

모든 비즈니스의 자원(시간, 돈, 인력)은 제한되어 있다. 너무 많은 영역에 자원을 분산시키면 어느 하나도 충분한 지원을 받지 못한다. 핵심 영역에 자원을 집중함으로써 더 빠른 발전과 성장이 가능해진다.

4. 복잡성의 비용

비즈니스가 확장됨에 따라 복잡성도 함께 증가한다. 이 복잡성은 보이지 않는 비용을 발생시킨다: 커뮤니케이션 오류, 조정 비용 증가, 책임 소재의 불명확성 등. 단순화는 이러한 숨겨진 비용을 제거하여 효율성을 높인다.

5. 고객 경험의 명확성

고객은 복잡한 제안보다 명확한 가치 제안을 선호한다. "우리는 이것에 특화되어 있습니다"라는 메시지가 "우리는 모든 것을 합니다"보다 더 강력하고 기억에 남는다. 선택지를 줄이면 고객의 결정 과정이 단순해지고 브랜드 인식이 강화된다.

사례 연구: 세 기업가의 선택

사례 1: 김사장의 끝없는 확장

김사장은 웹 개발 회사를 운영하며 지속적으로 서비스 범위를 확장했다. 처음에는 기본적인 웹사이트 개발만 했지만, 점차 모바일 앱 개발, 디지털 마케팅, UI/UX 디자인, 콘텐츠 제작까지 서비스를 넓혔다. 모든 고객의 요구를 충족시키고 싶었기 때문이다.

3년 후, 그의 회사는 표면적으로는 성장했지만 내부적으로는 혼란스러웠다. 각 서비스 영역에서 깊이 있는 전문성을 개발할 시간이나 자원이 부족했고, 팀은 너무 많은 다른 프로젝트 사이에서 분산되었다. 결과적으로 그의 회사는 '모든 것을 조금씩' 하는 평범한 업체라는 인식을 받게 되었다.

"매출은 늘었지만, 우리는 점점 더 교체 가능한 공급업체가 되어 갔어요. 특별한 것이 없었죠."

사례 2: 박 대표의 과감한 '빼기' 전략

반면 박 대표는 같은 업계에서 다른 접근법을 택했다. 그녀의 회사도 처음에는 다양한 디지털 서비스를 제공했지만, 2년 차에 과감한 결정을 내렸다. e-커머스 웹사이트 개발과 최적화에만 집중하기로 한 것이다. 다른 모든 서비스는 과감히 중단했다.

처음에는 매출 감소가 있었지만, 곧 그녀의 회사는 e-커머스 개발 분야에서 독보적인 전문성을 갖추게 되었다. 팀은 하나의 영역에 모든 에너지를 집중했고, 깊이 있는 지식과 혁신적인 솔루션을 개발할 수 있었다.

3년 후, 그녀의 회사는 e-커머스 플랫폼 전문가로 인정받았고, 더 높은 프리미엄을 청구할 수 있게 되었다. 또한 표적 마케팅이 쉬워졌고, 명확한 메시지로 인해 이상적인 고객을 더 효과적으로 유치할 수 있었다.

"처음에는 겁이 났어요. 하지만 과감하게 다른 모든 것을 포기하고 한 가지에만 집중했을 때, 우리는 진정으로 성장하기 시작했습니다."

사례 3: 정 대표의 핵심 고객 집중 전략

정 대표는 마케팅 컨설팅 회사를 운영하며 다양한 업종의 클라이언트를 상대했다. 하지만 2년간의 운영 후, 그는 모든 클라이언트가 동일한 가치를 가져오지 않는다는 것을 깨달았다. 80%의 수익이 20%의 클라이언트에서 나오고 있었고, 가장 문제가 많고 수익성이 낮은 클라이언트가 가장 많은 시간과 에너지를 소모하고 있었다.

그는 과감한 결정을 내렸다. 수익성이 낮고 회사의 핵심 강점과 맞지 않는 클라이언트들과의 계약을 종료하고, 특정 산업(SaaS와 핀테크)에 있는 이상적인 고객 프로필에만 집중하기로 했다.

초기에는 매출 감소가 있었지만, 장기적으로는 놀라운 결과를 가져왔다. 팀은 특정 산업에 대한 깊은 전문성을 개발할 수 있었고, 이로 인해 더 높은 가치를 제공할 수 있게 되었다. 워드오브마우스 추천이 증가했고, 정확한 타깃팅으로 마케팅 효율성이 높아졌다.

무엇보다, 팀의 에너지와 열정이 되살아났다. 그들은 더 이상 '문제 고객'의 과도한 요구에 지치지 않았고, 진정한 가치를 제공할 수 있는 프로젝트에 집중할 수 있게 되었다.

"20%의 고객을 과감히 포기함으로써, 우리는 매출을 두 배로 늘릴 수 있었습니다. 가장 중요한 것은 팀이 다시 일을 즐기게 되었다는 점이죠."

비움을 통한 성장: 비즈니스 진단 체크리스트

다음 체크리스트를 통해 당신의 비즈니스가 '비움'을 통해 성장할 수 있는 영역을 진단해 보자:

- [ ] 우리 팀의 에너지와 리소스를 과도하게 소모하면서 낮은 수익을 가져오는 제품/서비스가 있는가?
- [ ] 회사의 핵심 강점과 맞지 않는 고객이나 시장을 상대하고 있는가?
- [ ] 80/20 법칙에 따라, 80%의 문제를 일으키지만 20%의 가

치만 가져오는 고객이 있는가?
- [ ] 너무 많은 다양한 목표를 동시에 추구하고 있는가?
- [ ] 핵심 가치 제안이 너무 복잡하거나 설명하기 어려운가?
- [ ] 팀이 너무 많은 다른 프로젝트 사이에서 분산되어 있는가?
- [ ] 의사결정 과정이 불필요하게 복잡하고 느린가?

3개 이상 체크되었다면, 당신의 비즈니스는 '비움'을 통해 상당한 성장 잠재력을 가지고 있을 수 있다.

비움을 통한 성장 전략

어떻게 하면 '비움'을 통해 비즈니스를 성장시킬 수 있을까? 구체적인 전략을 알아보자.

1. 제품/서비스 포트폴리오 최적화

비즈니스의 모든 제품이나 서비스가 동등한 가치를 창출하지는 않는다. 80/20 법칙을 적용해 가장 가치 있는 제품/서비스를 식별하고 나머지를 과감히 정리하라.

제품/서비스 평가 매트릭스

제품/서비스	매출 기여도	수익률	성장 잠재력	핵심 강점 연관성	유지/성장/축소/중단

각 제품/서비스를 평가하고, 낮은 점수를 받은 항목은 과감히 중단하거나 축소를 고려하라.

2. 고객 포트폴리오 최적화

모든 고객이 동등하게 가치 있지는 않다. 일부 고객은 높은 수익을 가져오면서 협업이 즐겁지만, 다른 고객은 적은 수익에 비해 과도한 시간과 에너지를 소모한다.

고객 분류 프레임워크

고객 유형	특징	전략
A급 고객	높은 수익성, 낮은 관리 필요성, 회사 가치와 일치	관계 심화, 추가 가치 제공, 유사 고객 유치
B급 고객	적절한 수익성, 관리 가능한 요구사항	유지 및 점진적 개선, A급으로 전환 가능성 모색
C급 고객	낮은 수익성, 높은 관리 필요성, 자원 소모	관계 재설정 또는 정중한 종료
D급 고객	지속적 손실, 팀 사기 저하 원인, 가치 불일치	즉시 관계 종료

특히 D급 고객은 과감히 포기하고, C급 고객은 수익성 개선 없이는 관계를 재고해야 한다.

3. 의사결정 프로세스 간소화

복잡한 의사결정 구조는 기업의 민첩성을 저해하고 불필요한 지연을 초래한다. 의사결정 프로세스를 단순화하여 실행 속도를 높여라.

의사결정 단순화 전략

1. 결정 수준 정의: 모든 결정이 동일한 프로세스를 거칠 필요는 없다
   o 일상적 결정: 개인이 자율적으로 결정

o 부서 수준 결정: 팀 리더가 결정

o 전략적 결정: 경영진 승인 필요

2. 승인 단계 축소: 불필요한 승인 단계 제거

o 현재 프로세스의 모든 승인 단계를 도식화

o 각 단계가 실제로 가치를 더하는지 평가

o 중복되거나 불필요한 단계 제거

3. 결정 프레임워크 수립: 반복되는 결정에 대한 명확한 가이드라인 설정

o "만약 X라면, Y를 수행하라"는 형태의 명확한 규칙 수립

o 개인이 자율적으로 결정할 수 있는 범위 확대

4. 프로세스 간소화

모든 비즈니스 프로세스는 시간이 지남에 따라 불필요한 단계와 복잡성이 추가되는 경향이 있다. 정기적으로 프로세스를 검토하고 간소화하라.

프로세스 간소화 워크시트

프로세스	현재 단계 수	평균 소요 시간	불필요한 단계	개선 후 예상 시간

각 프로세스를 검토하고, "이 단계가 없다면 어떻게 될까?"라는 질문을 통해 불필요한 단계를 식별하고 제거하라.

5. 집중력 향상을 위한 '하지 않기' 리스트

대부분의 기업과 개인은 'To-Do 리스트'에 집중하지만, 진정한 성과는 종종 'Not-To-Do 리스트'에서 비롯된다. 명확하게 집중하지 않을 영역을 정의하라.

'하지 않기' 리스트 템플릿

우리 회사/팀은 다음을 하지 않기로 결정했다:

1.

2.

3.

4.

5.

이 리스트를 모든 팀원이 볼 수 있는 곳에 게시하고, 새로운 기회나 아이디어가 제안될 때마다 이 리스트와 비교해 보라.

실제 비즈니스 적용: 업종별 '비움' 전략

1. 서비스 기업의 '비움' 전략

- 서비스 라인 정리: 핵심 전문성과 거리가 먼 서비스 중단
- 이상적 고객 프로필 정의: 특정 산업, 규모, 문화적 적합성에 기반한 타깃 고객 집중
- 프로젝트 선별 기준 강화: 모든 프로젝트가 아닌, 회사의 강점을 활용할 수 있는 프로젝트만 수락
- 표준 프로세스 수립: 맞춤형 접근 대신 검증된 방법론 활용
- 미팅 문화 개선: 불필요한 회의 제거, 미팅 시간 단축

2. 제품 기업의 '비움' 전략
- 제품 라인 간소화: 핵심 제품에 집중, 실적이 저조한 제품 중단
- 기능 최소화: 사용되지 않는 기능 제거, 핵심 가치에 집중
- 유통 채널 최적화: 효율적인 채널에만 집중
- 의사결정 간소화: 제품 출시 및 개발 프로세스 단축
- 재고 관리 최적화: 과잉 재고 및 SKU 감소

3. 온라인 비즈니스의 '비움' 전략
- 콘텐츠 전략 집중: 모든 플랫폼이 아닌, 핵심 채널에만 집중
- 트래픽 소스 최적화: 전환율이 높은 소스에 마케팅 예산 집중
- 제품 카테고리 축소: 가장 수익성 높은 카테고리에 집중
- 기술 스택 단순화: 사용하지 않는 도구와 시스템 제거
- 자동화 확대: 반복적인 작업 자동화로 팀의 창의적 에너지 확보

4. 스타트업의 '비움' 전략
- 핵심 MVP 정의: 필수적이지 않은 모든 기능 제거
- 시장 집중: 하나의 이상적인 고객 세그먼트에 모든 자원 집중
- '빨리 실패' 문화: 성과가 없는 아이디어를 빠르게 중단하는 문화 구축
- 회의 최소화: 필수적인 의사소통만 유지, 나머지는 비동기적 커뮤니케이션으로 대체
- 핵심 지표 선정: 2~3개의 핵심 지표에만 집중, 나머지는 무시

일상에 적용하는 '비움' 루틴
'비움'은 일회성 이벤트가 아니라 지속적인 실천이 필요한 프로

세스다. 다음은 일상에서 실천할 수 있는 '비움' 루틴이다.

1. 일일 우선순위 축소

매일 아침 10분, 다음 질문을 생각하며 하루를 계획하라:

· "오늘 내가 완료해야 할 가장 중요한 1~3가지 일은 무엇인가?"
· "오늘 내가 하지 않기로 결정한 일은 무엇인가?"
· "어떤 작업을 위임하거나 중단할 수 있는가?"

모든 작업 목록에서 진정으로 중요한 20%만 선택하고, 나머지에 대해서는 일부러 무시하는 훈련을 하라.

2. 주간 디지털 미니멀리즘

매주 금요일, 30분간 다음 활동을 해보라:

· 사용하지 않는 앱이나 서비스 구독 취소하기
· 이메일 수신 목록 정리하기
· 불필요한 알림 끄기
· 디지털 파일과 폴더 정리하기

디지털 공간의 단순화는 실제 업무 환경의 명료함으로 이어진다.

3. 월간 비즈니스 검토

매월 마지막 주에 2시간을 투자하여 다음을 검토하라:

· 가장 수익성이 높은/낮은 고객 및 제품/서비스 분석
· 팀의 시간과 에너지를 소모하는 저가치 활동 식별
· 다음 달에 중단할 수 있는 활동 또는 프로젝트 선정
· 집중해야 할 핵심 성과 지표 재확인

매달 최소 하나의 활동, 프로젝트, 제품 또는 고객 관계를 중단하거나 간소화하는 것을 목표로 하라.

4. 분기별 전략적 '비움' 세션

3개월마다 팀과 함께 반나절 동안 다음 주제로 워크숍을 진행하라:

- "우리 비즈니스/팀에서 제거해야 할 복잡성은 무엇인가?"
- "어떤 고객/제품/서비스가 우리의 핵심 강점과 맞지 않는가?"
- "불필요하게 복잡한 프로세스나 의사결정 구조는 무엇인가?"
- "다음 분기에 우리가 '하지 않기'로 결정할 것은 무엇인가?"

이 세션의 결과로 구체적인 '비움' 액션 플랜을 수립하라.

마인드셋의 전환: 비움의 철학

'비움'을 통한 성장을 위해서는 근본적인 마인드셋 전환이 필요하다:

오래된 믿음: "더 많은 옵션 = 더 많은 기회 = 더 큰 성공"
새로운 관점: "더 적은 옵션 = 더 깊은 집중 = 더 큰 성공"

오래된 믿음: "모든 고객은 좋은 고객이다."
새로운 관점: "완벽하게 적합한 고객만이 좋은 고객이다."

오래된 믿음: "'아니오'라고 말하면 기회를 잃는다."
새로운 관점: "'아니오'라고 말함으로써 더 중요한 '예'를 위한 공간을 만든다."

오래된 믿음: "바쁨 = 생산성 = 성공"
새로운 관점: "여백 = 집중력 = 성공"

버림이 채움보다 강하다

성장의 역설은 '더하기'가 아닌 '빼기'에 있다. 진정한 확장은 더 많은 것을 갖는 것이 아니라, 적은 것에 더 깊이 집중할 때 이루어진다.

많은 기업가와 리더들이 계속해서 새로운 것을 추가하며 성장하려 하지만, 가장 성공적인 기업들은 종종 '아니오'라고 말하는 용기를 가진 기업들이다. 그들은 모든 것을 조금씩 하는 대신, 몇 가지를 탁월하게 해내는 데 집중한다.

스티브 잡스가 애플로 복귀했을 때 한 첫 번째 일은 70%의 제품을 중단한 것이었다. 워렌 버핏은 "성공의 비밀은 대부분의 것들에 '아니오'라고 말하는 것"이라고 말했다. 이들은 '비움'의 힘을 이해한 리더들이다.

오늘부터, 당신의 비즈니스에서 무엇을 제거하고, 단순화하고, 중단할 수 있는지 고민하라. 무엇을 추가할지가 아니라, 무엇을 버릴지 고민하라. 그것이 바로 확장을 위한 첫걸음이다.

당신의 비즈니스는 무엇을 버릴 준비가 되어 있는가?

19

확장을 만드는 다섯 가지 도구
루틴, 언어, 구조, 사람, 리듬

"성장은 착각이다. 비즈니스는 오직 확장뿐이다."

앞서 살펴본 바와 같이, 성장과 확장의 차이는 비즈니스의 성패를 결정짓는 핵심 요소다. 성장이 내부적 역량 강화에 집중한다면, 확장은 그 역량을 활용해 외부로 뻗어나가는 과정이다. 이러한 확장을 실현하기 위해서는 체계적인 도구와 접근법이 필요하다. 이 에세이에서는 비즈니스 확장을 위한 다섯 가지 핵심 도구 - 루틴, 언어, 구조, 사람, 리듬 - 를 살펴보고, 각 도구별 실천 체크리스트를 제공하겠다.

1. 루틴(Routine): 확장을 위한 일상적 실천

확장은 거창한 계획이나 일회성 행사가 아닌, 매일의 작은 행동들이 모여 이루어진다. 이것이 바로 '확장 루틴'의 중요성이다.

확장 지향적 루틴의 특징:
· 아웃풋 중심 업무 계획: 매일 아침, "오늘 무엇을 배울까?"가

아닌 "오늘 어떤 가치를 전달할까?"라는 질문으로 하루를 시작한다.

· 시장 탐색 시간: 주간 일정에 의도적으로 새로운 시장, 고객, 기회를 탐색하는 시간을 배정합니다.

· 네트워킹 습관화: 매주 적어도 한 명의 새로운 잠재 파트너, 고객, 또는 협력자와 연결을 맺는 시간을 갖는다.

· 실험 문화: "작은 실패, 빠른 학습"을 모토로 정기적으로 새로운 확장 아이디어를 실험한다.

확장 루틴의 실천 사례로, 앞서 언급한 커피숍 사장 지훈 씨는 매주 월요일 아침을 '확장 회의' 시간으로 정했다. 이 시간에 그는 "우리의 가치를 어떻게 더 많은 방식으로 전달할 수 있을까?"라는 질문에 집중했고, 이러한 정기적 고민이 커피 구독 서비스, 커피 클래스 등 다양한 확장 채널로 이어졌다.

확장 루틴 체크리스트

일상에 확장 루틴을 정착시키기 위한 체크리스트다. 각 항목을 얼마나 실천하고 있는지 평가해 보자(0~5점):

□ 매일 아침 업무 시작 전 10분간 "오늘 어떤 가치를 어떻게 확장할 수 있을까?"라는 질문에 집중하는 시간을 갖는다.

□ 주간 일정표에 '확장 시간'을 명시적으로 블록해두고 지킨다.

□ 매주 적어도 한 명의 새로운 인맥과 의미 있는 연결을 맺는다.

□ 매월 1-2개의 작은 '확장 실험'을 진행하고 결과를 기록한다.

□ 일주일에 한 번 이상 경쟁사가 아닌 다른 산업의 비즈니스 모델과 전략을 연구한다.

□ 분기별로 '확장 후기' 시간을 갖고 성공/실패한 확장 시도의 교훈을 정리한다.

□ 매일 업무의 80%는 현재 비즈니스 유지에, 20%는 새로운 확장 기회 탐색에 할애한다.

2. 언어(Language): 확장을 이끄는 대화 방식

우리가 사용하는 언어는 생각과 행동을 형성한다. 확장 지향적 비즈니스는 특별한 언어 패턴을 가지고 있다.

확장적 언어의 특징:

· 가능성 지향 어휘: "문제"보다는 "기회", "제한"보다는 "잠재력", "경쟁자"보다는 "잠재적 파트너"와 같은 용어를 사용한다.

· 질문의 변화: "어떻게 개선할 수 있을까?"가 아닌 "어떻게 활용할 수 있을까?", "누구에게 더 가치를 제공할 수 있을까?"와 같은 질문을 던진다.

· 확장 스토리텔링: 팀과 고객에게 비전을 전달할 때, 단순한 개선이 아닌 새로운 영역으로의 확장 스토리를 공유한다.

성공적인 스타트업 창업자인 민지 씨는 회사 내 '금지 단어 리스트'를 만들었다. "불가능하다", "우리의 영역이 아니다", "그건 우리가 하는 일이 아니다"와 같은 표현은 회의에서 사용을 금지했다. 대신 "어떻게 가능하게 만들 수 있을까?", "우리의 강점을 어떻게 적용할 수 있을까?"와 같은 확장적 언어를 장려했고, 이는 회사가 3년 만에 세 개의 새로운 사업 영역으로 확장하는 데 큰 역할을 했다.

확장적 언어 체크리스트

확장 지향적 언어를 일상에 정착시키기 위한 체크리스트 (0~5점):

☐ 커뮤니케이션에서 "문제"라는 단어 대신 "기회"나 "과제"라는 단어를 사용한다.

☐ 회의에서 "우리는 ~할 수 없다"라는 표현 대신 "우리가 ~하려면 무엇이 필요할까?"라는 질문 형태로 표현한다.

☐ 자신과 팀의 정체성을 제품/서비스가 아닌 제공하는 가치 중심으로 정의한다. (예: "우리는 커피숍이 아니라 특별한 경험을 제공하는 회사다")

☐ 매주 적어도 세 번, "이것을 다른 고객/시장/산업에 어떻게 적용할 수 있을까?"라는 질문을 던진다.

☐ 비즈니스 소개나 피치에서 확장적 비전과 스토리를 포함한다.

☐ 팀 회의에서 "확장 질문 타임"을 도입하여 모든 구성원이 확장 관련 질문을 하도록 장려한다.

☐ 일상 대화에서 "경쟁자" 대신 "시장 참여자" 또는 "잠재적 파트너"라는 표현을 사용한다.

3. 구조(Structure): 확장을 지원하는 시스템

아무리 좋은 확장 의지가 있어도, 이를 실현할 조직 구조와 시스템이 없다면 실패할 가능성이 높다.

확장 친화적 구조의 특징:

· 모듈화된 비즈니스 모델: 핵심 역량을 다양한 시장과 고객에게

쉽게 적용할 수 있는 모듈식 구조로 설계한다.

· 확장 성과 지표(KPI): 단순히 매출이나 이익률뿐만 아니라, 신규 시장 진입, 채널 다양화, 고객층 확대와 같은 확장 관련 지표를 추적한다.

· 실험 예산 할당: 연간 예산의 일정 부분(예: 10~20%)을 새로운 확장 시도에 할당한다.

· 지식 관리 시스템: 한 영역에서 얻은 인사이트와 경험을 다른 영역으로 쉽게 전이할 수 있는 지식 관리 시스템을 구축한다.

교육 콘텐츠 제작 회사인 '러닝허브'는 모든 콘텐츠 제작 프로세스를 모듈화했다. 하나의 주제에 대해 개발된 콘텐츠는 온라인 강의, 출판물, 워크숍, 코칭 프로그램 등 다양한 형태로 쉽게 변환될 수 있었다. 이러한 구조적 접근 덕분에 러닝허브는 초기 비즈니스 교육에서 시작해 리더십, 창의성, 웰빙 등 다양한 분야로 빠르게 확장할 수 있었다.

확장 친화적 구조 체크리스트

비즈니스 구조와 시스템을 확장 친화적으로 설계하기 위한 체크리스트(0~5점):

- □ 핵심 제품/서비스가 다양한 시장과 고객층에 맞게 쉽게 조정될 수 있는 모듈식 구조로 설계되어 있다.
- □ 매출, 이익 외에도 '확장 지표'(신규 시장 진입, 채널 다양화, 신규 고객층 비율 등)를 정기적으로 측정하고 검토한다.
- □ 예산의 최소 10%를 새로운 확장 실험에 할당하고 있다.
- □ 사업의 주요 프로세스와 지식이 문서화되어 있어 새로운 영역

에 쉽게 적용할 수 있다.

□ 정기적인 '확장 회의'가 공식 일정에 포함되어 있다.

□ 신제품 또는 신규 서비스 개발 시 '확장성'을 주요 평가 기준으로 활용한다.

□ 한 영역에서 얻은 인사이트와 학습을 다른 영역에 적용하는 프로세스가 있다.

4. 사람(People): 확장을 이끄는 인적 자원

확장은 결국 사람에 의해 실현된다. 어떤 사람들과 함께하고, 어떻게 그들을 조직하느냐가 확장의 성패를 좌우한다.

확장 지향적 인적 자원 관리:

· T자형 인재 채용: 한 분야에 깊은 전문성을 갖추면서도(I), 다양한 분야에 걸쳐 활용 가능한 역량을 갖춘(—) T자형 인재를 선호한다.

· 다양성 추구: 다양한 배경, 경험, 관점을 가진 팀원들이 새로운 확장 기회를 발견하는 데 도움이 된다.

· 확장 챔피언 지정: 조직 내에 '확장 챔피언'을 지정하여 지속적으로 새로운 확장 기회를 탐색하고 제안하도록 한다.

· 네트워크 중심 협업: 정규 직원뿐만 아니라 프리랜서, 파트너, 어드바이저 등 확장적 네트워크를 구축한다.

디지털 마케팅 에이전시 '디지털웨이브'는 전통적인 부서 구조 대신 '확장 셀(Expansion Cells)'이라는 개념을 도입했다. 각 셀은 다양한 전문성(디자인, 콘텐츠, 기술, 마케팅)을 갖춘 소규모 팀으로, 특정 산업이나 고객 유형에 집중한다. 이 구조 덕분에 디지털웨이브는 초기 이커머스 분야에서 시작해 헬스케어, 교육, 부동산 등 다양한 산업으로 서비스를 확장할 수 있었다.

확장 지향적 인적 자원 체크리스트

확장을 위한 인적 자원 구성과 관리를 위한 체크리스트(0~5점):

□ 채용 시 해당 분야의 전문성뿐만 아니라 다양한 상황에 적응할 수 있는 유연성과 호기심을 평가한다.

□ 팀 내 다양한 배경, 전문성, 경험을 가진 인재들이 균형있게 구성되어 있다.

□ 조직 내에 '확장 챔피언' 역할을 맡은 사람이 지정되어 있다.

□ 직원 평가 및 보상 체계에 '확장 기여도'가 포함되어 있다.

□ 핵심 인재들이 다양한 부서나 프로젝트를 경험할 수 있는 로테이션 프로그램이 있다.

□ 정기적으로 외부 전문가, 어드바이저, 멘토와 교류하는 기회가 마련되어 있다.

□ 팀 구성원들이 자신의 전문 분야 외에도 관심 있는 새로운 분야를 탐색할 수 있는 '20% 시간'과 같은 제도가 있다.

5. 리듬(Rhythm): 확장의 지속 가능성

확장 도구의 통합적 활용

위의 다섯 가지 도구는 개별적으로도 강력하지만, 통합적으로 활용할 때 시너지 효과를 발휘한다.

시드 투자를 받은 테크 스타트업 '데이터센스'의 사례를 살펴보자. 데이터센스는 초기에 소매업을 위한 데이터 분석 솔루션으로 시작했지만, 다섯 가지 확장 도구를 체계적으로 활용하여 2년 만에 소매업뿐만 아니라 금융, 헬스케어, 교육 분야로 확장했다.

1. 루틴: CEO는 매주 월요일을 '확장의 날'로 지정하여 새로운 시장과 기회 탐색에 집중했다.
2. 언어: 회사 내 커뮤니케이션에서 "우리는 데이터 분석 회사"가 아닌 "우리는 데이터를 통해 어떤 산업이든 변화시키는 회사"라는 표현을 사용했다.
3. 구조: 핵심 알고리즘과 UI를 모듈화하여 다양한 산업에 맞게 쉽게 조정할 수 있는 구조를 만들었다.
4. 사람: 다양한 산업 배경을 가진 '도메인 전문가'들을 어드바이저로 영입하여 각 산업에 맞는 확장 전략을 수립했다.
5. 리듬: 6개월마다 한 개의 새로운 산업으로 진출하는 명확한 확장 일정을 수립하고 준수했다.

이러한 통합적 접근법 덕분에 데이터센스는 초기 고객 10개에서 2년 후 300개 이상의 고객으로 성장했고, 매출은 15배 증가했다.

확장은 선택이 아닌 필수

디지털 시대의 비즈니스 환경은 그 어느 때보다 빠르게 변화하고 있다. 이런 환경에서 내부적 성장만 추구하는 기업은 결국 한계에 부딪히게 된다. 진정한 성공은 핵심 역량을 다양한 방식으로 확장하는 기업에 돌아간다.

확장은 더 이상 대기업이나 벤처 기업만의 전유물이 아니다. 프리랜서, 소상공인, 중소기업 모두 위에서 소개한 다섯 가지 확장 도구를 자신의 상황에 맞게 적용할 수 있다.

"사업의 크기는 당신의 머릿속 그림의 크기에 비례한다"라는 말이 있다. 루틴, 언어, 구조, 사람, 리듬이라는 다섯 가지 도구를 활용하여 당신의 비즈니스 확장 그림을 더 크고 대담하게 그려보라. 그리고 기억하라, 확장은 일회성 이벤트가 아닌 지속적인 여정이다.

"성장의 한계를 뛰어넘는 유일한 방법은 확장이다. 그리고 확장의 한계를 결정하는 것은 당신이 활용하는 도구의 질이다."

제6장

실전 시나리오:
당신의 확장 지도 그리기

나만의 확장 경로를 찾고, 지금 여기서부터 시작하기

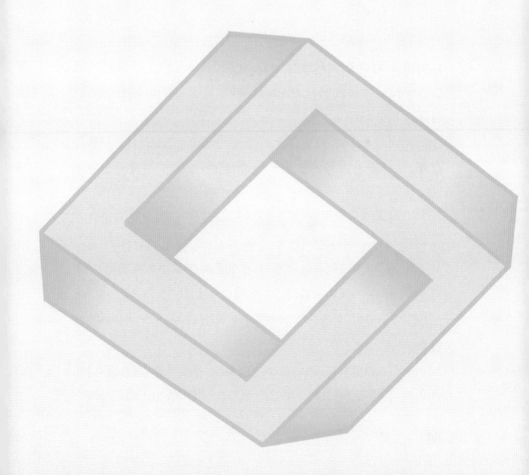

20

확장은 지금 여기서부터 시작된다

– 그리고 다시, 첫 번째 질문

1. 확장은 지금 여기서부터 시작된다

확장의 여정은 멀리 있는 목적지가 아닌, 바로 지금 이 순간부터 시작된다.

많은 사람이 "더 큰 사무실을 얻으면", "투자를 유치하면", "팀이 더 커지면" 확장을 시작하겠다고 생각한다. 하지만 진정한 확장은 외부 조건이 아닌, 내면의 결정에서 시작된다.

모든 비즈니스 확장의 출발점은 단 하나의 질문이다: "내가 가진 핵심 가치와 역량을 어떻게 더 많은 사람들에게 전달할 수 있을까?" 이 질문은 1장에서 소개했던 성장과 확장의 근본적 차이를 다시 한번 상기시킨다. 성장이 "내가 얼마나 더 잘할 수 있을까?"에 초점을 맞춘다면, 확장은 "내가 얼마나 더 멀리 닿을 수 있을까?"에 집중한다.

당신이 프리랜서든, 스타트업 창업자든, 중소기업 CEO든, 대기업의 매니저든 상관없이 - 확장의 여정은 지금 여기서부터 시작할 수 있다. 확장을 위한 특별한 자격이나 준비가 필요하지 않다. 단지 현재 위치에서 한 걸음 더 나아가려는 의지와 열린 사고방식만 있으면 된다.

서울의 작은 동네 서점 주인 민지 씨의 이야기를 생각해 보라. 코로나 팬데믹으로 매장 방문객이 급감했을 때, 그녀는 "어떻게 더 많은 책을 팔 수 있을까?"라는 성장 질문 대신 "어떻게 우리 서점의 가치를 더 많은 사람들에게 전달할 수 있을까?"라는 확장 질문을 던졌다. 그 결과, 그녀는 다음과 같은 즉각적인 확장 액션을 실행했다:

1. 온라인 북클럽 운영 - 매주 화상 회의로 독서토론 진행
2. 저자와의 온라인 만남 이벤트 주최
3. 지역 커뮤니티 기반 책 배달 서비스 시작
4. 큐레이션 뉴스레터 발행으로 독자층 확보

이 모든 확장은 추가 자본이나 인력 없이, 단지 사고방식의 전환만으로 시작되었다. 민지 씨는 "우리는 책을 파는 사업이 아니라, 독서 경험과 지식을 전달하는 사업임을 깨달았어요"라고 말한다.

2. 확장 지도 그리기: 당신만의 확장 경로 발견하기

확장의 경로는 무한히 다양하다. 당신의 확장 지도는 당신의 비즈니스, 역량, 상황, 그리고 열정에 따라 달라질 것이다. 확장 지도를 그리기 위해서는 다음 세 가지 영역을 탐색해야 한다:

2.1 핵심 역량 지도화하기

모든 확장은 당신이 이미 가진 것에서 시작한다. 확장은 완전히 새로운 것을 만드는 것이 아니라, 이미 가진 가치를 더 넓게 전달하

는 것이다. 따라서 첫 번째 단계는 당신의 핵심 역량을 정확히 파악하는 것이다.

핵심 역량은 단순한 기술이나 지식이 아니다. 그것은 당신이 독특하게 제공할 수 있는 가치다. 예를 들어, 웹 디자이너의 핵심 역량은 "코딩"이 아니라 "사용자 경험을 향상시키는 디지털 인터페이스 창조"일 수 있다.

다음 질문들을 통해 당신의 핵심 역량을 발견해 보자:

- 고객들이 당신에게 가장 자주 감사하는 것은 무엇인가?
- 당신이 경쟁자들과 비교해 특별히 잘하는 것은 무엇인가?
- 당신이 쉽게 할 수 있지만 다른 사람들은 어려워하는 것은 무엇인가?
- 당신이 일할 때 가장 큰 에너지를 느끼는 순간은 언제인가?

이 질문들에 답하면, 당신의 확장 여정이 시작될 출발점이 명확해질 것이다.

2.2 다차원적 확장 경로 탐색하기

확장은 여러 방향으로 일어날 수 있다. 효과적인 확장 전략은 이러한 다양한 차원을 동시에 고려한다. 다음은 주요 확장 차원들이다:

1. 수평적 확장: 같은 제품/서비스를 더 많은 고객층이나 시장에 제공
   o 예: 지역 시장에서 전국으로, 오프라인에서 온라인으로
2. 수직적 확장: 같은 고객에게 더 많은 가치사슬을 제공
   o 예: 프로덕트 디자인뿐만 아니라 생산, 마케팅, 유통까지

제공

3. 제품 확장: 기존 고객층에게 새로운 제품/서비스 제공
   o 예: 피트니스 트레이너가 운동 프로그램 외에 식단 가이드 제공
4. 채널 확장: 새로운 방식으로 가치 전달
   o 예: 대면 컨설팅에서 온라인 코스, 책, 팟캐스트로 확장
5. 정체성 확장: 비즈니스의 정의를 더 넓게 재구성
   o 예: "피자 레스토랑"에서 "이탈리안 라이프스타일 브랜드"로 확장

당신의 비즈니스에서 각 차원별로 가능한 확장 기회를 브레인스토밍해 보라. 처음에는 실현 가능성을 걱정하지 말고, 가능한 모든 아이디어를 자유롭게 떠올려보라.

2.3 확장 기회의 우선순위 정하기

모든 확장 기회가 동등하게 가치 있는 것은 아니다. 다음 기준을 사용하여 확장 기회의 우선순위를 정한다:

1. 시장 잠재력: 이 확장이 얼마나 큰 시장에 접근할 수 있게 해주나?
2. 실행 용이성: 현재 보유한 자원과 역량으로 얼마나 쉽게 시작할 수 있나?
3. 시너지 효과: 이 확장이 기존 비즈니스와 얼마나 잘 연결되나?
4. 수익 모델: 이 확장을 통해 얼마나 안정적이고 수익성 높은 모델을 구축할 수 있나?
5. 열정 지수: 이 확장에 얼마나 진정한 열정을 느끼나?

각 확장 기회를 이 다섯 가지 기준으로 평가하고, 종합 점수가 가장 높은 2~3개 기회에 집중하라.

3. 확장 실험: 작게 시작하여 크게 성장하기

확장은 계획에서 그치지 않고 행동으로 옮겨야 한다. 그러나 확장이 실패할 위험도 있다. 따라서 신중하게 접근하는 것이 중요하다. 다음은 효과적인 확장 실험 방법이다:

3.1 최소 실행 가능한 확장(MVE) 설계하기

확장 아이디어를 테스트하기 위한 가장 작고 간단한 버전을 만들라. 예를 들어:

- 새 제품을 전면 출시하기 전에 프로토타입으로 테스트
- 새 시장에 진출하기 전에 팝업 스토어로 반응 확인
- 온라인 코스를 만들기 전에 웨비나로 시작

MVE의 목표는 최소한의 자원을 투입하여 확장 아이디어의 유효성을 검증하는 것이다.

3.2 실험-학습-조정의 고속 사이클 구축하기

확장 실험을 단순한 테스트가 아닌 학습 기회로 바라보자. 각 실험에서:

- 명확한 성공 지표 설정
- 고객 피드백 적극 수집
- 데이터를 바탕으로 빠르게 접근법 조정
- 필요하다면 과감히 실패를 인정하고 다음 실험으로 이동

이런 고속 사이클을 통해 시장의 반응을 빠르게 학습하고 확장 전략을 최적화할 수 있다.

3.3 성공적인 실험을 시스템으로 확장하기

실험이 성공적이라면, 이를 체계적인 시스템으로 발전시키자. 이는 다음을 포함한다:

- 반복 가능한 프로세스 구축
- 필요한 인프라 및 자원 확보
- 확장을 지원할 팀 구성 또는 파트너십 구축
- 장기적 로드맵 수립

시스템화는 초기 성공을 지속 가능한 비즈니스 모델로 전환하는 열쇠다.

4. 실제 사례: 평범한 사업자들의 비범한 확장 이야기

사례 1: 동네 베이커리의 글로벌 확장

김철수 씨는 서울의 작은 동네 베이커리를 운영하며 특별한 건강 빵을 만들었다. 그는 자신의 핵심 역량이 "맛있으면서도 건강한 빵 레시피 개발"임을 깨달았다. 그의 확장 여정은 다음과 같이 진행되었다:

1. 첫 번째 확장: 레시피 e-book 판매
   o MVE: 뉴스레터 구독자에게 무료 미니 레시피북 제공
   o 결과: 3개월 만에 2,000부 판매
2. 두 번째 확장: 온라인 베이킹 클래스

o MVE: 인스타그램 라이브로 무료 미니 클래스 진행

o 결과: 월 100명의 유료 수강생 확보

3. 세 번째 확장: 베이킹 키트 구독 서비스

o MVE: 클래스 수강생 대상 한정판 키트 판매

o 결과: 1년 만에 전국 5,000가구 구독자 확보

김철수 씨는 "처음에는 그저 좋은 빵을 만드는 데만 집중했어요. 하지만 제가 정말 제공하는 가치는 '건강한 홈베이킹 경험'이었습니다. 이 깨달음이 제 사업을 완전히 변화시켰죠"라고 말한다.

사례 2: 개인 PT 트레이너에서 웰니스 플랫폼으로

이민주 씨는 10명의 고정 고객을 대상으로 개인 PT 서비스를 제공하는 트레이너였다. 그녀의 수입은 한계가 있었고, 더 많은 고객을 받기 위해 더 오래 일하는 것도 불가능했다. 그녀는 자신의 핵심 역량이 "개개인에게 맞춤화된 웰니스 솔루션 제공"임을 깨달았다. 그녀의 확장 여정은 다음과 같다:

1. 첫 번째 확장: 그룹 트레이닝 프로그램

o MVE: 기존 고객 친구들 대상 소규모 그룹 클래스

o 결과: 같은 시간에 3배 수입 창출

2. 두 번째 확장: 디지털 트레이닝 프로그램

o MVE: 10일 챌린지 형태의 간단한 온라인 프로그램

o 결과: 6개월 만에 500명의 온라인 회원 확보

3. 세 번째 확장: 트레이너 교육 및 인증 프로그램

o MVE: 주말 워크숍 형태의 미니 교육 과정

o 결과: 1년 만에 100명의 인증 트레이너 배출

이민주 씨는 "처음에는 내 시간을 팔아서 돈을 버는 직업이라고 생각했어요. 하지만 지금은 내 지식과 시스템이 24시간 가치를 창출하는 비즈니스를 운영하고 있습니다"라고 말한다.

5. 당신의 확장 여정 시작하기: 30일 액션 플랜

확장은 거창한 계획보다 작은 행동에서 시작된다. 다음 30일 액션 플랜을 통해 당신의 확장 여정을 시작하자:

1~10일: 발견과 정의
  · 핵심 역량 3가지 명확히 정의하기
  · 각 핵심 역량별 가능한 확장 방향 브레인스토밍
  · 최우선 확장 기회 3가지 선정하기
11~20일: 설계와 준비
  · 첫 번째 확장 기회에 대한 MVE 설계하기
  · 성공 지표 설정하기
  · 필요한 최소한의 자원 준비하기
21~30일: 실험과 학습
  · MVE 실행하기
  · 고객 반응 및 데이터 수집하기
  · 결과 평가 및 다음 단계 계획하기

이 30일 플랜은 거창한 변화가 아닌, 첫발을 내딛는 것에 초점을 맞춘다. 확장은 완벽한 준비가 아닌, 실행과 학습의 연속이다.

6. 확장을 가로막는 장벽 극복하기

확장의 여정을 시작하려 할 때, 우리는 종종 여러 장벽에 부딪힌다. 이러한 장벽은 외부적일 수도 있고 내부적일 수도 있다. 확장을 성공적으로 이루기 위해서는 이러한 장벽을 인식하고 극복하는 전략이 필요하다.

6.1 내부적 장벽 극복하기

확장을 가로막는 가장 큰 장벽은 종종 우리 자신의 마음속에 있다.

두려움과 불확실성:

확장은 미지의 영역으로 나아가는 것이므로 두려움은 자연스럽다. "실패하면 어떡하지?", "내가 과연 할 수 있을까?" 같은 의문이 들기 마련이다. 이러한 두려움을 극복하기 위해:

· 작은 실험으로 시작하여 리스크 최소화하기
· 최악의 시나리오를 생각해 보고 대비책 마련하기
· 비슷한 확장을 성공적으로 이룬 사례 연구하기

편안함의 함정:

현재 상태에 안주하는 것은 인간의 본능이다. 특히 현재 비즈니스가 어느 정도 안정적이라면 더욱 그렇다. 이 함정을 벗어나기 위해:

· 현재 비즈니스 모델의 장기적 지속가능성 정직하게 평가하기
· 성장 정체기의 위험성 인식하기
· 확장을 통한 잠재적 이익에 집중하기

정체성 혼란:

많은 사업자가 "나는 파티쉐야", "나는 그래픽 디자이너야" 같은 좁은 정체성에 갇혀 있다. 확장은 종종 이러한 정체성의 확장을 요구한다. 이를 위해:

· 자신의 핵심 가치와 사명에 집중하기
· 직업이 아닌 영향력의 관점에서 자신을 재정의하기
· 확장된 정체성을 점진적으로 받아들이기

6.2 외부적 장벽 극복하기

외부 환경도 종종 확장을 어렵게 만든다.

자원의 제약:

자금, 시간, 인력 등의 부족은 확장의 큰 장애물이다. 이를 극복하기 위해:

· 자원 투입이 적은 확장 방식부터 시작하기
· 창의적 파트너십을 통해 자원 확보하기
· 작은 성공을 바탕으로 점진적으로 자원 확장하기

시장 진입 장벽:

새로운 시장이나 영역은 종종 높은 진입 장벽을 가지고 있다. 이를 극복하기 위해:

· 틈새시장부터 시작하여 점차 확장하기
· 기존 선두 업체와의 직접 경쟁 대신 차별화된 접근법 찾기
· 선두 업체와의 협력 가능성 모색하기

고객 설득의 어려움:

기존 고객이나 새로운 고객들이 확장된 제품/서비스를 받아들이게 하는 것도 쉽지 않다. 이를 위해:

· 명확한 가치 제안으로 고객 혜택 강조하기
· 초기 수용자를 통해 성공 사례 만들기
· 고객 피드백을 바탕으로 지속적으로 제안 개선하기

7. 확장의 윤리와 지속가능성

확장은 강력한 성장 전략이지만, 올바른 방식으로 이루어져야 한다. 단기적 이익만을 추구하는 무분별한 확장은 장기적으로 비즈니스와 사회 모두에 해를 끼칠 수 있다.

7.1 가치 중심 확장

진정으로 성공적인 확장은 항상 가치 창출에 중심을 둔다. 다음 질문을 항상 염두에 두자:

- 이 확장은 고객에게 진정한 가치를 제공하는가?
- 이 확장은 우리의 핵심 가치와 사명에 부합하는가?
- 이 확장은 단순히 더 많은 매출을 올리는 것 이상의 의미가 있는가?

가치 중심 확장은 단기적 이익보다 장기적 관계와 신뢰를 구축한다. 이는 결국 더 지속 가능한 비즈니스 성장으로 이어진다.

7.2 환경적, 사회적 지속가능성

현대 비즈니스에서 환경적, 사회적 책임은 선택이 아닌 필수가 되었다. 지속 가능한 확장을 위해 고려해야 할 사항:

- 확장이 환경에 미치는 영향 최소화하기
- 지역 사회와 상생하는 확장 모델 구축하기
- 다양성과 포용성을 확장 전략에 통합하기

이러한 접근은 단순히 "옳은 일"을 하는 것을 넘어, 점점 더 윤리적 소비를 중시하는 현대 소비자들의 지지를 얻는 전략이기도 하다.

7.3 확장의 균형 유지하기

무분별한 확장은 오히려 비즈니스를 위험에 빠뜨릴 수 있다. 건강한 확장을 위한 균형:

- 핵심 사업과 새로운 확장 사이의 균형
- 단기적 수익과 장기적 투자 사이의 균형
- 속도와 안정성 사이의 균형

이러한 균형은 확장이 기존 비즈니스를 희생시키지 않으면서도 새로운 성장 동력을 창출할 수 있게 해준다.

8. 확장의 미래: 디지털 시대의 무한 확장 가능성

디지털 기술의 발전은 확장의 개념을 완전히 새롭게 정의하고 있다. 과거에는 물리적 제약으로 인해 불가능했던 확장 방식이 이제는 현실이 되었다.

8.1 디지털 확장의 특성

디지털 시대의 확장은 다음과 같은 특성을 가진다:

- 한계비용의 감소: 디지털 제품은 추가 고객에게 제공하는 비용이 거의 0에 가까움
- 지리적 제약의 소멸: 전 세계가 잠재적 시장이 됨
- 네트워크 효과: 사용자가 많아질수록 제품/서비스의 가치가 기하급수적으로 증가
- 데이터 기반 최적화: 고객 데이터를 통해 지속적으로 제품/서비스 개선 가능

8.2 디지털 확장 전략

디지털 시대에 효과적인 확장 전략:

- 콘텐츠 기반 확장: 가치 있는 콘텐츠를 통해 고객 확보 및 관계 구축
- 커뮤니티 기반 확장: 고객들 간의 연결과 상호작용을 촉진하는 플랫폼 구축
- 구독 모델 확장: 일회성 판매가 아닌 지속적 관계와 수익 창출
- API 기반 확장: 다른 서비스와의 통합을 통한 확장
- 인공지능 활용 확장: AI를 통한 개인화 및 효율성 증대

8.3 미래 확장 준비하기

빠르게 변화하는 세상에서 확장 가능성을 극대화하기 위한 준비:

- 끊임없는 학습과 적응의 문화 구축
- 기술 트렌드와 시장 변화에 대한 지속적 모니터링
- 실험과 혁신을 장려하는 조직 구조 구축
- 다양한 파트너십과 협업 모델에 대한 열린 태도
- 장기적 비전과 단기적 실행 사이의 균형 유지

확장은 여정이지 목적지가 아니다

확장은 단 한 번의 이벤트가 아닌 지속적인 여정이다. 성공적인 비즈니스는 한 번의 확장으로 만족하지 않고, 끊임없이 새로운 확장 기회를 탐색하고 실험한다. 당신의 확장 여정이 오늘 시작된다면, 처음부터 완벽할 필요는 없다. 중요한 것은 첫걸음을 내딛는 용기다. 작은 실험으로 시작하여, 배우고, 조정하며, 점차 확장의 규모와 범위를 넓혀가라.

확장의 진정한 목적은 단순히 더 큰 비즈니스를 만드는 것이 아니다. 그것은 당신의 가치와 비전을 더 많은 사람들과 공유하고, 더 큰 영향력을 창출하는 것이다. 확장은 당신이 세상에 남기고 싶은 자취를 더 깊고 넓게 만드는 방법이다.

오늘, 바로 지금, 당신의 확장 여정을 시작하라. 그리고 그 여정이 당신과 당신의 고객, 그리고 세상 모두에게 더 큰 가치를 창출하는 여정이 되길 바란다.

"확장은 단순히 더 커지는 것이 아니라, 더 많은 사람들에게 가치를 전달하는 것이다. 그것이 진정한 비즈니스의 목적이다." - 짐 콜린스

확장의 여정에 초대한다

당신이 이 책의 마지막 페이지까지 읽어왔다면, 이제 중요한 선택의 기로에 서 있다. 계속해서 '성장'이라는 익숙한 착각 속에 머물 것인가, 아니면 '확장'이라는 새로운 여정을 시작할 것인가.

당신의 여정을 인정한다

지금까지의 여정이 쉽지 않았다는 것을 알고 있다. 밤늦게까지 이어지는 업무, 끝없는 이메일, 잠시도 쉬지 않는 알림음. 더 많은 고객, 더 많은 매출, 더 많은 성과를 위해 달려온 그 길이 때로는 외롭고 지치게 했을 것이다. 당신은 그 모든 과정을 견뎌냈고, 그것만으로도 충분히 가치 있는 일이다.

그러나 어쩌면 당신은 이런 의문을 품고 있을지도 모른다: "왜 매출은 늘었는데 자유는 줄어들까? 왜 더 바빠질수록 더 갇혀 있는 느낌일까?"

핵심 통찰: 성장에서 확장으로의 전환

이 책을 통해 우리는 중요한 진실을 발견했다. 성장은 더 크게 만들지만, 확장은 더 자유롭게 만든다. 성장은 당신의 직접적인 노력과 시간에 비례하지만, 확장은 당신이 만든 시스템과 구조의 힘으로 움직인다.

성장이 "같은 일을 더 많이 하는 것"이라면, 확장은 "다른 방식으로 일하는 것"이다. 성장이 당신의 에너지를 소모하는 과정이라면, 확장은 당신의 영향력을 증폭시키는 여정이다.

실행 계획: 당신의 첫 30일 확장 로드맵

확장의 여정은 거창한 계획이 아닌, 오늘의 작은 행동에서 시작한다. 다음은 당신이 바로 실행할 수 있는 30일 액션 플랜이다:

첫 10일: 발견과 정의
- 당신의 핵심 역량 3가지를 명확히 정의하라.
- 각 역량별 가능한 확장 방향을 브레인스토밍하라.
- 최우선 확장 기회 3가지를 선정하라.

11~20일: 설계와 준비
- 첫 번째 확장 기회에 대한 최소 실행 가능한 확장(MVE)을 설계하라.
- 성공 지표를 설정하라.
- 필요한 최소한의 자원을 준비하라.

21~30일: 실험과 학습
- MVE를 실행하라.
- 고객 반응 및 데이터를 수집하라.
- 결과를 평가하고 다음 단계를 계획하라.

성공 사례: 확장의 힘을 증명하는 이야기

작은 동네 베이커리를 운영하던 김철수 씨는 자신의 핵심 역량이 "맛있으면서도 건강한 빵 레시피 개발"임을 깨달았다. 그는 레시피 e-book 판매로 시작해, 온라인 베이킹 클래스로 확장하고, 결국 전국 5,000가구에 베이킹 키트를 배송하는 구독 서비스를 구축했다.

그는 이렇게 말한다: "처음에는 그저 좋은 빵을 만드는 데만 집중했어요. 하지만 제가 정말 제공하는 가치는 '건강한 홈베이킹 경험'이었습니다. 이 깨달음이 제 사업을 완전히 변화시켰죠."

성공 사례 : 저자 이지연의 확장 철학

브랜드 중개 플랫폼 '두잉클래스'를 운영하는 이지연 대표의 여정은 확장적 사고의 힘을 보여주는 완벽한 사례다. 20년간 교육 현장과 유통업에서 쌓은 경험을 바탕으로, 그녀는 단순히 사업 규모를 키우는 것이 아닌 영향력의 확장에 집중했다.

처음 그녀는 자신의 핵심 역량이 "전문가와 학습자를 연결하는 가치 창출"임을 명확히 인식하여 이를 바탕으로 두잉클래스를 단순한 교육 플랫폼에서 브랜드 중개 생태계로 확장했다.

이지연 대표는 단일 비즈니스에 집중하는 대신, 프리미엄 과일젤리 브랜드 '아이엠젤리'와 이커머스 플랫폼 '아이엠에스씨씨'로 사업 영역을 확장했다. 그러나 중요한 점은 이 확장이 단순한 다각화가 아니라는 점이다. 각 사업은 그녀의 핵심 철학과 강점을 바탕으로 유기적으로 연결되어 상호 시너지를 창출한다.

그녀의 성공 비결은 "비즈니스는 넓히는 구조"라는 철학에 있다. 단순히 더 많은 일을 하기보다, 자신의 가치와 비전이 다양한 형태로 표현되고 확장될 수 있는 구조를 만드는 데 집중하고 단순히 사업 규모를 키우는 대신, 핵심 철학과 가치를 중심으로 다양한 방향으로 확장함으로써 더 지속 가능하고 영향력 있는 비즈니스 생태계를 구축하고 있다.

당신을 기다리는 확장 생태계

확장의 여정을 혼자 걸을 필요는 없다. 이 책을 읽는 많은 분이 같은 여정 위에 있다. 우리의 '확장 커뮤니티'에 초대한다:

· 월간 확장 미팅: 함께 아이디어를 나누고 서로의 확장 여정을 응원하는 온라인 모임
· 확장 사례 라이브러리: 다양한 산업의 성공적인 확장 사례를 담은 지속적으로 업데이트되는 아카이브
· 확장 워크숍 시리즈: 루틴, 언어, 구조, 사람, 리듬 등 확장의 5가지 도구를 실습하는 심층 워크숍

바로 지금,
당신도 확장의 여정을 시작해야 한다

오늘, 당신은 중요한 선택을 앞두고 있다. 계속해서 시간과 에너지를 쏟아부어 조금 더 큰 비즈니스를 만들 것인가? 아니면 당신의 비전이 당신 없이도 세상에 퍼져나갈 수 있는 확장의 여정을 시작할 것인가?

성장의 착각에서 깨어나, 확장의 자유를 경험할 시간이다. 그리고 그 여정은 바로 지금, 여기서부터 시작한다.

당신의 확장 여정을 응원한다.

[웹사이트 또는 커뮤니티 정보]

www.2jiyeon.com

www.doingclass.co.kr

www.iamjelly.com

https://brunch.co.kr/@changemaker-ljy

https://blog.naver.com/changemaker-ljy

https://www.instagram.com/changemaker.ljy

https://www.facebook.com/changemaker.ljy

추천사

자살 여행까지 갈 정도로 바닥 끝까지 갔던 사람을 성공한 사업가로 혁신시켜 주고, 회사 브랜딩 및 모든 사업 방향성에 대해 15년 동안 곁에서 끊임없는 조언으로 진정한 도움을 준 이지연 대표!

15년 전, 학원 사업의 실패, 인생 바닥 끝에서 만난 이지연 대표를 통해 저는 '비즈니스 확장 전략'의 가장 큰 수혜자가 되었습니다. 지금은 전국 직영관 11개, 200명 급여자, 500개 회원사, 100억 대 매출액을 창출하며 에듀테크 교육기관으로 자리를 잡아 재기에 당당하게 성공했습니다. 지난 8년 동안 많은 저자와 함께한 전국 학원 개원 설명회, 국어로, 독서로, 입시로, 디코스, K-CUL 등 교육 상품 사업 설명회들은 그야말로 백발백중이었습니다.

3년 전부터 저는 매출액이 늘면 늘수록 저의 불행 지수는 높아진 다는 것에 대한 근본적인 문제에 봉착해 성장'에서 '확장'으로 탈바꿈을 계속 시도하였습니다. 직원은 점점 많아지지만, CEO의 일 총량은 줄지 않고, 순익률도 매출액 대비 증가하지 않는 모순이 발생하게 되면서 건강도 좋지 않게 되어 불행의 정점을 찍었습니다.

재기에는 성공했지만, 과연 정말 행복한가에 대해서는 상당히 의문점을 갖고 있을 때마다 사업파트너이자 베프인 저자는 저의 고민의 해법을 찾아주었습니다. 10년 이상 동안이라는 칭찬도 들으면서 매우 행복하게 살고 있는 요즘 비즈니스에 크게 관여하지 않아도 선순환하는 스노우볼 '확장'을 하고 있습니다.

'게으른 오너'를 추구하는데도 회사는 왜 성공하고 있을까요? 그 비법은 대체 어디에 있는 것일까요? 바로 이 책에 그 비법이 숨겨져 있습니다. 우리가 원하는 성공은 단순 '성장'이 아니고, '확장'이라는 것을 깨닫게 되실 것이고, 진정한 확장은 단순히 피지컬적인 외적 성장에 그치는 것이 아니고, 선순환으로 성장하는 메커니즘 그 자체라는 것을 체험하실 수 있을 것입니다.

사업하시는 모든 분에게는 아주 좋은 전략서인 '성장은 착각이다: 비즈니스는 오직 확장뿐' 신간 출간을 진심으로 축하드리며 행복을 극대화하면서도 사업을 성공시키고자 하는 분들은 이 책을 꼭 보시기를 추천합니다.

윤산

㈜국풍2000 · ㈜런케이에듀 대표 · ㈜런케이북스 대표

저자를 처음 만난 것은 15여 년 전 경영자 조찬모임에서입니다. 그때 저는 강사로 참여했고 저자의 적극적이고 헌신적인 밝은 에너지에 끌려 좋은 인연이 지금까지 이어져 오고 있습니다.

한 가지 분명한 것은 내가 아는 이지연이라는 분은 분명 미다스 손을 가진 자임에 틀림이 없었습니다. 시작한 모든 일은 놀라운 성과로 만들었습니다. 작은 영어학원을 크게 키워냈고, 초라한 작은 모임을 규모 있는 커뮤니티로 만들며, 작은 유통을 들불처럼 일어나게 하고, 모두가 불가능해 보이는 교육사업을 전국 규모의 체인

사업으로 만드는 모습을 지켜보면서 도대체 어찌 이런 일이 있을 수 있을까 궁금했습니다.

한 분야의 사업이 아닌 여러 다양한 사업의 성장을 일으키기란 쉽지 않기 때문입니다. 무엇보다 이 책을 읽으며 느낀 것은 지금까지 내가 알고 있는 것들은 현상에 지나지 않았음을 알게 되었고 외형적 성장이 아닌 근본적 확장을 보는 관점과 전략에 압도를 당하게 되었습니다.

시대의 어려움에 고군분투하는 1인기업과 소상공인들에게 새로운 확장의 기회와 지혜를 주리라고 믿습니다. 가슴 뛰는 자신만의 비전을 간절히 이루고자 하는 경영자들에게 적극 추천합니다.

시대의 패러다임만 바뀐 것이 아니라 경영의 관점과 전략을 새롭게 짜야 할 때입니다. 학문으로의 경영이 아닌 진솔한 저자의 경험과 고민에서 나온 확장시스템을 만나게 될 것입니다. 어려운 지금 이 시대에 딱 필요한 경영멘토의 지침서가 될 것입니다.

김형환
1인기업 국민멘토 스타트경영캠퍼스

*
**

오랜 시간 교육과 경영 현장에서 경험을 쌓아온 이지연 자자의 책《성장은 착각이다: 비즈니스는 오직 확장뿐》은 비즈니스의 본질을 집요하게 파고듭니다. 단순히 성장이라는 표면적 성공을 추구하는 것이 아니라, 끊임없는 확장과 진화를 통해 스스로를 갱신해 온 저자의 발자취가 책 곳곳에 녹아 있습니다.

교육자로서 수많은 이들의 성장을 이끌었고, 경영자로서 브랜드를 시장에 안착시키며 스스로 새로운 지평을 열어온 저자는, 이 책을 통해 독자들에게 명확한 메시지를 전합니다. 변화는 선택이 아니라 생존이며, 확장은 선택받은 자만이 이룰 수 있는 비즈니스의 본질이라는 것입니다. 이론과 실천을 겸비한 비즈니스 다각화 전문가로 활약하는 그녀의 철학과 전략은 단순한 조언을 넘어, 현실 속에서 검증된 생생한 지침이 되어줄 것입니다.

비즈니스를 시작했거나, 정체기에 머물러 고민하는 모든 이들에게 이 책은 강력한 나침반이 될 것입니다. 확장을 꿈꾸는 이라면 반드시 읽어야 할 책입니다. 이지연 저자의 성실함과 통찰을 믿으며, 이 소중한 책이 더 많은 이들에게 확장의 용기를 전해 주기를 진심으로 응원합니다.

김을호

(사)국민독서문화진흥회 회장

*
**

확장의 시대를 여는 새로운 나침반!

퍼스널브랜딩이 단순한 자기 PR을 넘어 '비즈니스 생태계를 설계하는 힘'이 된 지금, 이지연 대표는 《성장은 착각이다: 비즈니스는 오직 확장뿐》을 통해 우리 모두 반드시 넘어야 할 패러다임의 전환점을 제시합니다.

단순히 '더 크게'를 외치는 것이 아니라, '더 넓게, 더 깊게' 연결하고 확장하는 비즈니스 전략을 설계하는 법, 그리고 개인이 브랜드가 되어 시장을 주도하는 방법을 이지연 대표는 실전 경험과 통찰로 명료하게 풀어냈습니다.

퍼스널브랜딩 1세대이자 퍼스널브랜드대학을 공동 기획하며 함께 성장해 온 동료로서, 늘 변화 앞에서 주저하지 않고 새로운 길을 닦아온 이지연 대표의 이번 책이 더욱 기대되는 이유입니다.

특히, 퍼스널 브랜드를 '확장 가능한 구조'로 설계해야 한다는 그의 메시지는 AI 시대를 살아가는 우리 모두에게 강력한 실행 지침이 될 것입니다.

이 책은 혼자 일하는 1인기업가, 새로운 시장을 열고 싶은 전문가, 브랜드를 사업자산으로 키우고 싶은 비즈니스 리더에게 필독서가 될 것입니다.

퍼스널브랜딩을 '비즈니스 자산화'하는 시대를 함께 열어가는 동반자로서, 이지연 대표에게 깊은 감사와 존경의 마음을 전합니다.

"성장의 착각을 넘어, 확장의 시대를 함께 엽시다."

조연심
퍼스널브랜딩 시조새 • 퍼스널브랜드대학 책임교수 • 베스트셀러 《AI 퍼스널브랜딩
2.0혁명: 감으로 하는 브랜딩은 끝났다》 저자

성장은 착각이다

—비즈니스는 오직 확장뿐!

초판1쇄 : 2025년 5월 15일
초판2쇄 : 2025년 5월 22일

—

지은이 : 이지연
펴낸이 : 김채민
펴낸곳 : 힘찬북스

—

주　소 : 서울특별시 마포구 모래내3길 11 상암미르웰한올림오피스텔 214호
전　화 : 02-2227-2554
팩　스 : 02-2227-2555
메　일 : hcbooks17@naver.com

—

—

ISBN 979-11-90227-60-5 03320 © 2025 by 이지연